深圳大学 管理学院
SHENZHEN UNIVERSITY COLLEGE OF MANAGEMENT

我们探寻的管理世界

THE MANAGEMENT WORLD WE EXPLORE

深圳大学管理学院教学研究文集 8

主编◎马卫红　　副主编◎潘彩云

编委◎冯元粤　陈星宇　丁夏齐
罗文恩　陈　雪　张　蕾

中国经济出版社
CHINA ECONOMIC PUBLISHING HOUSE
·北京·

图书在版编目（CIP）数据

我们探寻的管理世界：深圳大学管理学院教学研究文集 . 8/马卫红主编 .
—北京：中国经济出版社，2019. 12
ISBN 978-7-5136-5974-1
Ⅰ. ①我… Ⅱ. ①马… Ⅲ. ①管理学—教学研究—文集 Ⅳ. ①C93-53
中国版本图书馆 CIP 数据核字（2019）第 272597 号

责任编辑 姜 静 郑 潇
责任印制 马小宾
封面设计 任燕飞工作室

出版发行 中国经济出版社
印 刷 者 北京科信印刷有限公司
经 销 者 各地新华书店
开 本 787mm×1092mm 1/16
印 张 18
字 数 387 千字
版 次 2019 年 12 月第 1 版
印 次 2019 年 12 月第 1 次
定 价 78. 00 元
广告经营许可证 京西工商广字第 8179 号

中国经济出版社 **网址** www. economyph. com **社址** 北京市东城区安定门外大街 58 号 **邮编** 100011
本版图书如存在印装质量问题，请与本社销售中心联系调换（联系电话：010-57512564）

序言

管理已体现出在当今社会具有的核心功能。越是组织多元、流动性大的社会，越急需重视管理问题。我们对经济的问题、政治的问题、法律的问题有较为明晰的认识，但对管理问题的认知远远不够。经济增长带来的外部性后果不会随着经济的继续增长而自动消解，必须通过管理来解决。经济的可持续发展问题，贫困、教育、健康、性别等社会问题，绿色、生态等环境挑战，国际秩序重组、区域冲突等政治问题，这些都亟须管理创新来解决。在高度互联的当今世界，我们对支撑繁荣和安全的各种体制与组织的管理能力，成为我们当前遇到的最大风险与挑战。我们正在经历着前所未有的大变革，超越了单一的经济、法律和政治框架，体现出对整体性管理的需求，意味着需要在整体性的社会转型中探寻管理，架设新旧管理之间的桥梁。管理世界的变化，推动我们不断思索，“新管理到底是什么”，这是一个不能回避的时代大问题。

深圳大学管理学院自建院以来就体现了整体性管理架构的远见卓识，涵盖了管理科学与工程、工商管理与公共管理三个管理学门类，极有利于推进管理吸收和利用人文和社会科学如心理学、哲学、经济学、历史学、伦理学等，以及自然科学的所有知识和见识；有利于完整地呈现和进一步探索管理的科学性与人文性之间的结合；尤其有利于对扎根中国大地的管理世界的探寻。我们作为这样一个时代、这样一个学院的管理教育者，有责任运用综合性知识教好学生，在管理教育中体现我们如何理解管理主体性之间的关系，如自我、组织与社会；管理组织的跨界与演化，如企业、第三部门与政府；管理类人才培养如何整合自然科学、社会科学与人文学科的基础知识；管理实践、管理研究与管理教学等。管理将日益发展成为一门重要学科和实践。通过参与管理，人类将重新认识自己、产生影响和建立关系。

未来必将是一个管理的时代。我们所做的一切代表着我们想传递给学生的价值观和态度。期待我们的管理教育不只是为学生准备一个工具箱，而是训练他们有能力为他们自己创造未来，训练他们懂得在每一个当下时刻都能做出恰当的选择。时代挑战的是我们管理教育者，期待“责任·成长·改变”指引着我们管理学院的师生前行。

2019年12月

深圳大学

目录 CONTENTS

序　言 …… 001

第一编　传统与革新

商学院前行路上弥漫出来的“大管理味”/杨龙芳 …… 003
变革时代的管理教育/马卫红 …… 031
如何构建创新创业人才教育的实践教学体系
——以深圳大学公益创新专才班为例/罗文恩 …… 037
创新创业教育模式的探讨
——基于深圳大学创业精英班的实践总结/潘燕萍　何孟臻　乔灵灵 …… 043
浅谈管理类专业大学生信息素养教育/马　晶 …… 057
“互联网+”环境下地方高校“融合型”管理人才培养模式研究/钱小虎 …… 062

第二编　课堂教学实践

学生上课打瞌睡，教师如何是好/周　南 …… 069
大学课堂教学变革的约束条件与变革方向选择探讨/何发平 …… 072
课堂教学环境下自主教学模式的构建、实践与反思/吴小灵 …… 077
基于试点的“本科生发文章”教学改革创新探索/傅浙铭　李　云 …… 088
高校创新研究短课教学模式的研究与实践/罗汉洋　李小玲 …… 094
情感在管理实践类课程教学中的作用与反思/陈星宇　林秀岑　胡显琦 …… 102
专业时评：一种案例教学新模式/周志民　丁　一 …… 107
技术类课程的游戏化教学探索
——以“电子商务标准与规范”为例/冯元粤　杨葱葱　杨翩翩 …… 113
信息化技术工具在教学中的应用
——以“统计分析软件运用”课程为例/王　荣　布春雨 …… 122
用环环相扣的例题和习题主导“概率论与数理统计”的教学/陈　苍 …… 130
关于“物流供应链管理”课程多元化教学方法的思考与实践/熊　铁 …… 135

第三编　课程体系改革

漫谈工商管理本科选修课程模块化体系的构建／陈　雪　崔世娟　马建华 ········ 145
大学为什么要开设写作通识课／曾锡环 ······························ 151
教研结合的决策理论与方法课程教学探讨／符　阳 ························ 160
关于高校非统计学专业统计学课程教学的思考／王丽艳 ···················· 166
一个流程管理游戏及其在“物流与供应链管理”课程教学中的应用／马利军 ······ 172
并行式教学模式浅析
——以“服务系统”课程为例／杨　辰　刘婷婷　王　红 ·················· 178
基于学习分析的“电子商务概论”课程建设思考／于素敏　张雪扬 ············· 184
“金融营销”课程改革与探析／杨翩翩　高　云 ························· 190
校企合作模式驱动下的“社会化媒体营销”课程设计探索
——以深圳大学管理学院市场营销专业为例／刘雁妮　傅浙铭 ··············· 196
“谈判技巧”课程设计初探
——应对线上课程的挑战／李　慧 ································· 202
基于案例教学的理论与实践相结合
——以“网络安全与电子商务”课程为例／王　红　欧懿坤　牛　奔　陈戴涵 ······ 209

第四编　探索多样性

与学生一起成长／周天薇 ····································· 217
“主体—环境—制度”三元互动视角下的研究生培养质量提升策略
——基于公共管理硕士点发展的三年观察／耿　旭　韦芷莹 ················ 223
研究生期间的学术启蒙：一些感想和体会／吴进进 ······················ 231
关于行政行为范畴内硕士研究生培养管理流程的思考
——基于对深圳大学的调研和深圳大学管理学院的管理实践／陈戴涵 ·········· 236
深圳大学学生择业观调查及对用人单位的建议／陈泽康　丁夏齐 ·············· 247
深圳大学应届毕业生期望工资影响因素实证研究／郑喜真　李　彤 ············ 251

第一编

传统与革新

商学院前行路上弥漫出来的“大管理味”

杨龙芳

（深圳大学管理学院人力资源系）

【摘要】 本文提出两个令人深思的大问题，即商学院是一个什么样的组织？商学院能对知识做什么样的贡献？从历史路径对这两个问题进行探讨，不失为一条有效路径。它至少可以让我们发现一个可能看得见的答案。商学院的历史走向是管理学院，商学院的知识贡献是综合知识的贡献，远离了早期欧洲的技术大学传统，商学院在自我超越过程中实现了商学理论融合为战略理论，并最终不得不面向知行合一的元问题。

【关键词】 管理学院；管理教育；战略理论；整合知识；元问题

一、“商学”与“管理教育”并重

谈到商学院的变迁，人们不得不谈到生产力革命。但人们往往过于重视工业革命的历史，而忽视生产力革命的历史。这两个革命实际上是有联系的。从联系层面来讲，生产力革命是工业革命的成熟阶段，其最终结果是生长出了工业文明，而商学院就是工业文明最宝贵的结晶。

生产力革命大致发生在 19 世纪 80 年代至 20 世纪 50 年代，也就是巴黎公社革命至第二次世界大战结束。在这个阶段，商学院诞生了。管理教育的肇始通常被认为是宾夕法尼亚大学的沃顿商学院，而沃顿商学院的设立要归功于商人约瑟夫·沃顿。沃顿商学院成立于 1881 年，它的管理教育直接脱胎于普鲁士政府治理学院的教育理念。普鲁士政府治理学院的教育理念就是“应用科学的方法，意即严密的权衡、数据的搜集，记录的保持、战略性分析和对合理合法的命令模式的培养，对于社会活动的决策制定和管理控制”①。约瑟夫·沃顿是一位美国商人，学过德语，去过普鲁士，他直接将普鲁士政府治理学院的教育理念纳入以他命名的商学院的计划之中。约瑟夫·沃顿批评当时美国经济学院中盛行的“从实践中学习”的方法，坚持沃顿商学院的课程应该包括会计学、商法和经济学，还应包括金融学、战略学。继沃顿商学院之后，第一批商学院相继建立。这些商学院是芝加哥大学布斯商学院（1898 年）、加州大学伯克利分

① J. C. Spender. Underlying Antinommies and Perpetuated Problems: An Historical View of the Challenges Confronting Business School Today [Z]. Working Paper, 1997.

校哈斯商学院（1898 年）、达特茅斯大学塔克商学院（1900 年）、西北大学凯洛格商学院（1908 年）和哈佛商学院（1908 年）。在这些商学院中，达特茅斯大学塔克商学院是第一所颁布商业硕士学位的院校，在 1900 年开始允许本科毕业生继续额外一年的课程学习。哈佛大学从成立之时就创立了第一个被称作工商管理硕士的项目。第一批商学院促进了美国管理学院联合会的成立。1916 年，美国管理学院联合会正式成立，后来变成了资格认证机构。

随着第一批商学院的建立，很多成熟、成功的管理者重回校园进修高级管理课程，时间可长达一年。这类型的高级管理课程呈现出供不应求的态势，有人将这个现象称为“美国现象”。这个美国现象被认为是“美国流行风尚，昂贵且不实用”①。

说到第一批商学院，美国当代学者斯里坎·M. 达塔尔、戴维·A. 加文和帕特里克·G. 卡伦曾对商学院的初衷使命和特色做了最为精辟的释义，“为了提供更严谨、更系统的商学和管理教育而成立的，与传统的学徒制职业培训和私立商业学校有着天壤之别。教师由学校统一管理，他们需要认同学校的价值观，在从事教学、科研和学术研究活动时，不能有任何偏见、先入为主的意识形态或商业目的。很多商业精英也参加了这些学院开设的项目，期望借此获得业界认可和社会地位。”②

在这里，达塔尔、加文和卡伦将“商学”与“管理教育”并列，这就显得意味深长了。“商学”与“管理教育”并列，意味着两者之间的冲突，说明两者之间在知识上的脱节。说到底，“商学”与“管理教育”并列隐含了极强烈的排斥管理和排斥管理知识恶习。说得更具体些，“商学”排斥管理和排斥“管理教育”体现在对泰勒管理思想的排斥之中。德鲁克先生以他独有的学术视觉敏锐地看到了这一点，他在《后资本主义社会》一书中明确地谈到“商学”排斥管理和排斥“管理教育”倾向。“在知识史上，影响力超过泰勒的人物，寥寥无几。但另一方面，像他那样受到那么多误解与误用的，也没几个。泰勒之所以一直蒙受误解，有部分原因是因为历史证明他是对的，而知识分子是错的。泰勒之所以至今仍受到忽视，有部分原因是因为不屑于工作俗务的态度仍历久不衰，尤其是那些知识分子。确实，铲沙工作在文雅士人心中根本不被当回事，更别说去思考它有什么重要性了。”③ 德鲁克的洞见告诉我们，“商学”与“管理教育”并重是极其脆弱的。

“商学”与“管理教育”并重的脆弱性，不仅来自知识界的相互排斥，更大的危险来自商学院的文化分裂。特别需要指出的是，“商学”与“管理教育”并列深深地来源于商学院文化的分裂。有些学术带头人加入大学，而另一些则表示不屑。这样，商学院很快陷入文化分裂的两难境地。这种商学院文化一方面想方设

---

① ［美］彼得·F. 德鲁克. 已经发生的未来［M］. 北京：机械工业出版社，2016：76.

② ［美］斯里坎·M. 达塔尔，［美］戴维·A. 加文和帕特里克·G. 卡伦. MBA 教育再思考——十字路口的工商管理教育［M］. 伊志宏，徐帆，译. 北京：中国人民大学出版社，2011：67.

③ ［美］彼得·F. 德鲁克. 后资本主义社会［M］. 北京：东方出版社，2009：17.

法让那些偏好学术研究的学者获得更多理论知识，另一方面又要照顾职场专业人士注重实践的需求。商学院的文化分裂成两套不同的体系、规范和标准，都想成为学院的主流。用马奇和苏顿的话来说，“一方是纯学术研究的膜拜者，另一方是组织绩效的捍卫者。”①

商学院文化分裂大大地消解了商学院“商学”与“管理教育”并重的追求。商学院长期处于丧失成立的初衷和使命的状态中。1959 年，福特基金公司委托戈登和豪威尔调查美国商学的真实情况，两人发表了名为 *Higher Education for Business* 的著名研究报告，尖锐地批评了商学院的文化分裂，并指出了这种分裂的恶果。商学院的学术研究严重缺乏问题导向，知识之间不存在内在逻辑。“由于涉及面过广……而又缺乏商业领域自身的成熟题材，很多项目的内容不连贯，或者缺少内在逻辑。”② 商学院的课程内容大部分比较狭隘，仍然类似于职业教育，而且提供给管理人员的建议常常不切实际，相关的研究和理论也极不深刻，还相当不全面。这些说明商学院的所作所为有违商学院的最初使命。同年，皮尔森受卡内基公司委托发行了名为 *The Education of American Business：A Study of University-College Programs in Business Administration* 的研究报告。与 *Higher Education for Business* 相比，皮尔森的报告更具综合性，集中讨论了商学院的学术地位、严肃的学术工作和学术研究的基本角色，提出“研究……能够总结出一般的科学知识，而它能够被直接应用于……管理任务。这样，卓有成效的管理者们就能够通过正规的大学培训项目被‘制造出来’。”③ 皮尔森的报告还认为，商业和商业人士并不仅仅是管理和管理者，这是一个极为重要的区别，它为发展管理教育指出了明确的方向。

商学院早期的文化分裂导致了商学院不佳的社会声誉，德鲁克曾对早期商学院有一个总体评价，商学院是“高等教育体系中的寒酸部门，在最受人尊敬的高等教育机构中备受公开的嘲笑奚落。”④ 明兹伯格对早期商学院的历史影响有个形象的说法：“‘管理教育’的麻烦在于它成‘工商’教育，而给人们留下了关于管理扭曲的印象。”⑤ 商学院长期处在“黑暗的年代”。

生产力革命内在的生命力决定了商务和管理教育结合的历史大趋势。因为知识已经广泛地用于工作之上，也就是说工作之中必然包含知识。

---

① James G. March and Robert L. Sutton. Organizational Performance as a Dependent Variable [J]. Organization Science, 1997 (8): 703.

② Gordon, Robert Aaron and James Edwin Howell. Higher Education for Business [M]. New York: Columbia University Press, 1959: 100.

③ Pierson Frank Cook. The Education of American Business: A Study of University-College Programs in Business Administration [M]. New York: McGraw-Hill, 1959.

④ [美] 彼得·F. 德鲁克. 管理新现实 [M]. 北京：机械工业出版社，2014：146-147.

⑤ [加] 亨利·明兹伯格. 管理者而非 MBA [M]. 北京：机械工业出版社，2010：1.

二、“商学理论”融入“战略理论”

第二次世界大战结束后，人类文明转型有了进一步的发展，这就是人们所说的管理革命阶段。这个阶段大约持续到20世纪70年代初。管理革命是一场全球性的革命，说得更具体些，主要涉及日本和韩国的崛起。这场全球革命是同第二次世界大战分不开的，第二次世界大战反法西斯联盟的胜利，“是管理使盟军取得了胜利。”①到第二次世界大战结束时，几乎全世界都从美国的经验中认识到了管理的重要性。“在战后主导经济发展的所有国家，管理成了一种独立的工作，一门可以研究和发展的学科。”②

原有的商学院快速地成长起来，德鲁克曾对这一现象做过形象的描述。“世界各地的商学院得到了迅速的发展，已经成为世界各地大型大学的最大院系。”③ 特别是“针对年轻人或成熟管理者的管理学教育，在西欧、拉丁美洲、澳大利亚、印度的发展速度已不亚于美国，在英格兰、瑞典、德国、荷兰、意大利、智利、澳大利亚等国家，也已建立起高级管理学校。在印度，管理者教育尤其是针对国有企业管理人员的教育被认为是关系到经济发展的核心问题。”④ 在这些快速成长的商学院中，有的商学院直接改名为管理学院。“商学院把名称迅速改为管理学院，以强调它们教授的商业概念和商业技能同样适用于任何有组织、有目的的社会活动。当然，事实上也确实是这些社会活动所需要的。”⑤牛津大学可能是商学院改名为管理学院的典型代表，德鲁克曾经有意识地强调了这个方向性的转变，“即使牛津大学，它现在也已设立了商学院，并强调其管理研究的特色。”⑥

在原有的商学院快速成长和改名为管理学院的同时，新的商学院也在世界各地普遍建立起来。在新建的商学院中，最值得一提的是卡内基商学院。1946年，位于美国宾夕法尼亚州匹兹堡的卡内基技术学院（现在的卡内基—梅隆大学）聘请了一位名叫乔治·李南·贝奇的经济学家，他在第二次世界大战中服务于美国联邦储备局，战后到卡内基技术学院负责重建经济系，他引进了著名的运筹学家威廉·库珀和著名的政治学家赫伯特·A. 西蒙。随着“冷战”的开始，提高美国的管理能力成为一种很大的压力，威廉·洛里默·梅隆向卡内基技术学院提供了一笔大约600万美元的捐款，成立了新的工业管理研究生院，贝奇出任第一任院长。贝奇将重建的经济学系带入新建的工业管理研究生院，并继续引进著名学者，如经济学家理查德·西尔特、政治科学家詹姆斯·马奇、心理学家哈罗德·李维特、数学家阿伦·尼维尔、经济学家弗兰科·莫迪利安尼和金融学家莫顿·米勒。贝奇引进人才有一个共同的特点，大多数著名学者都是学社会科学出身，特别需要指出的是西蒙和马

---

①② ［美］彼得·F. 德鲁克. 管理新现实［M］. 北京：机械工业出版社，2014：189.

③ ［美］彼得·F. 德鲁克. 管理新现实［M］. 北京：机械工业出版社，2014：146-147.

④ ［美］彼得·F. 德鲁克. 已经发生的未来［M］. 北京：机械工业出版社，2016：76.

⑤⑥ ［美］彼得·F. 德鲁克. 管理新现实［M］. 北京：机械工业出版社，2014：147.

奇是学政治科学出身的。贝奇引进西蒙被认为是一个具有信号意义的事件。西蒙出任新成立的工业管理学院教授，“对于学术界来说是一个信号，表明一家商学院应该是这样的一个地方，适于人们解决……深奥的……如果不那么直接相关的问题。”①事实也证明贝奇组建的团队是成功的，西蒙单独获得诺贝尔经济学奖，莫迪利安尼和米勒共同获得诺贝尔经济学奖。正是由于这些出色的学术思想绩效，明兹伯格将梅隆工业管理研究生院比喻为“卡内基修道院”，“在商学院的黑暗年代出现的亮点，就像中世纪的爱尔兰修道院在历史中扮演的角色一样，它位于宾夕法尼亚州的匹兹堡，被称作卡内基技术学院的工业管理研究生院。”② 正是这个新成立的工业管理研究生院重新点燃了管理学的学术之光。

在第二次世界大战结束后相当长的时期，人们心中的管理是一个有了新变化的概念，用德鲁克的话来说，“‘管理’同样是一个形态语汇。”③德鲁克的这个思想涉及后现代世界观，用后现代世界观来审视，管理观念的界定强调了管理的总体性。但这种总体性是极不彻底的，首先体现在将管理等同于企业管理。“管理目前的形态的确是在大企业里最先出现的。”④这是事实，这也是历史的事实，但事实是变化的，事实不等于目前形态的固化。否则，“事实”就是“合理”的代名词。存在就是合理，这是强权者的无理逻辑。德鲁克曾明确地说：“作为我们经济生活重心的企业，同样也遵循‘格式塔’模式：我们将作为完整形态的产品生产过程看成一个真实体，并将其粗糙地命名为‘自动化’。”⑤德鲁克在晚年明确地承认了管理总体概念的不彻底性。“大约 50 年前，我刚开始研究管理时，也是着重在商业管理这方面。”⑥从这里，人们可以看到德鲁克对企业管理总体性的留恋。这种留恋可能是德鲁克的著作《公司的概念》的成功的诅咒，这种留恋更可能折射出了世人心中的潜意识。德鲁克在 1993 年《后资本主义》著作中明确地指出了这一点，“现在大部分人听到‘管理’这个字眼，还是会把它想作‘企业管理’的意识。”⑦

管理总体性观念的不彻底也表现在企业管理观念中仍保留了过分重视科学的旧方法，特别是“个体活动的绩效度量之类的纯机械和静态的方法”。“在各个学科中工作的人都会碰到新的基于过程或形态的概念，除此之外，他们很少遇到别的东西。但是在开展严格工作时，他们手中却仍然只有基于旧世界观和旧概念的旧方法可用，尽管这些方法已不适用于当前的新景象。……对于我朝夕从事的管理科学而言，局面同样让人沮丧。这门学科建立在‘商业企业’和‘管理过程’等形态概念之上，我们也都认同‘组织氛围’‘个人在组织中的成长’‘对企业使命和目标的规划’等过程特征才是管理学的重中之重。但当我们试图讲求科学时，我们要么被扔回到个体活动的绩效

---

① Zaleznik, Sheldon. The MBA, the Man, the Myth and the Method [M]. Fortune, 1968 (5): 168-206.
② [加] 亨利·明兹伯格. 管理者而非 MBA [M]. 北京：机械工业出版社，2010：24.
③⑤ [美] 彼得·F. 德鲁克. 已经发生的未来 [M]. 北京：机械工业出版社，2016：4.
④⑥⑦ [美] 彼得·F. 德鲁克. 后资本主义社会 [M]. 上海：东方出版社，2009：24.

度量之类的纯机械和静态的方法当中，要么只能空喊组织原则和各种定义。”① 这种重视“个体活动的绩效度量之类的纯机械和静态的方法”的一个致命结果就是管理学停留在“空喊组织原则和各种定义”的状态之中。如果联系到管理等于企业管理观念上的不彻底性，也可以说“空喊组织原则和各种定义”实际是管理等于企业管理观念的直接的逻辑延伸。

管理总体性观念的不彻底最终还表现在对“实验和证明方法”和“客观度量方法”的依依不舍，这种依依不舍具有一定的合理性；但将它们同科学之间的联系或者同科学画等号，这又有些过分夸大“实验和证明方法”，进而夸大了“客观度量方法”的重要性。德鲁克明确地说道：“在现代生物学和现代管理学中，我们接受质量、价值和判断等概念并对其加以度量，但并不会让我们摈弃那些严格的实验和证明方法，并不意味着我们会放弃对客观度量方法的追求。”② 在这里，正是出于对“客观度量方法的追求”，放大了“那些严格的实验和证明方法”。

值得庆幸的是，管理总体性观念含有过去的杂质，但却显示出未来的鲜活。管理总体性观念一直被视为管理学学术研究的主流趋势，特别是这种总体性概念在管理学的故乡——美国得到了充分发展。对于管理总体性概念的发展历程，德鲁克在他的很多著作中做了概括性的描述。1985 年，德鲁克在《管理新现实》中写道：“在‘二战’后，我们开始不再把管理等同于企业的范围内。管理适合把各种不同的知识和技能组织到一起的所有人类活动。管理需要应用到所有第三部门组织，如医院、大学、教会、艺术组织和社会服务机构等。‘二战’后，美国第三部门组织的发展速度高于企业和政府。非营利组织需要管理志愿者和筹集资金，这是其与营利性组织的不同之处。但在更多的方面，如确定适当的战略和目标、培养发展员工、测评绩效和营销组织服务等，非营利组织和营利组织的管理者需要承担的责任则都是一样的。在全世界范围内，管理已成为一项崭新的社会职能。”③ 1985 年，德鲁克在《后现代资本主义》一书中写了同《管理新现实》相类似的陈述。“大约 50 年前，我刚开始研究管理时，也是着重在商业管理这方面。但我很快就了解到，无论是商业性的或是非商业性的，所有现代组织都需要管理。事实上，我们很快就会了解到，非商业性的组织，不论是非营利性的民间机构，或是政府机构，甚至比商业性组织更需要管理。这些非商业性组织之所以需要管理，正是因为它们缺乏像商业组织那种‘盈亏底线’的监管。”④

管理总体性观念首先在美国取得了突破性的胜利。“最先认清管理并非局限于商业组织的是美国，但现在所有发达国家都接受了这种观念。我们现在知道，管理是所有

① ［美］彼得·F. 德鲁克．业已发生的未来［M］．北京：机械工业出版社，2016：9.
② ［美］彼得·F. 德鲁克．业已发生的未来［M］．北京：机械工业出版社，2016：11.
③ ［美］彼得·F. 德鲁克．管理新现实［M］．北京：机械工业出版社，2014：189.
④ ［美］彼得·F. 德鲁克．后资本主义社会［M］．上海：东方出版社，2009：25.

组织通通都有的机能，不论它们各有什么特定目标。总之管理是知识社会的普遍机能。"①

1999年，德鲁克在《21世纪管理的挑战》中对管理等于企业管理潜意识做了总体性的批判，"对于大多数人来说，不论身处管理领域内外，这个假设是不言而喻的。实际上，管理文章的作者，管理实践者和外行人甚至从来就没有注意到'管理'这个词；他们自然而然地认为是'企业管理'。……提出和大声喊出'管理不等于企业管理'具有非常重要的意义，就像医学不等于产科学。……管理是所有组织所特有的和独具特色的工具。"② 这意味着管理总体性观念在德鲁克思想中最终确立起来了。德鲁克在《21世纪管理的挑战》的"预言"中指出了这个假设变化的革命性意义。"本书论述的是管理问题，而不是企业管理问题。其中提及的挑战对当今社会的所有组织都会有影响。事实上，许多非营利性机构（如大学、医院或政府部门）比企业更僵化，更缺少灵活性，而且过时的概念、假设和政策在它们内部更加根深蒂固，且其中许多机构（如大学）仍旧坚持陈腐（19世纪）的思想。"③

对于管理等于企业管理的谬误，我曾沿着德鲁克的思路，在2003年写过一篇专论。7年后，将其中的部分内容写进张多中主编的《管理学原理》。到了2014年，这部分内容经过修改，写进高梁主编的《管理学基础》。到了2016年，我以《论企业管理帝国主义》为论题将13年前写的整篇论文完整地发表在《经济师》杂志第3期上。在这篇文章中，"企业管理帝国主义"是受经济学中的"经济学帝国主义"观念启发，我独创了"企业管理帝国主义"这个概念，从总体意义上表达了对"管理就是企业管理"的批判，发现了"企业管理帝国主义的起源"，揭示了"企业管理帝国主义的形成"，批判了"企业管理帝国主义的变形"，找到了"企业管理帝国主义的思想根源"，指出了"企业管理帝国主义的破产"，发出了"批判企业管理帝国主义的长期性"的呐喊。"一旦否定了管理就是企业管理的假设，确认了管理不等于企业管理的假设，这就从根本上解放了对管理的理解，摆脱了管理同企业之间一对一的线性关系，认识到了管理的不确定性。这可以说是人类管理理解上的'思想大解放'。"④《论企业管理帝国主义》进而从总体意义上表达了管理不是企业管理的新思想的革命性意义。"企业管理帝国主义的批判历史实际上就是管理学的成长史。企业管理帝国主义的批判标示着管理学'自我意识'的成长，一旦管理学有了这种'自我意识'，这就意味着管理学正在走向'成熟'之路。"⑤

管理总体性观念在思想上产生的最直接结果是将商务理论融入战略理论之中。

---

① ［美］彼得·F. 德鲁克. 后资本主义社会［M］. 上海：东方出版社，2009：25.

② ［美］彼得·F. 德鲁克. 21世纪管理的挑战［M］. 北京：机械工业出版社，2006：4-6.

③ ［美］彼得·F. 德鲁克. 21世纪管理的挑战［M］. 北京：机械工业出版社，2016：XV.

④ 高梁. 管理学基础［M］. 北京：中国人民大学出版社，2014：5.

⑤ 杨龙芳，郝建明. 论企业管理帝国主义［J］. 经济师，2016（3）：13.

1994 年，德鲁克在《哈佛商业评论》上发表题为《事业经营理论：经营假设》① 一文，这篇论文是商务理论融入战略理论的标志。针对这一点，德鲁克在《21 世纪管理的挑战》中明确地表达了这种理论转向。“每个组织都有自己的经营之道（theory of the business），涉及组织业务、组织目标、确定目标的方法，组织的客户、客户的价值和客户的需要。”“战略将经营之道转化为绩效。它的目的是帮助组织在不可预知的环境中取得预期的成效。战略有助于有目的地抓住一切机会。战略也是对经营之道的检验。若在战略的指导下无法取得预期的成效，这就是需要重新思考经营之道的第一个严重的警告。而意外取得成功，也就是需要重新审视经营之道的第一个信号。实际上，如果没有战略，‘机会’也就不能称其为机会。否则，我们就无法知道什么是真正推动组织实现其预期的成效，什么占用资源，什么分散资源。”② 这段长长的引文明确地说明，商学已经整合到管理学之中。也可以说，这是商学本身的超越。

管理总体性观念的胜利是管理革命的胜利。管理总体性观念的胜利是知识应用于知识之上的胜利。管理总体性观念的胜利是知识作为第一资源的胜利。管理总体性观念的多重胜利隐含了管理学的巨变，说明“商学”与“管理教育”的整合得到了加强，“管理教育”融合了“商学”，成为一门独立的学科。也就是说，“此时的商学”已经不是“彼时的商学”，“此时的商学”已经丧失了存在的独立性，它已经是管理学的重要组成部分或者是管理学的内在结构要素之一。

三、管理学裂变为领导学的危险

20 世纪 90 年代，人类进入信息革命时代，这是一个我称之为“复合革命的时代”，意在强调这个时代的革命的多样性、结构性和深刻性。在这种复合革命中，需要特别指出的是，20 世纪末，人类处于世纪之交的历史交汇之中，商学院在全球范围内建立，其组织机构认同明确地转向了管理学院，这成为商学院的新的自觉意识。瑞士学者凯特琳·穆夫的学术研究团队在《造福世界的管理教育——商学院变革的愿景》一书中明确地强调，如今商学院的组织认同应从商学院转变为管理学院。“为什么我们要说管理教育机构（institutes of management），而不是商学院（business of schools）？道理很简单，因为我们不能仅仅为企业家培养领导者。有一点很清楚，那就是，任何形式、任何规模的组织，事实上任何种类的法人，不仅极大地受益于领导力，而且越来越依赖于它。不只是组织的高层领导力，所有其他层次也都需要。所有组织都需要优秀的管理者，企业需要，政府组织、非营利组织、慈善组织、研究机构、组织间的联盟，甚至是非正式运动、市民发起的行动小组等也都需要。考虑到对领导力的广泛需要，我们认为，‘商学院’一词

---

① ［美］彼得·F. 德鲁克. 事业经营理论：经营假设［J］. 哈佛商业评论，1994（5）：70.

② ［美］彼得·F. 德鲁克. 21 世纪管理的挑战［M］. 北京：机械工业出版社，2006：36-37.

显得过于狭窄了，而‘管理教育’是反映这种广泛挑战的更为合适的词语。”① 正是遵循原作的本来意义，中译者坚定地将书名译为《造福世界的管理教育》，这就准确地昭示出“商学院变革的愿景”。这意味着“管理学院”改名为“商学院”的想法荒谬之极，“管理学院”完全没有必要改名为“商学院”。

亚洲商学院在当前全球商学院发展中呈现一种值得注意的现象，那就是印度管理教育发展开花结果的全球效应和中国管理教育的粗放式增长现象。

在全世界商学院成长史中，印度发展管理教育的历史值得高度重视。印度在1947年独立后，马上就把发展管理能力作为印度振兴的一项重要战略。1959年，印度计划委员会聘请美国加州大学教授乔治·罗宾斯（George Robbins），协助成立全印管理研究机构。1961年，印度政府接受了罗宾斯教授的建议，先后建立了两所精英教育学院，分别位于加尔各答和艾哈迈德巴德，统一名称为印度管理学院（IIM），以不同地名的后缀来区别。此后在各个不同城市新设的印度管理学院分院越来越多，到现在已经发展到20个分院。这意味着印度的专业管理学院得到了长期持续的发展。除了专业管理学院，印度还将MBA课程普及到了所有高校的所有专业，管理学课程成为大学生的重要课程，MBA已经是印度所有大学生的必修课程。印度管理教育在当前产生了全球性的影响，首先体现为在美国工作的印度裔企业高管人数的大增。美国的全球500强企业中，外籍CEO有75位，其中10位是印度裔，9位是英国裔（籍），另有来自包括加拿大、澳大利亚、巴西、土耳其等在内的其他国家的人士担任CEO。中国香港裔（籍）和中国台湾裔（籍）分别有1位，中国大陆人士却榜上无名。用一位观察人士的话来说，“印裔国际CEO的数量已多到不可思议。”② 例如微软CEO萨蒂亚·纳德拉，先是在印度的班加罗尔大学获得电子和通信专业的工程学士学位，随后前往美国，在威斯康辛大学密尔沃基分校（UW-Milwaukee）攻读计算机硕士，再后来在芝加哥大学MBA毕业。除了企业高管，越来越多的印度人开始对管理教育产生重要影响，担任欧美知名商学院的院长。2010年7月上任至今的哈佛商学院第10任院长尼廷·罗利亚（Nitin Nohria）是印度裔，他也是哈佛大学102年历史上的首位外裔院长。芝加哥大学布斯商学院院长苏尼尔·库马尔（Sunil Kumar），是一位印度人。美国西北大学凯洛格商学院前院长、2011年5月至2013年3月出任欧洲工商管理学院（INSEAD）院长的迪帕克·詹恩（Dipak C. Jain）也是一位印度人。当代最具影响力的管理咨询大师拉姆·查兰是最值得一说的印度裔管理思想家。1939年，拉姆·查兰出生在北印度的一个乡野小镇的一个大家庭，家族主要经营一间小小的鞋店，做鞋、卖鞋和修鞋成了生活的全

---

① ［瑞士］凯特琳·穆夫，［瑞士］托马斯·迪利克，［比利时］马克·德雷韦尔，［南非］约翰·诺恩，［加拿大］保罗·什里瓦斯塔瓦，［德］乔纳斯·黑特尔．造福世界的管理教育——商学院变革的愿景［M］．北京：北京大学出版社，2014：2.

② 汪涛．这才是印度对中国的真正威胁，让人倒吸一口凉气［EB/OL］．http://www.sohu.com/a/194927375_509904.

部。这份家庭产业让拉姆·查兰体验到商务中的现金流、利润、快速周转和稳健发展。1965 年，拉姆·查兰进入哈佛大学，获得哈佛大学商学院 MBA，1969 年获得哈佛大学商学院工商管理博士（DBA），并获得贝克学者奖，先后在哈佛商学院、沃顿商学院、西北大学凯洛格商学院任职。拉姆·查兰是当代全球最具影响力的管理咨询大师，被誉为“当代德鲁克”。拉姆·查兰著述颇丰，有《执行》《领导梯队》《高管路径》《游戏颠覆者》《CEO 说》《逆转力》《人才管理大师》《成功领导者的八项核心能力》《全球重心转移》《转型》《高效董事会》《持续增长》《增长力》《客户希望你知道的》。从企业高管和管理学院负责人来看，这些人和事都说明印度管理教育在全球开花结果了。

中国的商学院或管理学院的教育起步较晚，也就是说中国学术界到全球管理学院世界之林报到得比较晚，其取得的知识成就极其不明显，这似乎与中国改革开放历史性选择所取得的重大成就极不协调。事实是，中国的改革开放是极其艰难的，前行道路颇多曲折。1997 年，管理学正式成为中国教育部认定的新兴大学学科，管理学科与理、工、农、医、人文学科一样，成为大学的主流学科，这可能是最有全球性历史意义的标志性事件。中国各高校相继成立了商学院或管理学院，这在中国教育史上具有革命性的意义。它是可与中国恢复高考齐名的教育大事件，也是中国市场经济改革深度发展、全面进入组织化时代的标志。正如中国工程院院士汪应洛和李怀祖所言：“‘文革’结束后不久，长期贴上资产阶级标签的管理学，被认同是一门学科。随后，摆脱姓‘社’姓‘资’和计划经济与市场经济的争论，大胆提出向资本主义国家学习先进管理，并在管理教育领域与国外合作。正是破除了这些思想禁锢，坚持改革开放，管理教育才能从空白兴起，成为大学主流学科，可以说没有改革开放就没有今天的大学管理教育。”① 这说明中国管理教育的兴起是中国解放思想运动折射出来的光芒。在看到中国管理教育的革命性发展这束耀眼的光芒的同时，还要认清中国管理教育存在粗放式增长的现象。我们仍然没有摆脱“西学东渐”的学术态势，更不用说中国管理学的话语革命。

在这一点上，深圳大学管理学院是在中国思想解放运动的旋涡中诞生的管理学院，创新的精神是其生命中循环流动的血液。深圳大学管理学院是规模仅次于经济学院的大学院，它远比国内其他管理学院的成立具有更多理性选择和制度设计的因素，这一点极为明显地体现在管理学院成立之日，时任深圳大学党委书记姜忠曾给管理学院专门题词，对“管理”二字做了独到的释义。深圳大学管理学院身处中国最具有管理革命的深圳特区，有责任对管理在深圳发展中的地位有总体认识，更有责任对深圳管理发展的基本经验的学术意义有规范意义上的理论概括。深圳市委常委、宣传部部长王京生是一位极有敏锐眼光且有学识的人，他认识到管理发展是深圳城市精神历史最耀眼的地方。他在《深圳十大观念》一书中，定了题为“观念的力量”的“引论”，提

① 汪应洛，李怀祖．改革开放与大学管理教育兴起［J］．西安交通大学学报（社会科学版），2018（11）：1.

出了“管理”在深圳城市精神发展中的分期，是同“经济”和“文化”同等重要的分期之说。

“深圳的城市精神发展史，就是一部城市观念史。城市的发展是以经济为基础，以制度为保障，以文化为灵魂。拼经济要求深圳勇于冲破计划经济的体制束缚，大力发展生产力，打牢城市发展的物质基础。拼管理要求深圳加强制度体系建设，建立健全法律法规，为实现公平正义提供制度保障。拼文化要求深圳把握世界城市发展的最新趋势，大力实施‘文化立市’的战略，占领文化发展的制高点，提升城市文化软实力。深圳观念既是这三个发展阶段的产物，同时也成为引领这三个阶段发展的风向标。”①

王京生还探讨了深圳的管理观念，“在拼管理方面，深圳人先后提出了‘鼓励成功，宽容失败’‘改革创新是深圳的根，深圳的魂’‘深圳，与世界没有距离’‘来了，就是深圳人’等观念，体现了深圳的开放品格和包容精神，为建设现代化国际化先进城市的制度设计了广阔空间。”②

事实上，深圳的管理观念远不止王京生所概括的这些观念，比如他归入经济观念中的“时间就是金钱，效率就是生命”，这个观念可以肯定地说是管理观念。管理观念在深圳城市精神中的重要地位是显而易见的，但深圳大学管理学院却没有对深圳管理发展的基本经验及其隐含的规范意义有过阐释，不得不说这是一个引人深思的学术怪现象。深圳大学管理学院是全中国最综合性的管理学院，这同国内的“管理科学是依托于自然科学和工程科学发展起来的”③ 管理学院大不相同，“理工同管理密切结合成为中国管理教育和学科的特色。”④ 这种极强的综合性为深圳大学管理学院的创新发展留下了巨大的发展空间，“因为，从一开始就建立一个合理的组织比变革已经存在的组织要容易得多。”⑤ 但深圳大学管理学院的发展却不是这样，它的发展同国内其他管理学院越来越同质化了，也就是落于“俗套”了。这极为典型地说明深圳大学管理学院的地方知识是极其不足的，这在很大的程度上可能意味着中国管理教育发展隐含粗放式增长的现象。

随着管理教育全球化高潮的到来，全球商学院或管理学院迎来了空前的管理思想大反思。正是由于管理思想大反思，管理知识出现一个大的剧变期，商学院或管理学院才有可能进入一个全新的时代，即管理知识全面发展的时代。面对这个历史性的转折时期，全球商学院或管理学院的学术思想界不得走向一个有历史、有理论和有思想

① 王京生．深圳十大观念［M］．深圳：深圳报业集团出版社，2010：5.

② 王京生．深圳十大观念［M］．深圳：深圳报业集团出版社，2010：6.

③ 汪应洛，李景平．论我国政府管理新理念的树立［J］．西安交通大学学报（社会科学版），2003（3）：13-18.

④ 汪应洛，李怀祖．改开开放与大学管理教育兴起［J］．西安交通大学学报（社会科学版），2018（11）：5.

⑤［瑞士］凯特琳·穆夫，［瑞士］托马斯·迪利克，［比利时］马克·德雷韦尔，［南非］约翰·诺恩，［加拿大］保罗·什里瓦斯塔瓦，［德］乔纳斯·黑特尔．造福世界的管理教育——商学院变革的愿景［M］．北京：北京大学出版社，2014：1.

的新境界。也就是说，从思想的高度潜入世界管理理论深度的长河之中，发现管理学发生了人们难以想象的极为深刻的变革。在这里，管理学终结了，管理学碎片化了，特别是裂变为领导学，这可能是当今管理学的正面，它预示了管理学内在的“非管理学现象”；管理学历史化了，管理学重构了，管理创新了，这可能是管理学的背面，它隐含了管理学内在的“反管理学现象”；管理学范式化了，综合化了，这是当今管理学的侧面，它显示出了管理学已经探索到的一条新的综合之路，这是一条仿佛依稀可见的道路，这也是一条未来的管理学的希望之路。

说到管理学的正面，首先谈管理学的终结，英国和美国学者注意到了管理的时代性变革。2001 年，美国冲突理论研究权威肯尼斯·克洛克和著名组织咨询师琼·戈德史密斯合著了《管理的终结》一书，提出“商业思想改变商业世界”。著名领导学家沃伦·本尼斯在“序言”对“管理的终结”做了精准的概括。“组织行为的哲学正在发生显而易见的巨大变化，呼唤着一种人性化的新概念。这种新概念的基础是：我们进一步理解自身复杂的、正在变化的需求。它取代了人们关于人性的过于简单化的、无知的、程式化的理念。这种哲学变化呼喊着一种以人道主义—民主思想为基础的组织价值观，并以之来取代非人性化的、机械的官僚价值体系。随之而来的是一种以合作和理性为基础的新权力观，它将取代以胁迫和威胁为基础的旧模式。”① 8 年后，英国畅销书作家乔·欧文说得更明白，写下了《现代管理的终结——如何引领无序的世界》。如果说《管理的终结》站在哲学的高度，那么《现代管理的终结》则立足于历史。乔·欧文在《现代管理的终结》的“结论”指出：“管理学的基础使管理者开始探求成功法则，以期改进战略、领导、财务管理、质量和生产力。这些法则的确有效，它们把建立在经验法则基础上的旧时惯例一扫而空。但是，眼下现代管理正走向终结。”“简单化法则非但无法打造成功，还作茧自缚。……魔力成功法则已经失去魔法。……世界在改变，旧的成功法则失效了。”②

与管理终结话题直接有关的是管理的碎片化。谈到管理的碎片化，首先要提到的是欧洲教练技术学院院长沃尔夫冈·施密茨的著作《管理管理者——为什么管理活该被抛弃》。这本著作出版于 2011 年，施密茨在书中题为“世界已经改变”的序言中，对该书的书名进行了解释。该书的主书名为“管理管理者”，而副书名却是“为什么管理活该被抛弃”。“之所以用如此矛盾的方式来表述，是因为我要在本书展示从管理向领导力跨越的理念以及领导力的新趋势——教练型领导力。让我们说：‘再见，管理！’”③ 施密茨在这里提出了管理向领导的深度转变。这可能是管理碎片化的最直接路径。毕竟“管理”和“领导”之间的关系之争一直是个争论不休的相关度极高的大问题。论管理碎片化为领导的现象，史蒂芬·塞格尔的《商感——从管理科学到领导哲学》是一定要谈到的重

① ［美］肯尼斯·克洛克，［美］琼·戈德史密斯．管理的终结［M］．北京：中信出版社，2004.

② ［英］乔·欧文．现代管理的终结［M］．北京：商务印书馆，2011：259-260.

③ ［德］沃尔夫冈·施密茨．管理管理者——为什么管理活该被抛弃［M］．北京：中国致公出版社，2012：5.

要著作。塞格尔是西方学术界公认的管理哲学实践领域世界级的先锋人物，《商感——从管理科学到领导哲学》一书的目的“在于找出、描述、分析并提示管理学范畴的哲学经验的意义。本书阐述了管理者确实拥有的哲学经验，这些哲学经验对于他们作为管理者的实践至关重要”①。管理者的哲学经验主要包括两个层面，第一个层面是培养商感，即一种对管理者置身其中的环境的感觉，第二个层面是管理者在投身世界的过程中发展的感觉。管理学转向领导学还可以从德鲁克的名著《卓有成效的管理者》的传播史中找到变化的迹象。《卓有成效的管理者》是德鲁克《成果管理》的直接延伸，是《管理实践》的实践精神的深入发展，即从“实践”转向“习惯”。德鲁克逝世后，他最亲密的朋友约瑟夫·马恰列洛在传播《卓有成效的管理者》时，将《卓有成效的管理者》改名为《卓有成效的领导者》。从“管理者”到“领导者”一词之变化，真可谓意味深长，是对德鲁克思想的超越呢，还是德鲁克思想的庸俗化呢？这真有可能触及一个难以接受的现实：播下的是“龙种”，很有可能收获的是“跳蚤”！

管理学的碎片化，除了转向领导学外，还体现在对沟通的转向。美国著名学者托马斯·D. 兹韦费尔出版了《管理就是沟通》，强调了沟通在管理中的核心地位。管理学碎片化还有一种裂变路径就是转向神经科学，也就是所说的神经管理学。神经管理学是运用神经科学和其他生命科学技术来研究经济管理问题的国际新兴前沿领域，它主要研究人们面对典型经济管理问题时的大脑活动与思维过程。神经管理学以一个全新的视角来审视人类决策行为以及更为一般化的社会行为与人性，它很可能是泛科学主义在管理领域的新发展，也有可能是科学精神镜像的绝唱。最后需要指出的是，向复杂科学裂变很有可能是管理学碎片化最隐秘的路径。

管理学的终结论和管理学的碎片化，是当今管理的正面，预示着管理学即将面临的学术思想混乱的局面。管理学转向领导学是一种直接的碎片化转向。这种碎片化倾向隐含的危险是值得高度重视的，其中，致命危险是它会导致管理内涵的异化，也就是对权力的崇拜。古典管理思想家马克斯·韦伯提醒人们对魅力型权威持高度警惕态度。德鲁克在韦伯思想的基础上写出了《管理实践》，创立现代管理学。关于德鲁克对管理概念的新理解，明兹伯格有过明确的说明，“半个世纪前，彼得·德鲁克（1954年）赋予了管理以重要性。从那以后，领导力便失去了其重要性。现在，我们则会从媒体上看到伟大领导人取得辉煌成就，或者遭遇惨烈失败的各种故事。我们必须认真面对管理者面临的各种现实。”② 领导力的过于泛滥，很有可能将管理引向要么夸大人的本能反应，要么造成人的理性自负，最终的恶果就是导致管理学的分析路径丧失责任分析这个原点。

绕过正面，我们走进管理的背面，会看到管理学反思历史的高度。1994 年，美国

① ［英］史蒂芬·塞格尔．商感——从管理科学到领导哲学［M］．朱一凌，译．北京：中国社会劳动保障出版社，2006：201.

② ［加］亨利·明兹伯格．管理至简［M］．冯云霞，等，译．北京：机械工业出版社，2014：2.

学者布赖恩·L. 乔伊纳博士出版《第四代管理》，提出一种新的管理原则，探讨了区分成本和成本产生的原因和必要性。成本不是成本产生的原因，但有成本产生的原因才会有成本。混淆原因和结果是管理中容易犯的一个致命错误。乔伊纳在书中还深刻地批判了无法度量就无法管理的错误理念，这是对实证主义的一种有力冲击。[①] 欧文·拉兹洛是布达佩斯俱乐部的创始人，是时代最前沿的思想家。美国思想家欧文·拉兹洛、克里斯托弗·拉兹洛父子俩在1997年出版了名为《管理的新思维——第三代管理思想》的著作，对管理思想的前沿进行历史定位。该著作从进化论知识的高度，将复杂系统理论和混沌理论应用到商务发展新领域，提出了一种新颖独特而又能非常有效地领悟周围世界的方法。[②] 2007年美国管理学家艾克斯、诺瑞亚和柏克利三人合著了《超越管理迷思——重新探索管理的真相》一书，本着归零思考和探究管理源头的态度，对管理知识进行"正本清源"，提出管理思维的五项原则。这五项原则包括：不要把组织现象简单化，也不要把管理问题复杂化；不要用大家听不懂的管理术语，去告诉别人已知的事实；多次重复别人不解的管理理论和知识，很可能是说者的个人愚蠢，也可能是这套知识无用；切勿用自己预设的角度去观测组织现象和解读管理问题；千万不要将管理知识当宗教。这五项原则将管理学的知识发展指向管理真相的发现，这是具有革命意义的观点。[③] 戴维·布尔库什（David Burkus）是美国著名畅销书作家，曾被全球管理界的"诺贝尔奖"的评选机构Thinkers50评为"最有可能改变商业未来的思想领袖"。他在2016年出版的《新管理革命——知识经济如何重塑组织和管理》一书中，认为当工作的本质从工业型转变到知识型，当公司需要员工解决问题和设计新产品，新型管理系统应该以员工为中心。布尔库什系统总结了知识经济时代的13项全新的管理法则，这些法则的核心是：坚持员工第一，顾客第二，通过提升员工幸福感达到提高客户满意度的目的；取消管理层，把管理者的职责下放到曾经的被管理者身上；对招聘过程进行重组和革命，让员工参与招聘的过程；取消年度绩效考评，鼓励季度反馈讨论等。布尔库什要求人们谨记"管理的本质在于不断改变，以顺应最新趋势。"[④]

英国著名学者斯图尔特·克雷纳在2000年出版的《管理百年》中，将怀疑理性主义精神深深地植入管理学之中，提出"管理上没有最终的答案，只有永恒的追问"[⑤]。2002年斯隆管理学院在其建院50周年庆典之际，邀请杰出校友、国际领导人、企业界与管理

① ［美］布赖恩·L. 乔伊纳．第四代管理［M］．北京：中信出版社，2000.

② ［美］欧文·拉兹洛，克里斯托弗·拉兹洛．管理的新思维——第三代管理思想［M］．文昭，黄丽华，译．北京：社会科学文献出版社，2001.

③ 艾克斯，诺瑞亚，柏克利．超越管理迷思——重新探索管理的真相［M］．台北：天下文化出版股份有限公司，1997.

④ ［美］戴维·布尔库什．新管理革命——知识经济如何重塑组织和管理［M］．北京：中信出版集团，2017：Ⅶ.

⑤ ［英］斯图尔特·克雷纳．管理百年［M］．北京：中国人民大学出版社，2013.

界精英，共同探讨在未来50年中，企业与管理界所面临的机会与挑战，以及管理界未来的发展方向。随后周建、托马斯·科汉、理查德·施马伦奇三人合著了《管理的现在和未来》一书，提出探讨管理学特别是企业管理的发展趋势；高科技对管理和人类及生活的影响；全球化和技术进步加速发展背景下的全球资本市场；未来的管理思想必须发生根本的转变，以应对更加艰巨的挑战；未来的管理者必须面对新兴科技所带来的潜在利益、风险以及道德挑战；未来的管理教育应该努力培养德才兼备的领导人，使其能赢得信任、面对问题与机遇，引领企业做出对社会的进步负责任的贡献。①

1996年法国学者罗贝尔·萨蒙从未来学的角度探讨了管理的未来，他在《管理的未来——走向以人为本》一书中强调人类不受约束的发展，指出“凡是采取了旨在让个人自由发展的公正行为，总能得到报偿，而特别重视人的潜能——它是我们社会的精神建设的基本建筑材料——的公司，最终它也必然获得较大的盈利。”② 罗贝尔·萨蒙区分了一种建立在人的动力的基础之上的经济秩序和一种用短期行为引导的经济秩序，后者以损害雇员的积极性、商人的忠诚、顾客的满意、研发的质量、集体的创造性和环境保护为代价，以保持优异的季度报表。相比这种短期行为引导的经济秩序，那种建立在人的动力的基础之上的经济秩序更是可取的，它会带来持久的繁荣，而用短期行为引导的经济秩序却无异于自掘坟墓。美国学者加里·哈默是“西方世界在策略领域最具影响力的思想家”，《经济学人》称他为“世界一流的策略大师”；《财富》杂志称他为“商业战略管理的领路人”。比尔·布林是美国《快速公司》资深编辑。2007年，加里·哈默和比尔·布林共同出版《管理大未来》一书，对20世纪的古典管理思想做了深刻的反思，表明“与物理学原理不同，管理学原理既非先知也并非亘古不变，特别是当前的管理原则已无法适应。这是因为急剧的变革、飞速的优势、技术的颠覆、可畏的竞争、分散的市场、全能的顾客、挑剔的股东，它们对全球的组织管理提出了新挑战，传统的管理模式也更显局促”③。加里·哈默和比尔·布林指出当今的管理已经过时，制约组织实现优良业绩的不是其营运模式，也不是其商业模式，而是组织的管理模式。后现代管理时代需要进一步更新管理的原则、流程和实践。“坦率地说，所谓的最佳实践是不够的，即使是那些全球最受尊敬的公司，它们也必须不断地进行管理的创新，不断地保证员工更轻松愉快地工作。因此，在谈论未来的管理时，我们必须以领先的姿态行动而不是盲从，这是发掘未来管理的指南。”④

无论是管理学的代际分析和管理的历史回顾，还是超越管理迷信和管理未来探索，它们都将管理反思指向管理真相的发现。英国伦敦商学院教授弗里克·韦穆伦，自称

---

① 周建，［美］托马斯·科汉，［美］理查德·施马伦奇．管理的现在和未来［M］．北京：中国劳动社会保障出版社，2005.

② ［法］罗贝尔·萨蒙．管理的未来——走向以人为本［M］．上海：上海译文出版社，1998：V.

③ ［美］加里·哈默，［美］比尔·布林．管理大未来［M］．北京：中信出版社，2008：XXV－XXI．

④ ［美］加里·哈默，［美］比尔·布林．管理大未来［M］．北京：中信出版社，2008：XXI．

是安徒生《皇帝的新衣》童话中“不懂事的小孩子”，2012年出版的《管理真相》一书揭示了商业世界内部运行的秘密，刻画了CEO是怎样的人，剖析公司现实运营中的诱惑、影响力和联系与战略。《管理真相》一书突破了管理的传统认知。① 日本学者入山章荣从另一个角度触及“管理真相”，他提出一个极有现实意义的问题，即“现在的顶尖商学院教授都在想什么?”入山章荣指出了对管理学认知的三大误解：美国管理学学者不读德鲁克，《哈佛商业评论》并非学术期刊，讲课水平再高也无法晋升。入山章荣最后回答了“怎样的管理学才能是科学”，认为“到目前为止我多次提到，‘世界管理学以科学为目标’。但事实上，必须强调的是管理学的科学性依旧十分薄弱，至少在我看来是这样的。之所以这样说，是因为所谓的管理学不过是分析个人或由个人组成的团体所做出的决策。……从这个意义上来说，世界管理学学者研究的管理学还是一门发展中的学科。……世界管理学以科学为目标，但说到底，主角依旧是人”②。

管理学的历史背影中，有管理学的代际分析，有管理大历史回顾，有超越管理迷信，有管理未来探索和管理真相的发现，它们暗示了管理学正处于转折之中。

远离管理学反思的历史背影，我们走进管理学发展的侧面。在管理学发展的侧面，我们首先看到了管理学院重建新文化的呐喊。2011年，圣地亚哥·伊尼格斯·德翁左诺写了一本名为《商学院——引领高等教育变革》的有影响力的著作，结合对商学院的深刻了解和欧洲商学院任职的独特经验，深入分析了目前高等学院管理教育面临的重大挑战。这些重大的挑战包括：制定适应全球竞争的适宜战略；正确定义大学在现代知识价值链中的角色和作用；设计合理的师资结构，建设师资队伍；培养学生具备多种才智和出色的人际沟通能力。德翁左诺总结了世界商学院的发展经验，预测了商学教育和整个高等教育的未来发展趋势。③ 瑞士学者凯特琳·穆夫，托马斯·迪利克，比利时学者马克·德雷韦尔，南非学者约翰·诺恩，加拿大学者保罗·什里瓦斯塔瓦，德国学者乔纳斯·黑特尔四国六学者合著了《造福世界的管理教育——商学院变革的愿景》一书，“提出‘造福世界的管理教育’的设想，目的是面向商学院勾画一种新的、迥然不同的愿景，使商学院能够拥抱并投身到建设作为世界公民的我们所向往的未来之中。”“建议商学院应当成为社会的管护人，通过培养负责任的领导者，促成企业重新转变为服务社会组织，以及参与经济和企业转型，为世界做出独特的贡献。”④ 商学院的新目的和新角色要求商学院在其开展的各项活动中要起到榜样示范作用。

---

① [英] 弗里克·韦穆伦．管理真相 [M]．北京：中国财经出版社，2012.

② [日] 入山章荣．现在的顶尖商学院教授都在想什么？你不知道的管理学现况与真相 [M]．北京：机械工业出版社，2006：10-11.

③ [西班牙] 圣地来哥·伊格斯·德翁左诺．商学院——引领高等教育变革 [M]．北京：中国人民大学出版社，2014.

④ [瑞士] 凯特琳·穆夫，[瑞士] 托马斯·迪利克，[比利时] 马克·德雷韦尔，[南非] 约翰·诺恩，[加拿大] 保罗·什里瓦斯塔瓦，[德] 乔纳斯·黑特尔．造福世界的管理教育——商学院变革的愿景 [M]．周祖城，徐淑英，译校．北京：北京大学出版社，2014：1.

《商学院——引领高等教育变革》和《造福世界的管理教育——商学院变革的愿景》有一个共同的学术价值取向，那就是探讨了商学院的新文化。伴随着商学院新文化的探讨，管理学界开始重构管理学。在重构管理学中，我们不得不提到《什么是管理：绝非“执行”那么简单》。这本书的作者是琼·玛格丽塔和南·斯通。玛格丽塔是哈佛商学院战略与竞争力研究所高级研究员，《哈佛商业评论》麦肯锡奖获得者；斯通历任《哈佛商业评论》编辑、主编。她们在书中全面地探讨了管理的基本问题，提出管理远比“执行”复杂，这意味着管理从根本上向以命令为中心的管理思想告别，这是一种新的有深远意义的管理观念。① 2009 年，有“管理反智大师”之称的查尔斯·雅各布斯在一本名为《重塑管理：管得越少效果越好》的书中指出：“原来，我们对于管理的认识，绝大部分可能都错了。最新的研究表明，我们的感性更比理性有助于引导商业决策。”② 雅各布斯发出了振聋发聩的呐喊，将管理学的重构引向了“心智”和“理念”。同雅各布斯一样，约瑟夫·H. 波耶和吉米·T. 波耶特两人捕捉了 79 位世界级管理大师的真知灼见，将管理学的创新引向新的管理理念。③ 2015 年，布赖恩·罗伯逊结合硅谷的发展经验，探讨了风靡硅谷的合弄制管理模式，提出合弄制改变世界的思想，重新定义了管理概念，彻底颠覆工业时代的管理逻辑。④

四、“知行合一”元问题

从管理学反思的侧面来看，除了管理学的重构之处，最重要的还是管理学的新综合。管理学的综合又分两条路径，一条是以德鲁克和斯蒂文斯为代表的统一范式路径，另一条是以哈拉尔和乔治·吉尔德为代表的新综合路径。出于对管理新综合的高度重视，需专门进行论述。本部分以“知行合一元问题”为论题，从根本上揭示“知识”与“管理”之间的基础性联系，从广义上讲清楚管理学的基础学科地位。我们先对以德鲁克、斯蒂文斯为代表的统一范式路径的新综合进行分析。

从统一范式路径来看，德鲁克应哈珀柯林斯出版公司编辑小卡斯·坎菲尔德的邀约写了一本与初衷完全相反的原创性著作，这本著作就是《21 世纪管理的挑战》。小卡斯·坎菲尔德要求德鲁克对其一生的管理思想的精华进行总结，写一本向后看的回顾性著作，但他写成的著作却是向前看的前瞻性著作。在这本著作中，“只涉及明天的‘热点’问题，即关键性的，决定性的、生死攸关的问题和明天定会成为主要挑战的问

---

① ［美］琼·玛格丽塔，［美］南·斯通．什么是管理：绝非“执行”那么简单［M］．北京：电子工业出版社，2003. 本书的另一译本为：［美］琼·玛格丽塔，［美］南·斯通．什么是管理：管理如何卓有成效以及为什么是每个人的事［M］．北京：中国青年出版社，2013.

② ［美］查尔斯·雅各布斯．重塑管理：管得越少效果越好［M］．重庆：重庆出版社，2011：10.

③ ［美］约瑟夫·H. 波耶，［美］吉米·T. 波耶特．管理什么：79 位世界级管理大师的真知灼见［M］．北京：新华出版社，2011.

④ ［美］布赖恩·罗伯逊．重新定义管理［M］．北京：中信出版集团，2015.

题。"① 在这种问题导向的基础上，《21 世纪管理的挑战》主要是提出问题，而不是解决问题。"这些问题都包含一个感悟，即现代社会、经济和社区的中心既不是技术，也不是信息，更不是生产力，而是管理完善的组织，这个组织是产生成效的社会工具。同时管理是帮助组织产生成效的特殊工具、特殊功能和特殊手段。"② 《21 世纪管理的挑战》提供了"一个最终的和全新的管理范式：只要能影响组织的绩效和成效的，就是管理的中心和责任，无论是在组织内部还是组织外部，无论是组织能控制的，还是完全不能控制的"③。

《21 世纪管理的挑战》的原创性是一种意外的成功，是"有意栽花花不成，无意插柳柳成荫"。这意味着德鲁克晚年的管理思想隐含一个内在的巨大超越，但如何解释这个巨大的超越呢？这是德鲁克管理思想研究中一个值得重视的大问题。美国学者约瑟夫·A. 马洽列洛（Joseph A. Maciariello）和凯伦·E. 林克莱特曾写过一本名为《失落的管理艺术：德鲁克思想的人文之光》的书，将德鲁克管理思想的巨大成就归功于人文精神的复苏。④ 这种解释同德鲁克思想发展的原生脉络是不相符合的，也有过度放大人文精神之嫌。管理学的人文主义取向是管理学发展过程中的一种思想时尚，德鲁克难免不受这种思想时尚的长期影响，但不能过高估计这种思想时尚对德鲁克管理思想发展的影响。

到了 1989 年，德鲁克在《管理新现实》中以"管理的社会职能及人文艺术性"为题专写一章。在这章中，德鲁克对"管理的人文艺术性"做了较全面的论述，这段引文太长，为了便于理解，将引文拆分为四个小段。第一段是"30 年前，英国科学家和小说家斯诺曾谈及现代社会的两种文化。然而管理既不是斯诺所讲的人文，也不是他所讲的科学"④。这说明德鲁克对管理学的定位具有超越人文主义的思想时尚。第二段是"管理涉及行动和应用，其衡量标准是结果。从这方面来看，管理是一种技术。但管理也涉及人、价值观及成长和发展，管理具有人文特征。管理关注并影响社会结构的社区。事实上，就像本书作者那样，与各种组织的管理者长期打交道的每个人都知道，管理深度关注精神领域——人类本性的善恶"⑤。在这段引文中，德鲁克对管理做了一个一分为二的分析，强调了"行动和应用"与"技术"之间的对应关系；"人文特征"和"人类本性的善恶"之间的对应关系，有些类似于中国传统经典《大学》中所讲的"诚意"和"正心"。紧接着的第三段是一个推论，"因此，管理是传统上所谓的人文艺术。称其具有人文属性，是因为管理处理的知识、自我认知、智慧和领导力的基本原则；称其为具有艺术性，是因为管理是实践和应用。管理吸收和利用人类和

---

① ［美］彼得·F. 德鲁克. 21 世纪管理的挑战［M］. 北京：机械工业出版社，2016：XV.

② ［美］彼得·F. 德鲁克. 21 世纪管理的挑战［M］. 北京：机械工业出版社，2016：34-35.

③ ［美］彼得·F. 德鲁克. 21 世纪管理的挑战［M］. 北京：机械工业出版社，2016：35.

④ ［美］约瑟夫·A. 马洽列洛，［美］凯伦·E. 林克莱特. 失落的管理艺术：德鲁克思想的人文之光［M］. 北京：机械工业出版社，2018.

④⑤ ［美］彼得·F. 德鲁克. 管理新现实［M］. 北京：机械工业出版社，2014：194.

社会科学——心理学、哲学、经济学、历史学、伦理学和包括自然科学的所有知识和见识。但管理者必须关注运用知识取得效果，如治愈病人、教好学生、建造桥梁、设计和销售用户友好型软件等。”①德鲁克在这个推论中将管理的“人文”和“艺术”二者统一为“传统”，也就是他所说的“管理是传统上所谓的人文艺术”，这是一个合二为一的命题，这实际上是将管理学引向人类历史知行之争的传统之上。在这里，特别需要注意“人文属性”同“管理处理的知识、自我认知、智慧和领导力的基本原则”之间的因果联系，也要注意“艺术性”同“管理是实践和应用”之间的因果联系。特别是后者，说得具体些，“艺术性”同“管理吸收和利用人类和社会科学——心理学、哲学、经济学、历史学、伦理学和包括自然科学的所有知识和见识。但管理者必须关注运用知识取得效果，如治愈病人、教好学生、建造桥梁、设计和销售用户友好型软件等。”②第二段同第三段之间存在紧密的关系，既要将第二段的“行动和应用”和“技术”同第三段的“艺术性”和“管理是实践和应用”联系起来，也要将第二段中的“人文特征”和“人类本性的善恶”同第三段“人文属性”和“管理处理的知识、自我认知、智慧和领导力的基本原则”联系起来。从这两个层次的内在联系来看，管理是同知识直接相关的，也就是中国人所说的“知行合一”。这极为明显地体现在德鲁克第四段的最后推论中。“因此管理将日益发展成为一门重要学科和实践。通过参与管理，人类将重新认识自己、产生影响和建立关系。”③

知识与管理之间的基础性联系，是德鲁克管理思想发展过程中新的理论自觉。在《管理新现实》一书中，德鲁克将“管理的社会职能及人文艺术性”论题放在“知识社会”大议题之下进行专章论述。在“知识社会”大议题之下，德鲁克写了一个带有总纲性的一章，即“后商业社会”。在这一章中，德鲁克写道：“最大的变化是所有发达国家都向知识社会转变。这一变化远比政治、政府或经济学的变化更大。”④ 管理是向后知识社会变化的一个重要特征。“管理已成为社会核心功能和新的独特人文学科，但这引发了管理的合法性的问题。”⑤ “管理的社会职能及人文艺术性”一章实际上是对这个问题的回答。德鲁克在这篇总纲性的章节中指出了社会向知识社会转型的大历史事实，“随着知识成为经济的核心资源，社会必然进入后商业社会，也就是后知识社会。”⑥ 我们之所以强调这一点，是因为《管理新现实》同《后资本主义社会》存在直接联系。《管理新现实》出版4年后的1993年，德鲁克出版了《后资本主义社会》。在《后资本主义社会》的开篇之章中，也就是“从资本主义到知识社会”，德鲁克提出了一个理解近现代人类文明的新框架，即在“知识”“技术”和“科技”之间的联系上，知识变化具有基础性地位，而知识的变化是经济和社会革命性变化的终极之因和根本动力。知识应用于工具的结果

---

①②③ ［美］彼得·F. 德鲁克. 管理新现实［M］. 北京：机械工业出版社，2014：194.

④ ［美］彼得·F. 德鲁克. 管理新现实［M］. 北京：机械工业出版社，2014：144.

⑤ ［美］彼得·F. 德鲁克. 管理新现实［M］. 北京：机械工业出版社，2014：146.

⑥ ［美］彼得·F. 德鲁克. 管理新现实［M］. 北京：机械工业出版社，2014：155.

是生产力革命。德鲁克看到了常人看不到的高度，指出“达尔文、马克思与弗洛伊德是经常被提起的‘现代世界最有影响力的人物’。要是世界上还有公理的话，那就一定要加上泰勒。但泰勒没有得到应有的地位还是小事，更有甚者，直到现在还是少有人明白，正是知识应用到工作之后，才使得这100年来社会生产力有了突破性的成长，促进了经济发展。……之所以如此，唯一可能的解释是：知识运用于工作后的结果。”[①]至于管理革命，也就是第二次世界大战后的欧洲复兴、日本崛起、新加坡奇迹、韩国经济发展等社会经济剧变，德鲁克将它们都功归于管理，也就是管理将知识用于知识的结果。“从现在起，创造财富最重要的关键是非体力劳动者的生产力。要提高他们的生产力，就得运用知识于知识之上。”[②]泰勒的管理同生产力革命，德鲁克的管理同管理革命相关，也就是管理既是知识固有之义，也是知识的终极目的。

《21世纪管理的挑战》的原创性的“意外的成功”是德鲁克后现代世界观的新发展使然。《21世纪管理的挑战》的原创性，既是“一个感悟”，也是“一个最终的和全新的管理范式”[③]，二者合一为“新悟新语”。这一点体现了德鲁克在世界观上的超越。德鲁克管理思想发展从最早的《经济人的末日》开始，对阿伦特式的过度的人文主义精神是持谨慎态度的。德鲁克管理思想的发展恰恰就在于他从人文主义的诱惑中走出来了，有一个以世界观的转变为基本线索的心路历程。从这个意义上来说，管理学的人文主义取向是管理学发展过程中的一种思想时尚，德鲁克难免不受这种思想时尚的影响，但不能过高估计这种思想时尚对德鲁克管理思想的影响。1957年，德鲁克曾在《业已发生的未来》中对自己管理思想发展的主线有过总结，“管理学这一学科体现了后笛卡尔主义的新世界观。它的研究主体是过程，过程的起点是对成功的渴望。无论可量化内容占到几成，这一学科的基本要素——改变与革新、风险与判断、成长与衰退、奉献精神、视野、奖励与动机——都是定性的。过程的末端产出的是影响个体与社会的价值决策。”[④] 德鲁克晚年的世界观的深刻变化可从《管理新现实》《后资本主义社会》和《21世纪的管理挑战》的联系之中找到线索。《管理新现实》中有一章专门谈到世界观的变化，即“结语：从分析到感知”。在这一章中，德鲁克主要区分了技术与工具之别，技术不是自然发生的，而是人创造发明的。技术不是工具，而是人类的工作方式。“技术是人类能力的扩展，所以基本的技术变化，既表达了我们的世界观，也因此改变了我们的世界观……”[⑤] 这就是技术同人脑之间的内在联系，也就是技术同世界观之间的联系，技术是世界观的表达形式，也是世界观变化的内在动力。换而言之，世界观既是技术的内涵，也是世界的目的。这一点与德鲁克以知识为基础谈管理是一致的。

---

①② ［美］彼得·F. 德鲁克. 后资本主义社会［M］. 上海：东方出版社，2009：21.

③ ［美］彼得·F. 德鲁克. 21世纪管理的挑战［M］. 北京：机械工业出版社，2016：34-35.

④ ［美］彼得·F. 德鲁克. 业已发生的未来［M］. 北京：机械工业出版社，2016：76.

⑤ ［美］彼得·F. 德鲁克. 管理新现实［M］. 北京：机械工业出版社，2009：219-220.

德鲁克并没有停留在这里，而是将讨论的重点从技术转向了信息，特别是从对计算机的强调转向了对信息的留意。德鲁克开篇就提出“1946 年，第一台电脑埃尼阿克投入使用，这就开启了信息时代，信息成为工作的基本原则。然而信息是生物过程而非机械过程的基本原则”。德鲁克从理论的高度进而意识到“组织工作基本原则的变化对文明的影响几乎是无与伦比的。……1946 年，随着电脑的诞生，信息成为生产的基本组织原则，而这又开启了一个全新的人类文明。”① 从技术转向信息成为德鲁克《后资本主义社会》的基本视野。德鲁克在《21 世纪管理的挑战》中明确了这种转变，以子标题的形式表明了自己思想的深度变化，这个子标题为“‘信息技术’从‘技术’向‘信息’转变”②。

正是因为这个深刻的思想转变，德鲁克区分了信息和沟通的关系。首先强调了信息对社会有三个方面的深远影响：一是新信息技术对物质文明、产品服务和企业产生了广泛的影响；二是对民族国家的影响，特别是对极权体制的影响；三是对城市的深远影响。德鲁克结合信息组织，强调了信息的核心功能。“在信息社会中，规模是个函数和因变量，而非自变量。事实上，信息的特征是，最小的有效规模是最好的。只有在通过其他方式无法完成任务的情况下，扩大规模才是最合适的。”③基于信息的核心地位，德鲁克探讨了有效沟通。“有效沟通有两个要素：信息和意义。意义需要沟通理解。……如果群体很大，沟通的效果不会很好。在这种情况下，需要反复沟通，不断重申交流内容。这就需要解释的能力，也需要形成一个共同的社区。……知道或理解是将信息转化成为沟通的催化剂。”④这说明信息和沟通之间是一种相反相成的关系，信息越少，沟通越有意义。信息绝对不能等同于沟通。在这个基础上，德鲁克分析了分析和感知的内在联系。“在机械现象中，整体是部分之和，因此可以通过分析进行理解。而在生物现象中，整体并非部分之和。信息确实是可以理性分析的，但意义则不可以理性分析，而是需要感知的。”“机械世界观认为感知是不严谨的，将其归类为生活中的细枝末节，也就是可有可无的。……而在有机宇宙观中，感知则处于核心地位。感知能够而且确实必须进行培养和发展。”⑤ 这就强调了从分析到感知转化的必要性。

德鲁克将从分析到感知转化的观念运用到管理中。“在政府和企业计划中，我们谈得越来越多的是‘情境’（scenarios），而情境的假设需要从感知出发。当然，任何生态系统需要的都是感知而非分析。在生态系统中，我们必须把握和理解整体，而只有在把握和理解整体的情况下，部分才有存在的意义。”⑥

正是这种深刻的世界观变化，使德鲁克意识到理性与感性之间的平衡。“我们日益

---

① ［美］彼得 · F. 德鲁克 . 管理新现实［M］. 北京：机械工业出版社，2014：214.
② ［美］彼得 · F. 德鲁克 . 21 世纪管理的挑战［M］. 北京：机械工业出版社，2009：83.
③④ ［美］彼得 · F. 德鲁克 . 管理新现实［M］. 北京：机械工业出版社，2014：218.
⑤ ［美］彼得 · F. 德鲁克 . 管理新现实［M］. 北京：机械工业出版社，2014：220-221.
⑥ ［美］彼得 · F. 德鲁克 . 管理新现实［M］. 北京：机械工业出版社，2014：221.

需要平衡理性和感性。事实上，本书力图应对的新现实是格式塔式的，同样需要感性认知和理性分析：如在新型多元化下的动态平衡、多国和跨国经济及跨国生态系统、急需的新型受教育者等。本书力图引起我们对新现实的认真观察和思考，因为观察和思考是同样需要的。"① 这说明《管理新现实》是德鲁克尝试理性与感性平衡的结晶。

正是这种世界观上的超越，使德鲁克进一步从理解回归到假设。德鲁克在《21 世纪管理的挑战》中将假设称为"潜意识"，并指出假设的范式意义。"对于管理学这样的社会科学来说，基本假设的重要性实际上比自然科学的范式的重要性大得多，范式，即主流的一般理论，对于自然界毫无影响。……自然科学研究的是客体行为，而像管理这样的社会科学，关注的是人和社会机构的行为。因此，社会科学的现实，即物质世界及其规律都不会发生变化（或者如果发生变化，这种改变则是一个漫长的过程，是无法在几十年或几个世纪内完成的），这一点是非常重要的。社会科学不存在这种'自然规律'，它始终处于不断的变化中。这意味着昨天还站得住脚的假设，今天就不再有效，甚至瞬间就变成完全错误的理论。"② 按照这个理论建构路径，德鲁克提出了有关管理主体的 3 个假设和有关管理实践边界的 5 个假设。

德鲁克晚年在建构管理学统一范式的过程中，高度注意到了信息、权力与经济的关系。"其实，极权体制本身就是如报纸、电影、广播等现代媒体的产物，并只有在其对信息进行全面控制的情况下才能生存。但现在大家都能在家中通过卫星直接接收信息，而接收所用的碟形接收器又非常小，秘密警察很难找到它们。在这种情况下，政府控制信息已经是不可能的。事实上，信息是跨国界的，与资金一样，信息不分国界。因为信息不分国界，所以会形成新跨国社区。社区成员不需要见面就可以进行交流分享。世界经济，特别是资金和信贷的符号经济，现在已经形成了没有国籍的跨国社区了。"③

我们在前面说过，德鲁克管理思想传播过程中很有可能出现庸俗化，将管理学向领导学方向裂变。但德鲁克不是那样的，他自始至终尝试构建一个综合的多面向的管理学体系。《卓有成效的管理者》是基于时间管理构建出来的一个管理体系，时间管理是一个过程，这个过程包含了记录时间、管理时间、统一安排时间三大步骤。时间管理是基础性的管理，"若不将时间管理好，要想管理好其他事情就只能是空谈。"④ 这实际上是从实践角度来看，管理是基于时间管理之上的。因此，《卓有成效的管理者》构建了一个综合管理体系的"实践面相"。2004 年 6 月，德鲁克在《哈佛商业评论》上发表题为"什么造就了卓有成效的管理者"一文，从与实践相反的思考面构建了另一个综合的管理理论体系。"除非管理者把知识转化为行为，否则知识对管理者来说是没

---

① ［美］彼得·F. 德鲁克．管理新现实［M］. 北京：机械工业出版社，2014：222.
② ［美］彼得·F. 德鲁克．21 世纪管理的挑战［M］. 北京：机械工业出版社，2009：2.
③ ［美］彼得·F. 德鲁克．管理新现实［M］. 北京：机械工业出版社，2014：216.
④ ［美］彼得·F. 德鲁克．卓有成效的管理者［M］. 北京：机械工业出版社，2009：50.

有用的。但在开始行动之前，管理者还必须有个计划，他要考虑这项行动理想的结果是什么，可能出现哪些限制，未来需要进行什么调整，什么时候进行回顾总结，以及对自己使用时间的方式有什么影响。行动计划是一种意图的说明，而不是一种承诺……应该经常对它进行修改，因为每一次成功都会带来新的机遇。每一次失败也是如此。……此外，在行动计划中要建立一种制度，来比较实际结果和预期结果……最后，行动计划必须成为管理者进行时间管理的基础。……行动计划必须能够决定管理者如何使用时间，否则就没有任何用处。”① 在这里，德鲁克从实践的反面思考，并强调了行动计划是时间管理的基础地位。因此，我们在长长的引文中看到了一个综合管理理论体系的另一个面向。如果说时间管理的基础地位讲的是“行为”，行动计划的基础地位讲的是“知识”，那么管理实际上就是“知识”和“行为”的统一。如果说行动计划的基础地位讲的是“理性”，时间管理的基础地位讲的是“自由”，那么管理实际上就是“理性”和“自由”的统一。这两个统一可能是德鲁克管理理论的终极命题。这是一个引人深思的管理学元问题。

对人文主义的超越和世界观的总体超越成就了德鲁克晚年建构的统一的管理学范式。1999 年 1 月 18 日，德鲁克在一张私人信笺上总结了自己一生的管理学术成就，“我认为我最重要的贡献是什么？早在 60 年前，我就认识到了管理已成为组织社会的基本器官和功能；管理不仅是‘企业管理’，而且是所有现代社会机构的管理器官，尽管管理一开始就将注意力放在企业；我创建了管理这门学科；我围绕着管理与权力、价值观、结构和方式来研究这一学科；尤其是围绕着责任。管理学科是把管理当作一门真正的综合艺术。”② 基于德鲁克的自我总结，《21 世纪的管理挑战》以范式的形式呈现出一个综合意义的管理学。

同德鲁克路径相一致的有美国学者斯蒂文斯和日本学者内由和成。前者提出了终极管理，“其核心信念在于探索疑难，在此过程中为追寻更进一步的真理和更有效的管理实践，日常生活通常需要被搁置一边。”③ 由此可见，斯蒂文斯提出的终极管理与德鲁克的统一范式是一致的。日本学者内田和成在 2006 年出版了《BGG 视野：假设驱动管理魅力》，指出管理学陷入分析中心主义的恶性循环，即搜集信息—分析—再搜集信息—再分析。针对分析中心主义的恶性循环，内田和成提出了假设思考，“所谓假说，就是在信息搜集过程中、分析工作开始前所持有的‘假定解答’。假设思考就是从信息较少的阶段出发，来推断思考问题整体框架和结论的思考方式。或者，也应该说它是一种思维习惯。”④ 在这里，内田和成所说的假设思考，就是德鲁克所说的潜意识。如果人们细思波特的创业悲剧，我们会倍加珍惜德鲁克晚年创立的这个统一的管理学

① ［美］彼得 · F. 德鲁克 . 卓有成效管理者的实践［M］. 北京：机械工业出版社，2009：50.
② ［美］彼得 · F. 德鲁克 . 管理实践［M］. 北京：机械工业出版社，2013.
③ ［美］马克 · 斯蒂文斯 . 终极管理——哈佛商学院高级管理教程［M］. 北京：中信出版社，2018：XVIII.
④ ［日］内田和成 . BGG 视野：假设驱动管理魅力［M］. 北京：电子工业出版社，2007：VII .

范式。

除德鲁克、斯蒂文斯和内田和成探索管理统一范式外，还有以 W. E. 哈拉尔和乔治·吉尔德为代表的新综合路径。实际上这两种路径是有联系的，乔治·吉尔德深受德鲁克思想特别是晚年德鲁克思想的影响。乔治·吉尔德在《知识与权力——信息如何影响决策及财富创造》的著作中用一章的篇幅来讲德鲁克的影响，描述了德鲁克在2000年初《福布斯》杂志举行的会议上做的主旨演讲对他学术思想宗旨的深远影响，"事实上，德鲁克给大家讲述了企业的头号定律：知识，尤其是金融知识，是关于过去的。企业精神是关于未来的。"① 沿着德鲁克晚年提出的管理元问题，即知识和行为的关系问题，乔治·吉尔德将研究的重点放在知识与权力上，提出了一种新型经济学。这个新型经济学有一个新论断，"即市场经济主要是一个信息体系，而非一个激励体系。"②乔治·吉尔德认同"信息最好定义为惊异"的观点，"惊异"就是意外事件，是人不可能预测的，也是无法预测的。经济增长的关键不是为了追求货币激励而去获取新事物，而是通过学习和发现去扩张财富。"新经济学认为，经济增长的根源并不在于市场机制通过激励和惩罚去操纵人的贪欲，而是自由的企业能够通过可证伪的实验来不断地积累令人感到意外的新知识，而在这个学习过程中，一个至关重要的因素是企业具有失败和破产的可能性。"③由于新的经济体系是以新思想为基础的，而不是以市场激励为基础的，所以新的经济体系是容易改变的，不需要几代人付出坚持不懈的努力。一个经济体系就是一个"智能圈"。智能圈是一个以智力为基础的体系，是一个由思想、态度、目标与灵感构成的主观范畴，决定着经济体内一切支出能够带来的价值，它可以像思维和政策那样快速地实现变化和复苏。信息在噪声即冗余信息之间的一个通道里进行传输，这个通道可以是一根线，也可以是整个世界，并根据由此引发的新闻或意外来评估这些创造或通信的结果。信息中排除了冗余后的平均信息量称为"信息熵"，也就是人们常说的"知识"。综合来看，乔治·吉尔德从一个全新的角度探讨了政府与企业家、政府与市场的关系问题，权力代表政府，知识代表拥有智力和创新能力的企业家。企业家掌握和分享知识，充分利用知识的自由，成为推动经济发展的动力之源。

和乔治·吉尔德一样，哈拉尔的管理新综合思想也深受德鲁克思想影响。哈拉尔在谈到德鲁克的《管理新现实》时说道："正如彼得·德鲁克所描述的那样：知识社区原本就是一种组织，其核心机能就是管理，而管理本身就具有使我们这个社会的一切知识产生效力的功能。"④ 与乔治·吉尔德不同，吉尔德对权力和知识的关系的综合带有经济学的色彩，哈拉尔对资本和知识的关系的综合是典型的管理学。W. E. 哈拉尔关注到了知识经济的重要性，知识是使世界充满具有创意的

---

① ［美］乔治·吉尔德. 知识与权力——信息如何影响决策及财富创造［M］. 北京：中信出版社，2015：231.
②③ ［美］乔治·吉尔德. 知识与权力——信息如何影响决策及财富创造［M］. 北京：中信出版社，2015：8.
④ ［美］W. E. 哈拉尔. 新管理综合［M］. 北京：世界知识出版社，2010：1-2.

进步的无限力量且永不停息的源泉。资本与知识之间的冲突提出了一个大问题。"问题是在有限的过去与无限的未来之间的巨大差异已使商业的探索陷入了混乱，这多少有点岁月流行管理理念综合征的意味，因为我们缺乏一套适用于以知识为基础的经济制度可行的经济学家所称的'公司理论'。因为基于资本驱动的经济形态，工业时代的'旧式管理'正逐渐衰亡。"① 资本不再是企业的首要力量，员工拥有的知识是企业的关键资源。知识散布在公司外部的顾客、供应商和其他群体里，但大多数决策却是由公司高层的管理层所做出的。哈拉尔看到了希望与现实之间巨大的差异，意识到了基于知识基础的公司理论的缺失，将自己的时间和精力花在发现知识时代"新式管理"的基础理论之上。为此，哈拉尔建立了一个基于美国观念之上的新的综合的管理理论基础。

所谓的美国观念，是指美国民主和自由企业传统。正是由于这种美国观念，美国存在改革优势及三条主要道路：驱动此变革的信息革命；作为结果而发生的商业、政府和其他大型机构的转型；新兴的用于处理所有改变的领导力的创新形式。为了理解这三种变革趋势，必须寻找一种变革的象征性行动，即传统、标新立异的学说和知识法则。"根据我们的国家经历过革命的传统，美国应该唤起传统的勇气去宣告这一现代学说——我们的经济体系不应再被看成是'资本主义'。资本主义是工业时代一种专注与追逐资本、利润以及其他物质元素的过时的市场系统。在这一点上阻碍我们的主要问题仅仅是意识形态。如果我们想利用未来的能源，我们应当从定义未来的知识法则的角度重新定义我们的经济系统。经济上的胜利不再是由资本来驱动，而是由自由企业和民主团体来驱动。我会用一个更准确、更合适的名字——'民主企业'来命名我们的系统。"② 公司是这个新的经济系统中最有力量的机构，公司的管理层是创造这个新经济系统的首要候选人。由此可见，哈拉尔超越了意识形态，认识到了从资本主义到民主是一场深远的社会转型。

从资本主义到民主企业的转变，意味着需要一种社会转型中的管理，来架设新旧管理间的桥梁。新管理到底是什么？这是一个无法回避的大问题。"我们在由各种组织构成的世界里长大，因此大多数人对管理有一种直观的理解，我们早年就谙习了那种与工作相伴的生活并常常将管理教育戏称为'常识'或'范式'，正是问题所在。先前盛行的管理观念大都产生于工业时代，并为之量身打造。因此它们对基于知识，并与之差异巨大的现代经济模式不再那么有用。"③

哈拉尔认为新管理基础正在显现，它能架起新旧管理之间的桥梁，新管理的基础有两个，一个是民主，另一个是企业。"对新管理——这个重要的解决之道的理解，关

① ［美］W. E. 哈拉尔．新管理综合［M］．北京：世界知识出版社，2010：12.
② ［美］W. E. 哈拉尔．新管理综合［M］．北京：世界知识出版社，2010：23.
③ ［美］W. E. 哈拉尔．新管理综合［M］．北京：世界知识出版社，2010：2.

键在于要意识到民主和企业——这两个互补的规则正将组织转变为一个平衡的整体。”① 企业趋向于更小的业务单元、创业自由和对经济结果的责任，以及一些其他的业务规则，其最终趋势就是建立起完全的内部市场。同样，授权、参与、协作型工作关系、个人价值和民主思想的发展，其趋势将指向“公司共同体”。哈拉尔强调了“企业”与“内部市场”两个概念之间的区别。自由企业的力量将市场行为的许多方面引入组织中，很难想象敌意并购行为会在企业部门间出现，因为组织不可能成为完全的自由市场。如果管理者鼓励发起内部创业，并给予其创业发展所需的广泛运营自由，且对创业者的成功给予奖励，这些条件就组成了“内部市场”。哈拉尔还突出了“民主”和“公司共同体”概念之间的不同。民主的理念正在被引入组织，但这不太可能成为代表政府的合法体制……民主在组织中的运用，常常表现为各类形式的协同工作关系，从而形成公司共同体。由此可见，“内部市场”和“公司共同体”之间是一种演绎方法上的内在联系，“因此，内部市场和公司共同体在这里被定义为‘企业和民主的组织等价物’。”②

美国加州大学伯克利分校哈斯商学院院长雷蒙德·E. 米勒为哈拉尔《新管理综合》一书写了精彩的“前言”，对哈拉尔这两个概念隐含的理论假设做过精辟的阐释，现完整地引录于此，以说明哈拉尔管理新综合理论体系的深远意义。“在哈拉尔教授的书中，他提出了用于指引管理层迈向得以应对日益复杂及充满挑战的商业及社会环境的机构设计的两项前提。哈拉尔的第一项前提是自上而下地指引传统机构的等级森严的‘长官’经济形态将让位于分散的‘内部市场’经济形态，在这种经济形态中无数自我管理的盈利中心产生一个自下而上控制的自我机构模式。他提出的第二项前提是这些内部市场将在更广阔的管理系统内运行，这个管理系统由众多利益相关方的非正式参与引领——一种被哈拉尔定位为‘公司共同体’的治理系统，类似于一种简单的经济民主。”针对第一个前提，米勒在评述中认为，“21 世纪的机构将需要给予其他成员更多授权这一前提已得到充分支持，哈拉尔关于内部市场作为这种授权机制的这一前提已经被广泛争论并通过某些有用的公司样本得到阐释。将决策过程下放以满足多种多样及不断加速的要求具有逻辑诉求。信息时代的利润中心将显然需要做出一个好决定，所需要的因素：信息、能力和严格标准。”③ 针对第二个前提，米勒在评论中指出，“第二项中心的前提更加复杂，因此对哈拉尔和他的读者提出更多的挑战。我们需要将民主的概念拓展，以便能被所有主要的公司利益相关方认可并提出他们的意见，这一需要在书中得到清楚的阐释。但这个过程是怎样的却并不清楚。像我们大多数人一样，哈拉尔也遭遇到这样一个事实，正如已故的阿隆维达夫斯基所感叹的，我们并没有强有力的哲学基础去解释协作性的行为。我们尽管拥有自由主义的哲学理念将个

---

① ［美］W. E. 哈拉尔 . 新管理综合［M］. 北京：世界知识出版社，2010：9.

② ［美］W. E. 哈拉尔 . 新管理综合［M］. 北京：世界知识出版社，2010：10.

③ ［美］W. E. 哈拉尔 . 新管理综合［M］. 北京：世界知识出版社，2010：5.

人主动性的积极方面合理化，也拥有集体主义者的哲学理念假设共享努力和回报所获得的社会效益，我们还是没有一套清晰的可以展示出由个人内部欲望和外部责任同时驱动行为利弊的逻辑系统”①。哈拉尔的第一个前提是充分的，第二个前提是不充分的，但这并不否认他所提出的两个前提建构了一个更为广泛、更为强大的理论分析框架。

从范式路径和新综合路径来看，这两条路径的一个关键性的节点性思想家就是德鲁克，德鲁克的伟大在于他将管理学的问题还原到“知行合一”这个元问题，以至于他还计划写一本《管理无知》的书，但没有来得及写，他就离开了人世。幸运的是，哈拉尔和吉尔德沿着德鲁克的思路，做了德鲁克还没有做的探索，昭示了一条依稀可见的管理学成长之路。

如果说生产力革命时代的管理学重视的是知识应用于工作，管理革命时代的管理学强调的是知识应用于知识，那么信息时代的未来管理学很有可能会关注知识应用于智慧和想象力。这可能是未来管理学的巨大挑战，管理学很可能就成为一门“元设计”的学问了。

五、基本结论

这是一篇形散神不散的论文，它谈的论题与现实高度相关，特别是与深圳大学管理学院历届管理学院领导班子常说的“大管理”有关。本文大量引用原作者的文字，宗旨在于发现当代世界管理知识界存在的“思想市场”，重点在于寻找基本事实，尽量显现出思想市场的本源性力量。我曾在学院主编的教研论文集《我们肩负的责任》上发表过的题为“教可教，非常教”的论文中说过一句话：“力图从事实中磨砺信念，从结论中汲取思想，从研究中归纳观点。”这是一个尽本分的读书人能做的唯一事情。

这是一篇宏观叙事的论文，它基于大历史的考察，偏重于思想的建构，触及了两个基本的问题，这就是商学院前行中的价值取向是什么？商学院能做出什么样的知识贡献？这两个问题可以不同的方式继续设问下去，说到底，这两个问题就是：什么是真正的商学院？商学院的真学问是什么？

从起源上来说，商学发源于美国大学的商学院的本源是德国的政府管理教育传统，这同美国社会科学受德国影响是一致的，命令一直是早期商学院学术关心的学术焦点。在商学院发展过程中，卡内基商学院是一束闪亮的光，著名的政治学家赫伯特·A. 西蒙和经济学家弗兰科·莫迪利安尼很可能就是这一闪亮之光中的波粒二相，总是不间断地在“决策”周围流动。信息、知识是德鲁克发现的未来管理学的黑洞，“企业”和“民主”成为两个可探索的疑点，它们似乎暗示未来管理学难逃“设计之困”。说到“企业”和“民主”这两个字，我想起了英年早逝的经济学家蒋一苇，他在 1979 年发表过一篇题为《企业本位论》的著名论文。在这篇经典性的论文中，“整个社会主义

---

① ［美］W. E. 哈拉尔．新管理综合［M］．北京：世界知识出版社，2010：5-6.

特色是民主经济或者说经济民主，因此我的观点总的是经济民主，其中的基础是企业本位论，而企业内部则是以职工为主体，这三者就构成了我经济体制改革的主要观点。”说到“企业”和“民主”，我脑海中总是浮现出两本书，一本是《知识与政治》，另一本是《民主与市场》。一篇论文和两本书好像对深圳大学管理学院历届领导班子所倡导的“大管理”做了更深层的诠释，深圳大学管理学院的“大管理”，不是一种扑鼻而来的香气，一阵飘过，而是一种弥漫中的香味，慢慢品味，其味无穷。

变革时代的管理教育

马卫红

（深圳大学管理学院公共管理系）

【摘要】我们所做的一切代表着我们想传递给学生的价值观和态度。期待我们的管理教育不只是为学生准备一个工具箱，而是训练他们有能力为他们自己创造未来，训练他们懂得在每一个当下时刻都能做出选择。时代挑战的是我们管理教育者，期待“责任·成长·改变”指引着我们管理学院的师生前行。

【关键词】变革；主体性；选择

2019年，我接到的一个新任务是担任新生班主任。我召集所带2019级新生开班会，之后，我又跟34位同学单独约时间聊天，了解他们的所思所想。他们反馈的问题和交谈内容让我忧心，很多同学说上课听不懂老师讲什么，不知道管理学能让他们干什么，更迷茫的是不知道管理学今后对接的工作岗位是什么。虽然我的解答似乎让他们拨开云雾，有豁然开朗之感，但我相信他们内心仍然还会迷茫，因为有个大二的学生对我说：“老师，去年新生座谈会您讲的话当时我听了非常感动、很受启发，可是一年过去了我还是没找到感觉。”这些学生最集中的困惑是不知道他们学习了管理学最应该具备的能力是什么，该怎样在大学的学习中训练这些能力。这几年我有很多机会接触到不同专业的学生并跟他们聊天，几乎所有专业的同学都表达过对专业核心竞争力的担忧。一遍遍跟他们阐述的过程中，我也不断地思考到底管理学要交给本科生什么。迫使我不断思考这个问题的时刻还包括每次修订本科生的培养方案时，每次各教学系主任代表各系反馈回信息时，大家对课程设置的意见代表了我们想传递给学生的价值观和态度。

作为从事管理教育的老师，我们如何理解管理的功能与定位决定了我们能教给学生什么。管理学的兴起是20世纪的大事件。作为一项专门的知识，管理是在解决工业革命催生的大组织生产效率问题上逐步发展起来的。随着人类社会进入一个更加多元的组织化社会，管理也就成为越来越普遍、越来越重要的现象，可以说，没有组织的兴起和发展，就没有现代管理。管理学的知识体系在组织管理实践中得到丰富、发展和沉淀。大学管理教育的主要功能是将沉淀下来的知识体系传授给将要承担管理工作的人，以帮助他们更有效地解决管理问题。那么，我们现在讲授的知识对未来的管理者解决管理问题有效吗？要回答这个问题，首先得看我们依然在教授的管理知识是什么，我们当下遇到的管理问题主要有哪些。

泰勒的“科学管理”生逢其时。工业革命改变了生产方式，手工艺生产演变为工厂批量生产，如此一来，大规模管理成为一个问题，工厂管理者们需要知道提高生产效率的管理方法。泰勒为当时的工厂管理提供了有效的方法，以至于有些人认为整个20世纪所取得的惊人经济增长大部分应归功于泰勒的管理思想。那时的管理教育课程也教授这一套管理方法。令人惊讶的是，时至今日，教授这些管理方法仍然是管理学必修课程的主要内容。但从事实层面来看，今天我们面临的局势和泰勒时期已经大相径庭。如今工作的本质发生了颠覆性变化，以体力付出为主的工人劳动大幅减少，以脑力劳动为主的知识型员工显著增加。传统管理方法已经过时，开始成为囚禁我们的思想牢笼。体力劳动者的工作多属于操作性，是外显的，易于用外部管理手段解决生产效率问题；而知识工作者的工作多属于思考性、创造性的，是内隐的，主要靠知识工作者的自我管理表现出效率，因此，所用管理手段应该是能促进和提升知识工作者自我管理的方法。然而，我们的管理教育仍然沿袭陈旧的科学管理知识体系来教授21世纪的未来管理者。可以说，我们当前遇到的管理问题，有一部分是时代变化带来的，但相当一部分是因为我们陈旧的管理方式没有发生相应变化导致的。

其实，早期的管理思想并不只是关注效率，对管理的本质有着全面系统的认识，但是，管理学广域土壤中的多样性从一开始就被忽视了。比如，被誉为“管理学先知”的福列特不仅在她那个时代没有成为主流，后世对她的思想也不够重视。她在那个时代就对管理中的唯效率保持警惕，提出很多对今日富有指导作用的深刻观点。她认为，个体只有在群体中才能展现真正的本性，才能获得真正的自由。她还认为，一个人对另一个人之所以显示出命令与服从，不是因为权力控制，而是因为他们在情境中具有大致相同的选择。在福列特眼中，管理不是工具、不是技能、不是权力，而是对人的激发和体认。她看到了组织规章制度和权力之中个体仍然具有自由的一面，管理不是依靠控制和命令链条让个体进行机械化产出，同时，她的集体原则表明，完全的自由也是不可能的。这其实是诠释了自我的多样性，以及自我理性与自由选择的关系。这是我所认同的管理的真正要义。然而很遗憾，人们只接受了以泰勒为代表的科学管理主义的思想，而忽视了福列特对人的激发和体认的管理思想精髓，在实践中把管理简化为提高效率的工具，且把它的实践范围框定在企业管理领域。

现代管理之父德鲁克的管理思想摒弃了唯效率的单一思维，并且一改往日凡提管理必指企业管理的狭隘理解，在他的著作中综合论述了企业管理、非营利组织管理和政府管理，为我们理解新社会的转型提供了广阔的视野。无论是福列特还是德鲁克都以杰出的综合性视野诠释管理现象，尤其是福列特，她的著述里并不区分企业管理和非营利性机构的管理，她认为管理原则适用于任何组织的管理。德鲁克也说“管理不等于企业管理”。不同组织的管理之所以有差异，主要是应用情景的不同，而不是管理原则的不同。德鲁克对此给出一个量化的表述，他认为在这些不同的组织中，90%左右的问题都是普遍性问题，只有 10%的管理问题才体现了这些组织独有的使命、文化、历史和专业特征。可是，德鲁克和福列特的管理思想在大学管理教育教材中体现得很少，绝大多数教材仍旧在沿袭泰勒—法约尔的传统，更多地在工具意义上讲管理。尽管人的社会性在后来的管理思想中占据重要地位，但是那些管理思想仍然把人当成客体，当成“被管”的对象，而没有像福列特那样从人的主体性出发思考管理。

进入 21 世纪以来，组织以飞快的速度发生了重大的变化。相应地，管理的世界也发生了重要变革，且是多维度的、复杂的。当下，虽然我们熟知的传统组织依然遍地都是，但是，新型组织越来越多地涌现出来。这种现象正在挑战我们的洞察力和敏感度，试探我们是把这些新变化纳入旧框架去理解，还是会依此触发新范式的诞生。我们可以从两个主要方面简要提示这些重大变化，一方面是组织里的人，另一方面是组织自身。

人和组织的关系已经发生了显著变化。传统上，人和组织是雇佣与被雇佣的关系，组织里的人是领导与被领导、管理与被管理的关系。如今的工作关系变得更加灵活多样，合伙人或合作者的身份逐步多起来。这种变化主要源于劳动力性质的改变。教育、科技、专业化等方面的发展，使传统的工人逐渐减少，知识型员工大量增长，而且，一部分知识型员工兼具智慧型员工的特点。如何将这些特征的人组织起来，解决他们一起工作的问题，是当下以及未来管理工作的中心任务。在了解自己、了解组织、了解社会三个方面，我们为学生提供的准备都是远远不足的，我们提供了更多基于作业层面的管理，很少引领学生走进基于人的主体性的管理，更少带领学生领略由多样的个体、多元的组织联通构造的社会环境中的管理问题。在人和组织关系发生重要变化的今天，管理所教授的不应该是如何“对待”员工，而应该是如何发现每个人的长处，激发别人的潜能，并通过一定的办法和途径让大家一起有效地工作。

组织自身的重要变化体现在三个方面。一是多样性：从组织形态上看，除了政府、企业、大学、医院、慈善机构、科研院所等传统组织外，出现了很多如米公益等难以用传统组织划分标准归类的新型组织。二是开放性：传统上，单个组织是有边界的，命令—控制系统是主要的信息沟通渠道；而现在，在开放多元的共享经济体中，单个组织的人员、业务和组织形式都体现了开放性，甚至无边界化。三是跨组织：管理已不再只是组织内的事，开始出现跨组织、跨部门的管理需求，这是因为，现如今能做出有影响力决策的除了单个组织（企业）之外，还有区域性联盟组织、不受限制的自由人联合体，甚至某些松散的倡议等。总之，组织正在从一个自上而下的等级制转变为平行分布式机制。反观我们现在通行的管理学教材，一方面，在人的管理上，仍然是从对象和客体角度看待员工；另一方面，在组织的管理上，往往过于强调管理在组织内的功能，很少涉及跨组织的管理问题，以及管理的社会功能问题。我们这样的管理教育能培养未来管理者有效解决管理问题的能力吗？

未来（其实已发生）的管理需要解决的问题是个体责任、自由与组织发展之间的关系。管理不仅与效率有关，更与秩序有关，与约束力有关，它是界定自治与规则的。管理重在处理跨边界的任务，使得各个行动主体懂得并在自由选择中履行自己的责任。越是组织多元、流动性大的社会，越急需重视管理问题。我们对经济的问题、政治的问题、法律的问题有较为明晰的认识，但对管理问题的认知远远不够。一体化的世界经济和分裂的世界政治在紧张、冲突以及相互误解中共存，经济的可持续发展问题，贫困、教育、健康、性别等社会问题，绿色、生态等环境挑战，国际秩序重组、区域冲突等政治问题，这些都亟须管理创新来解决。在高度互联的当今世界，我们对支撑繁荣和安全的各种体制与组织的管理能力，是我们当前遇到的最大风险。这些问题虽然会对政治产生深远影响，但它们并不是政治问题，也不是市场经济可以从容应对或依靠经济理论、经济政策可以处理的问题。经济增长带来的外部性后果不会随着经济的继续增长而自动消解，必须通过管理来解决。由此，德鲁克主张，只有各种独立运行的组织及其管理者和知识工作者才能处理和解决这些问题，同时，这些管理问题可能会成为管理者的创业机会。每个组织都是一个权力中心和决策机制，都有自己要解决的问题，为社会创造独特的绩效。组织里的每个人各得其所，既履行自己的职责，又获得生活保障、身份和地位。

人变了，组织变了，我们却还在继续传授工业革命兴起时遗留下来的管理学知识体系。作为大学的管理教育者，我们每个人都有责任思考：该培养什么样的适应变革时代的管理者？我认为这样的管理者最起码需要具备两个最重要的素养：一是体认“人的主体性”，二是践行“负责任”的格言。未来社会一定是基于人的主体性的集体联结。关于人的主体性，我最赞叹和赞同福列特的洞见，她认为，只有在群体中才能发现真正的人，才能获得真正的自由，人只有通过集体才能发现自己的真正品格。福列特还把组织管理过程理解成一种精神交互的过程，每个个体都是精神的自我，彼此交互密切、相互影响，却又各自保留独一无二的本质。福列特的远见一直照彻未来，未来社会一定是差异性、多样性基础上的共生，而且随着社会的发展，差异性、多样性会进一步加深。因此，未来的秩序和团结是通过差异性的共生共存来达成的，命令—控制模式一定会失去效力。未来的管理者应该具备基于人的主体性思考管理问题的能力。

关于“负责任”的格言，是指联合国全球契约 2007 年提出的“PRME”倡议（Principles for Responsible Management Education，负责任管理教育原则），激发和支持全球负责任的管理实践、教育、研究和思想引领这个世界。不仅员工是负责任的，组织也是负责任的。说到负责任的组织，我特别想表达一种认知，我认为企业是人类活动的最重要领域，没有之一，它将经济与社会这两个世界统一起来，人也在这里获得统一。我们绝大部分人的大部分时间是在企业这类组织中度过的，一定意义上，企业引导着整个社会的意识形态和价值观走向，因此，企业肩负教育公众的责任。企业的职业标准和职业道德不能被唯利是图吞噬，企业为顾客服务不是对顾客无底线服从，企业可以赚钱但不只为了赚钱。然而，我们当前的企业管理教育并没有强调企业肩负教育公众的责任这一观念，最多只是在企业社会责任中谈谈回馈社会、服务社会问题，很少专门探讨企业作为社会意识形态和精神面貌最有力的影响者如何引领社会这一大问题。大多数人（包括我们的管理教育者）人为地分割和剥离企业与社会的天然联系，只把企业作为一个盈利赚钱的组织。我们的学生除了用“利润最大化”来描述企业组织之外，说不出第二句不一样的描述语。这的确值得我们管理教育者反思。我们应该把福列特、德鲁克这样的管理思想者多带入我们的课堂。

那么，从知识的层面，我们应该为学生提供哪些养料呢？或许我们可以从德鲁克身上得到启发。德鲁克最著名的标签是商业管理理论大师，但他最早在美国是作为一名政治理论家获得声誉的。可见，我们应该充分理解并彻底落实管理学多学科、综合性的特点，把自然科学、社会科学与人文学科的基础知识融入我们的课程体系，而不能让管理教育在工具理性的道路上越走越远。管理教育也是整个高等教育坏风气的受害者，但是，我们既然意识到这一问题，就有责任自觉改正。高等教育的工具主义倾向期待学生在大学已经被武装好，能够以他们的专业知识预测并解决未来的问题。这样的定位和要求让学生充满了挫败感和迷茫，因为，未来的问题一定是在未来情景中发生和求解的，无法预测。当学生们发现他们装备好的工具箱无法使用时，一定是挫败的。因此，我认为大学教育尤其是综合性大学的教育，首要任务不是教给学生真实具体的东西，而是训练他们有能力为他们自己创造未来。教育在相当大的程度上是针对如何做出选择进行训练。一切恰当的训练，其目的都不是对现有选择的遵守和坚持，而是学会在恰当的时刻做出新的选择。所有教育最伟大的一课，就是懂得每一个当下时刻都是新的。

具体到能力的层面，我认为管理教育应着重培养学生两种能力：专业能力和管理能力。专业能力自有每个专业的知识体系，不赘述。管理能力是对多样性、差异性、共性有充分的理解，负有责任感，具备可迁移能力。我认为培养学生的可迁移能力非常重要，可迁移能力是管理类学生的硬核能力，不受具体工作岗位的限制，具备这些能力可以使他们更好更快地适应新的工作岗位。具体而言，可迁移能力包括：复杂信息中简化思考的能力，准确且有效的表达能力，知进退的领导能力。这些能力的培养要求我们的课程打破狭窄的专业界限，兼容自然科学、社会科学和人文学科，应该体现在两个方面：一是提供特定的体现跨学科、跨知识领域的专门课程，二是其他课程的授课教师在自己课程的教授中体现跨学科、跨知识领域的底蕴，扩展学生的视野，提高他们思考的深度。

本科的管理教育要打破学科边界、去就业化导向，重点培养学生的可迁移能力，而不是钉钉子的能力。管理学院的学生在工作链和就业生态中应该处于上游，发挥“酶”的作用，催化他人、激发他人。他们在大学需要训练的是识别问题和解决问题的能力，而不是被定型为就业岗位需要的“成品”。如果社会需要什么大学就机械地提供什么，大学就变成了培训机构，也就失去了其引领社会发展方向的功能。现如今，正是因为大学过度“屈从”于社会的需求，它的名声才变得不那么好。大学应该是新知识的汇聚地、生发地，是变革的引导者，而不应该是就业的岗前培训。这些道理每个人都懂，一旦落实到行动却又迷失了，比如培养方案修订时不断添加工具性课程、忽视体现综合管理视野的综合性课程，只重视自己“小”专业的核心课，主张删除跨学科的基础课，使我们的学生眼界越来越窄。

时代挑战的是我们管理教育者。让我们扪心自问，我们自己能否认识到不同学科与专业知识的贯通性对理解管理实践的重要性；我们能否放弃自己的小地盘意识，真正从变化着的现实出发重新设计课程；我们能否做到主动放弃自己已经教授熟悉的课程，接受更加具有挑战性的新课程任务。

期待有一天，未来的管理者能处理好个体责任与自由、组织发展和社会之间的关系。期待我们首先改变自己的认识，采取适应变革时代的管理教育培养我们的学生，让他们不再困惑和迷茫。期待经他们管理的组织、企业能承担应有的社会责任，警惕唯市场效率，不再引发新的社会问题；期待社会组织避免成为第二类企业，展现自身的主体性，探索管理多元价值以及更加开放型组织的经验；期待政府能面向开放的社会，协调并解决好公共问题，在对多群体、多组织、多层级的公共性进行管理时，尊重自由、体现公正。总之，期待“责任·成长·改变”指引我们管理学院的师生前行。

参考文献

[1] [英] 斯科特·R. 鲍曼. 现代公司与美国的政治思想——法律、权力与意识形态 [M]. 李存捧，译. 重庆：重庆出版社，2001.

[2] [英] 葆琳·格雷汉姆. 管理学的先知 [M]. 向桢，译. 北京：经济日报出版社，1998.

[3] [美] 玛丽·帕克·福列特. 福列特论管理 [M]. 吴晓波，等，译. 北京：机械工业出版社，2013.

[4] [美] 彼得·德鲁克. 21 世纪的管理挑战 [M]. 朱雁斌，译. 北京：机械工业出版社，2013.

[5] [美] 彼得·德鲁克. 动荡时代的管理 [M]. 姜文波，译. 北京：机械工业出版社，2019.

[6] [美] 詹姆斯·昌佩，尼丁·诺利亚. 管理的变革 [M]. 李玉霞，译. 北京：经济日报出版社，1998.

[7] [美] 戴维·布尔库什. 新管理革命 [M]. 赵竞欧，译. 北京：中信出版集团，2017.

[8] [瑞士] 凯特琳·穆夫，等. 造福世界的管理教育——商学院变革的愿景 [M]. 周祖城，徐淑英，译校. 北京：北京大学出版社，2014.

如何构建创新创业人才教育的实践教学体系

——以深圳大学公益创新专才班为例

罗文恩

（深圳大学管理学院公共管理系）

【摘要】创新创业人才属于典型的应用型人才，单纯依靠课堂教学或者理论学习难以达到“学以致用”的目标，也不利于培养学生动手解决实际问题的能力。故此，实践教学体系的设计非常关键。本文基于深圳大学公益创新专才班（简称“益才班”）的5年办学经验，提炼出“创益赛”“加油栈”和“知行营”三大实践教学模式。其中，“创益赛”系指鼓励学生积极参与公益创新创业相关比赛；“加油栈”是指利用校外资源和邀请实务人员走进校园，为学生提供实操型技能训练课程；而“知行营”则是引导学生走出校园，通过公益机构参访和实习等方式，在现实情境之中体悟公益理念并观摩公益慈善机构的运作经验。这三种实践教学模式相互补充，能够较好地弥补传统的、知识灌输型课堂教学的不足，让学生在持续观察、思考、行动之中播下公益的种子，逐步掌握公益创新创业所需的知识与技能。

【关键词】公益；创新创业；人才培养；实践教学

近年来，创新创业教育成为中国高等教育领域的一个热门话题。不少高校纷纷开设创业相关课程和设立大学生创业孵化基地，希望能够在创新创业人才培养方面有所作为。“创业学”也似乎逐渐成为一门显学，既受到学生们的追捧，也获得了领导们的重视，这固然不是一件坏事情。创新与创业是国民经济得以持续增长的有力引擎，创业人才的涌现能够提升大国的国际竞争力。然而，创新创业是一个高度复杂的、情境化的、异质性的、在某种程度上难以被模仿和学习的过程，单纯通过知识灌输、案例讨论等课堂教学方式，能否真正达到培育创新创业人才的效果，值得反思。那些杰出的创业者，基本上都不是在象牙塔里精心“栽培”出来的，而是瞅准机会勇敢地扎进创业浪潮，在摸爬滚打之中不断历练成长，最终成为大浪淘沙留下的一群幸运儿，这样的例子不胜枚举。

故此，强调“在实境中体悟、在行动中学习”的实践教学，相较于传统的课堂教学方式，与创新创业人才的成长路径有更高的契合性，是高校打造创新创业教育体系时需要重点考虑的一个不可或缺的组件。本文将首先简要剖析创新创业人才需具备的基本素质和资源，反思传统课堂授课模式的缺陷，然后对实践教学的内涵及重要性加以阐述。在此基础上，以深圳大学管理学院公益创新专才班（简称“益才班”）为案例，探讨如何通过构建“创益赛”“加油栈”和“知行营”三大实践教学模式来践行“播散公益种子、助推跨界创新”的使命，以及这些实践教学活动取得的初步成效和未来进一步优化方向。

一、创新创业人才需具备的素质与资源

创新创业教育首先要回答的一个基本问题是：“创业者应该具备哪些基本素质，以及拥有哪些外部资源，才更有可能取得创业的成功?”回答这一问题并不容易，甚至可能根本不存在所谓的标准答案，“八仙过海、各显神通”或许更符合创业的实际状态。但是，这个问题对于创新创业教育非常关键，唯有对创新创业所需的内外部条件有一个基本的判断，才能设计有针对性的教学体系。笔者认为，创新创业教育应该同时解决两个问题：一是让学生掌握所需的基本知识和技能，从而更有效地开展创新创业活动；二是为学生创造良好的外部环境，或者说嫁接所需的各类外部资源，从而减少创新创业面临的阻力。第二点在创新创业教育体系设计中往往容易被忽略。

从本质上讲，创业是一个“机会发现—资源整合—价值创造—价值捕获”的过程。因此创业人才首先，需要有一双敏锐的眼睛，能够在经济社会动态发展和市场狭缝之中找到一个可能的创业机会，或者说“风口”，故而信息的获取和分析能力非常重要。其次，创新创业作为一项复杂的经济社会活动，不可能靠一己之力得以实现，团队协作、组织领导和表达沟通属于创业者的必备技能。作为创业者，需要有很强的逻辑思维能力、资源拼接能力和风险预判能力，能够用简洁明了的语言把商业模式向投资方、潜在合伙人和其他利益相关者讲明白，善于激励他人共同实现创业的目标和愿景。除此之外，创业者可能还拥有某些特定的专业技术和成果，例如对 AI 算法有深入研究或者拥有无人机方面的专利技术，从而能够构建独特的竞争优势。

需要强调的是，仅具备上述素质未必能够顺利开启创新创业之旅，创业者的社会网络对于创业成败有关键影响。社会网络，通俗来讲就是“人脉”“关系”或者“平台”，这些外部资源主要通过三个机制对创新创业过程施加影响。其一，提供有价值的市场信息或者技术信息。捕捉创业机会的一个前提条件是有充沛的信息资源，某个领域最新的、独特的市场信息或者技术信息才有可能产生真正的价值，并且关键的信息往往并非来自公开的渠道，而是私人社交圈。其二，广泛的社会网络有助于寻找到值得信任的、互补性的创业合伙人。其三，有利于创业项目的融资。尤其是当创业项目面临暂时的困境时，由于信息不对称等原因，通常难以从银行或者陌生的投资方手上借贷到“救急钱”，而强大的人际网络有助于构建一种准信用担保机制，从而使创业项目获得融资的可能性大增。

二、传统课堂讲授模式的不足

课堂授课是最为常见的大学生教育方式，把学生集中在校园内的一个封闭空间进行授课，可以减少外部环境的干扰，有利于教师与学生之间、学生与学生之间的互动，从而帮助学生系统地、深入地学习各类专业知识，尤其是理论知识。当然，课堂授课的短板也非常明显，对于一些实操性的技能，无法通过课堂讲授或者讨论方式使学生完全掌握。正如我们不可能仅凭阅读有关游泳的书籍或者观看泳姿动作的视频，就能自由自在地在水里畅游。我们必须扎到水里面去，不断地模仿、试错、纠正和强化训练，才有可能成为一名游泳高手。

创新创业是一项高度情境化的、难以标准化的“冒险”活动，需要具备更为复杂的实操技能，以及大量的外部资源的支持。创新创业所需的技能或者经验，大部分是在实际的创新创业过程中慢慢获得和积累的，而非来自课本。课堂讲授或者案例讨论，就像看书籍和视频学游泳一样，虽然能够掌握基本知识和概念，但始终都属于“隔靴搔痒”，难以培养真正的“创业者”。更为致命的是，在课堂教学环境中，学生们只能接触到任课老师和其他同学，社会网络非常单一和狭窄，难以通过这些人脉获得创新创业所需的多样化资源，即使有一些不错的创业想法，也可能因为资源限制难以落地操作。

三、实践教学的内涵及必要性

鉴于课堂教学在创新创业教育领域存在诸多缺陷，实践教学开始应运而生，甚至大行其道。所谓实践教学，从字面意思来理解，就是“在实践活动中进行教与学”。笔者认为，实践教学有三个基本特征。一是强调行动学习。也就是说，老师必须引导学生身体力行地去从事某项活动，并在这个过程当中去体悟知识要领并掌握所需技能。参与创业创新教育的学生，除了撰写商业计划书之外，还需要真正把创业想法落地，例如去从事商业路演和融资，产品和服务开发，市场推广和传播，等等。哪怕商业化运作的条件不成熟，也要尽可能参与各种创新创业大赛，在比赛之中不断打磨和完善创业模式，同时有意识地寻找创业所需的各类资源。二是必须进入现场。学生应该走出象牙塔，走到实际的社会场景之中去。例如了解某个企业或者社会组织如何运作，最好的方式是深度走访调研，或者以实习等方式进行参与式观察学习。这样才能获得直接的、未经修饰加工的一手资料，同时也可能建立社会网络以保持后续的互动沟通。三是情境化的教学模式。在教学过程中，如果只是以第三方视角进行分析和讨论，“卷入度”往往不够，比较好的一个方式是进行“角色扮演”，例如把学生设定为产品经理、营销经理或者 CEO 等角色，设身处地思考这些角色的职责、权力和面临的资源限制，并在一个尽可能与真实场景相吻合的情境中作出决策。

“纸上得来终觉浅，绝知此事要躬行”，实践教学模式对于创新创业人才培养有重要意义。通过行动学习和进入现场，学生们能够对创新创业所面临的外部环境有一个更直接、深刻的体会，加深对某一行业、产业或市场的认识，在实践之中不断调整、优化创业设想，提升团队的整体运作能力。通过不断参加比赛和路演活动，学生的表达沟通能力、团队协作能力、领导能力以及市场机会识别能力都会得到明显的提升。即使最后创新创业项目终止运作或者失败了，在这个过程中积攒的经验也是非常宝贵的。更为重要的是，正如前面所强调的，课堂教学无法帮助学生建立一个强大的社交网络，只有走出校园，与各种各样的利益相关者进行互动，才有可能获得创新创业所需的关键资源。

需要说明的是，笔者并不认同实践教学可以完全替代课堂教学，实践教学也有明显的缺陷，例如需要投入大量的实践和资源，知识与经验的碎片化、表面化，教学效果难以衡量和评估，等等。笔者认为两者最恰当的关系是互补关系，在创新创业教育体系中，实践教学应该占主体地位，辅以必要的课堂教学，把“行动”与“知识”串联起来，才能相得益彰。

四、益才班实践教学体系的构建

“公益创新专才班”（简称“益才班”）是深圳大学管理学院设立的双学位特色班，旨在塑造既具备扎实的跨学科知识体系，又善于动手解决社会问题的公益创新创业人才。益才班的使命为“播散公益种子，助推跨界创新”，愿景为“培养中国未来社创家”。首届益才班已于2015年9月正式开班，每年从全校各专业大一、大二学生中招录30位左右学员进入培养体系，截至2019年5月一共招录了五届益才班150余位学生。益才班自设立以来，一直围绕使命和愿景积极探索可行的实践教学模式。经过五年多的摸索，逐步形成了“创益赛”“加油栈”和“知行营”三大实践教学模块。

“创益赛”，是指鼓励学生积极参与各类公益创新创业相关比赛，通过“以赛促教”的方式，让学生把公益理念融入实际行动之中，提升市场识别、表达沟通、团队协作、项目管理等多项能力。五年来，累计超过20个益才班学生团队参与了国家级、省级和地市级的各类比赛，例如挑战杯、互联网+大赛的公益赛道、中国公益慈善项目大赛、南山区民生微实事大赛、“益创星”南山区大学生社会创新项目大赛，等等。参与这些比赛，目标并不仅仅是获得比赛的名次和奖金，而是通过比赛不断优化项目方案，争取落地运作以产生真正的社会影响力。例如，旨在帮助残障人士走出家门、融入社会的“壹行游学”项目，已经举办了多场残障人士以及低视力孩童在深圳大学及周边社区的游览活动，获得了参与群体的广泛好评。“社区大玩家”“小小科学家”等公益项目则进入南山民生微实事百强项目，被政府采购后开始在若干社区落地执行。除了参与比赛外，益才班在2019年发起并承办了粤港澳大湾区大学生公益创新创业项目大赛，受到湾区及全国各高校的热烈响应，吸引了127所高校的471支队伍报名参赛，282支队伍进入复赛，60支队伍进入半决赛，21支队伍进入总决赛。大赛受到新浪公益、南方日报、深圳晚报等多家媒体的关注和报道，对于弘扬高校公益慈善文化，鼓励大学生积极投身于公益创新创业实践有一定意义。

“加油栈”是指利用校外资源和邀请实务人员走进校园，为学生提供实操型技能训练课程。之所以设立这类实践课程，一是考虑到课堂教学与公益慈善组织的实际运作场景有较大的差异，学生难以体会公益慈善理念及掌握公益慈善组织或项目运作的技能；二是希望可以引入一些校外导师资源作为“领路人”，为学生从事公益创新创业实践活动提供咨询和指导。益才班自成立以来，每个学期都会邀请一些有丰富经验的公益从业人员为学生提供讲座或者训练营的参与机会，例如恩派（NPI）“设计思维工作坊”，真爱梦想基金会“游戏化项目设计思维”，黑暗中对话（深圳）体验馆和声活科技文化有限公司社会创业分享会，“创意对对碰”公益项目设计内部交流会，恩派“社会企业与影响力投资前沿趋势”专题讲座，等等。除了邀请校外实务专家走进校园外，益才班也与国际公益学院、SEED 等公益机构合作，开设了“社会创新寒假特训营”“Re-Look 城市梦游暑期社创网课”等系列网络课程，进一步拓展学生们的思维和视野。

“知行营”则是引导学生走出校园，采取公益机构参访和实习等方式，在现实情境中体悟公益理念并观摩公益慈善机构的运作经验。例如 2019 年暑假，益才班举行了两天一夜的“香港社创之旅”，深度走访了香港社企总会及 5 家社会企业，对香港社企政策及社会企业“公益+商业”运营模式有了直观的认识。这类知行营活动每个学期都会举行一到两次，迄今益才班已经走访了中国慈展会、黑暗中对话（香港馆 & 深圳馆）、南山区社会组织创新苑、龙华区社会组织孵化中心、广州蓝信封中心等多家机构，另有多位学生曾在恩派、顺丰公益基金会、招商慈善基金会、深圳市社会公益基金会等机构实习。除此之外，益才班亦积极与其他高校公益慈善类学生团队交流学习，曾多次赴珠海与北京师范大学宋庆龄慈善教育中心“慈善班”参访和联谊，并与中山大学传播学院学生、广东石油化工学院 shine 跑团学生举行互动交流会。

五、取得的初步成效与面临挑战

经过五年的发展，益才班已经初步构建了“创益赛”“加油栈”和“知行营”三大实践教学模块，并举办了大量的实践教学活动。这些活动并非定位于课堂教学的补充，其本身是创新创业教育体系中不可或缺的组成部分。通过引导学生积极参与公益创新创业实践，有效调动了学生们认知公益、参与公益的积极性，使其在潜移默化之中领悟了公益理念并提升了从事公益事业所需的各项能力，从一只“公益小白”成长为能够胜任公益机构各项管理工作的“公益新鲜人”。

当然，益才班的实践教学模式仍然处于探索和不断优化的阶段，并且面临一些挑战。从资源供给角度来看，实践教学需要比课堂教学投入更多的资金和人力，一项品牌活动的建立，需要持续的资源投入，如果缺乏学校或者基金会的经费支持，举办某些实践教学活动就会力不从心。另外，如何科学、客观地评价实践教学活动的产出，也是一个难点。例如，学生参与公益创新创业大赛，如果单纯从是否获奖的维度加以评价，就显得有失偏颇。学生在参与大赛过程中能力的提升、视野的扩展、项目的优化以及社会网络的构建，可能更符合“以赛促教”的本意。同样，对学生校外参访、实习效果的评价也不容易。学习与教育是一个漫长的、渐变的过程，即时的、表面化的评价（例如满意度）尽管有一定的参考价值，但是如何测量各项实践教学活动带来的长期影响，仍然需要深入探讨。

创新创业教育模式的探讨

——基于深圳大学创业精英班的实践总结*

潘燕萍　何孟臻　乔灵灵

（深圳大学管理学院工商管理系）

【摘要】随着政府“自上而下”地推动创业与创业教育发展，各大高校积极参与创业教育活动，大学生的创业比例也逐年增大。深圳作为窗口城市，具有良好的创业氛围，深圳大学管理学院顺势而为，依托深圳良好的创业氛围，成立创业精英班。在注重理论教育的同时，也注重学生的创业实践。管理学院创业精英班的创业教育面向深圳大学所有学生，将管理学知识与专业知识相融合。本文以深圳大学管理学院创业精英班为例，探讨实践导向与“创新精神”培育相结合的创业教育培养模式。根据管理学院创业精英班的实践经验，本文在教育宗旨和创业教育系统等方面总结了其对我国高校创业教育的启示。

【关键词】创新精神；实践导向；创业教育；创业精英班

一、引言

创业学作为一门课程、一个专业、一个研究领域迅速发展。创业教育也在世界各地的高校中展开。1947 年，哈佛大学商学院开设了创业课课程，自此以后，美国商学院开始盛行“创新精神”课程。现如今，美国已在超过 1600 所高校开设超过 2200 个相关课程，设有 44 种英语的学术期刊和 100 多个与创业相关的研究中心（Katz，2003）[1]。自 1995 年起，日本的大学根据自身的条件陆续设立产学联合部门、技术转移部门、开展创新创业教育的“Venture Business Laboratory”、大学生孵化园等相关机构（潘燕萍，2016）[2]。在中国，1999 年 1 月，国务院批转教育部《面向 21 世纪教育振兴行动计划》，政府开始探索性地、渐进地推行高校创业教育。2012 年 8 月，教育部颁发《普通本科学校创业教育教学基本要求（试行）》，从政策上正式要求并支持创新创业教育纳入学校改革发展规划、纳入学校人才培养体系之中。在政府的推动下，各大高校加强创新创业教育课程体系建设，并广泛开展创新创业实践活动，通过创业

* 基金项目：国家自然科学基金青年项目（编号：71502114）、教育部留学回国人员科研启动基金和广东省哲学社会科学规划项目（编号：GD14XGL32）。

教育更新人才培养观念和创新人才培养模式。教育部会同科技部，以国家大学科技园为主要依托，重点建设了一批“高校学生科技创业实习基地”。

创业者是科技成果、专利等无形资产价值市场化的主要践行者。推动创新创业的法律法规政策的出台，以及众创空间等向专业化、精细化方向升级，为创业活动提供了外部支持。工商局的数据统计显示，2017 年全年商标注册量为 13594110 件，平均每天新增商标 37244 件，平均每分钟产生 25 家公司。然而，在持续高涨的创业率下，创业绩效不容乐观，创业失败率居高不下。根据国家工商总局的《全国内资企业生存时间分析报告》，约 60%的新企业寿命不超过五年。根据 GEM 关于 73 个国家创业生态环境的调查报告，创业教育的不完善是制约多数国家创业发展的要因。吴晓波的《大败局》指出，即使是教授、发明家、博士、军医和作家等精英创业，也仍然难逃失败的命运，缺乏系统的职业精神正是创业失败的原因之一[3]。德鲁克的《创新与企业家精神》指出，创新精神是可以通过后天培养的。可见，创业教育具有深远的战略意义毋庸置疑[4]。创业教育不仅要满足个人成长发展或是实际创业的需要，还必须考虑到政治、经济、文化等社会因素。因此，高校创业教育必须加强个人与社会之间的联系，调整过去传统的知识授课型方式，加强培养现代化人才的创新思维和实践能力。

如果创业人才已被论证可以被培育，并且需要长远的开发与培育，那么高等教育应该如何基于自身的特色开展创新创业人才培养？本文以自 2010 年开始探索的深圳大学管理学院创业精英班（以下简称“创英班”）为例，从创新精神的角度探讨创业教育开展的模式。

二、创新精神、创业能力与创业教育

“创新型”企业家和“复制型”企业家之间存在特质上的区别，他们在促进经济增长的方式上也存在差异（Baumol，2009）[5]。大多数企业家都是复制型的。他们开一家传统的小店或小车间，这有助于消除贫穷，但是复制型的企业家以传统活动对工业革命和随之而来的经济增长的爆炸贡献甚微。创新型企业家则不同，他们可以被认为是新产品和新生产技术的推销员（Griffiths et al.，2012）[6]。

“Entrepreneurship”意指创业行为或者创新精神。Gartner（1988）将创新精神定义为“创建组织”[7]。然而，创新精神并不仅仅局限于创业活动中（Kuratko，2005）[8]。现有成熟组织大多面临着组织僵化的问题，他们开始强调创新精神，开始以创业导向来管理组织，吸引大量具有创新精神的人才。Kuratko（2005）认为创新精神就是企业家寻找机会，坚持把一个想法变成现实[8]。Timmons（1999）指出创业不仅意味着创办新企业、筹集资金和提供就业机会，也不仅仅等同于创新、创造和突破，还意味着孕育人类的创新精神和改善人类生活[9]。德鲁克的《创新与企业家精神》一书认为，创新精神不是天赋、才干、灵感或“灵光乍现”，而是有组织，且必须加以组织，有目的的和系统化的任何工作[5]。Kuratko（2005）认为创新精神是关于持续创新和创造力的。商学院应该开始发挥领导作用，创业教育工作者必须具备让学生具有创新精神的能力[8]。Dyer 和 Christensen（2011）指出创造性可以通过不断学习而习得[10]。

创业能力是创业者所具备的一系列知识、技能和态度的集合，创业能力具有动态性，有助于提高创业成功的可能性[11,12]。研究从个体和组织两个层面对创业能力进行了探讨。从个体层面来看，个体的想法和资源能够起到推动企业成长的重要作用，因此，创业能力是影响创业成败的关键因素[13]。创业能力是一个多维度的概念。[14]其中 Man 和 Lau 等提出的六维度（机会能力、关系能力、概念能力、组织能力、战略能力、承诺能力）[15]最具代表性，得到广泛引用。研究普遍从机会、关系、学习能力等角度对创业能力进行划分。创业机会是创业的起点，也是创业过程中的重要环节。[16]机会发现与开发能力是维持企业生存和导致绩效差异的重要影响因素。[17]关系能力有助于个体在与人交往的过程中收集到更多的信息，以发现新的创业机会、获取资源，能够更容易地寻找到创业的合伙人等[13]。创业者最初并不一定具备创业需要的所有能力，因此需要不断学习新技能和知识。学习能力也是个体所必须具备的重要能力之一。[18]这些能力从哪里可以习得？现有研究均指出，创业者的能力不是天生的，而是通过后天教育、实践而得。本文认为学习能力、机会识别能力等的内涵与维度在学术上已有大量的科学研究成果，可以通过课堂与实践相结合帮助学生初步习得。

高晓杰和曹胜利（2007）认为创业教育有两种界定，狭义的创业教育是一种培养学生从事工商业活动的综合能力的教育，使学生从单纯的谋职者变成职业岗位的创造者。广义的创业教育是培养具有开创性精神的人，是一种素质教育。[19] Weber（2012）指出，大多数大学级别的项目旨在提高创业意识和培养有抱负的企业家[20]。Bae 等（2014）认为创业教育就是对企业家的态度和技能的教育，包括“任何针对创业态度和技能的教育学项目或教育过程”。对于那些还没有决定要从事哪一种职业（如就业与创业），或者在参加创业课程之前没有创业经验的学生，创业教育能够提高他们的意识[21]。Neck 和 Green（2014）认为创业是“一组时间的方法”，并给予百森商学院创业教学实践，提出了“玩耍、移情、创造、实验、反思”等实践教学方法[22]。潘燕萍（2016）认为创业教育应当立足于创业发展的内在规律，重视培养学生的创新精神，创业教育的表现形式可以是多元的，需要结合高校自身的特点，构建开放的创业教育生态系统[2]。潘燕萍和王军（2014）将创业类课程视作“必修课”，是促进我国大学生创新精神提升的必要条件。高校需要结合各种资源提供实操性的训练教育平台，进而提高大学生的创业能力。[23]

三、深圳大学管理学院创业精英班概况

（一）深圳大学管理学院创业精英班的培养目标

为了长期系统地培育创新创业人才，孕育创新精神的校园文化，深圳大学从 2011 年起面向全校的本科生开设了“创业精英班”（以下简称“创英班”），主要招募大一至大三有创业志向，有志于培养创新精神、创新能力与领导能力的学生。其旨在培养具有国际化视野，系统掌握现代企业管理理论、知识和方法，熟悉商事法规和政策，具有创新开拓理念、营商知识技能及社会活动能力，能熟练运用 IT 技术，掌握一门外国语，适应社会经济发展需要、引领社会发展的创新人才，包括推动社会进步的创业家，在各类企业、非营利机构、事业行政单位等组织中具有创新精神、社会责任和领导力的创新将才。

（二）深圳大学管理学院创英班的招生设计

深圳大学管理学院创英班面向全校大一大二不同专业的学生，以促进多样思维的碰撞和团队分工合作。凡是有意向参加创英班的学生均需提出申请，参加面试后择优录取。申请时间和申请程序要求参考普通双学位的申请程序和要求，本学院工商管理专业学生申请创英班时间和申请程序相同，面试由项目专业的招生评审委员会组织实施。具体招生对象如表 1 所示。

表 1　深圳大学管理学院创英班招生对象

招收年级	大一大二有创业志向，有志于培养创新精神、创新能力与领导能力的学生 大三学生仍作为考虑对象
专业	专业不限，尤其欢迎理工科学生报名
平均绩点要求	不低于 2.5 分
招生人数	拟招收 30~32 名

创英班在每年 4 月面向全校招募学生，通过发布公文通等各种宣传方式公布该年度招生，并开设宣讲会，帮助有志向申请的学生进一步了解创英班以及考核流程。5 月确定面试名单并开展第二、第三轮等考核，在期末结束前完成招生工作，公布录取名单。主要分为以下四个阶段开展。

第一阶段，全校公开招募：设计印发传单，通过摊位宣传、到班级上宣传等方式面向全校招募学生。

第二阶段，开展宣讲会：由创英班成员承办并举办宣讲会。

第三阶段，择优选取：创英班招生报名截止，进入简历筛选的阶段，经过对所有报名表的认真审阅和严格筛选，在公文通上公布进入面试环节的约 60 位同学名单。

第四阶段，面试：经过简历筛选的面试者进入面试环节，面试分为小组讨论和压力面试两个环节。最终录取 32 人。具体的招生设计如图 1 所示。

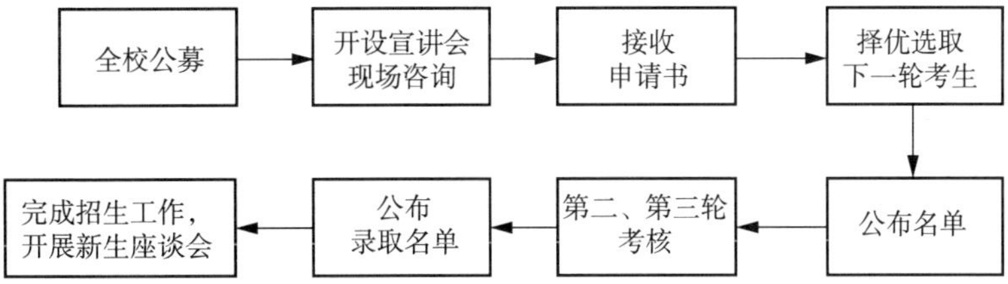

图 1　创英班招生流程

注：第二、第三轮考核方式以面试为主，但是根据每年申请者的人数和整体情况，具体考核方式会略有变动。

创英班从 2011 年 5 月开始招生，每期招收 30 人左右。至今总申报人数为 1467 人，实际招收 259 人，平均每年招生比例为 18%（见表 2）。经过 9 年的探索，创英班已经在学生中形成一定的“口碑”。尽管 2019 年深圳大学增加了各种特色班，但是创英班仍然是学生的热门选择班级。从目前的招生数据来看，与其他特色班级相比，进入创英班的难度越来越大，也可以由此看出学生对创英班的认可。另外，从近五年来看，创英班成员平均来源于 18 个学院，男女比例大约为 2∶1，保持较为合理的专业多样性（见表 3），有助于班级内部不同学科的学生的交流以及创业团队的组成。

表 2　深圳大学管理学院创英班历届招生人数统计

年份	申报人数	实际招募人数	招生比例
2011 年（1 期）	250	28	9∶1
2012 年（2 期）	286	15	19∶1
2013 年（3 期）	107	30	4∶1
2014 年（4 期）	168	32	5∶1
2015 年（5 期）	111	30	4∶1
2016 年（6 期）	115	32	4∶1
2017 年（7 期）	130	32	4∶1
2018 年（8 期）	182	30	6∶1
2019 年（9 期）	118	30	4∶1
合计	1467	259	6∶1

注：8 期、9 期分别有 5 位大一的特招生。

表 3　创英班历届招生概况

年份	录取人数	学院分布	男女比例
2015 年（5 期）	30	18	2.0∶1
2016 年（6 期）	32	21	2.0∶1
2017 年（7 期）	32	16	1.7∶1
2018 年（8 期）	30	16	4.0∶1
2019 年（9 期）	30	18	1.3∶1

（三）深圳大学管理学院创英班的培养体系

创英班基于“创意想法→创业项目→创业企业”的创新过程，循序渐进地培养学生的创意思维、创客精神、创业能力。其教学方式灵活多样——打破传统的课堂教育方式，以问题导向，以“实际案例”、创意创作、“学生的创业项目”等体验式教学为基础，主讲教师与校外客座嘉宾通过开放式的课堂方式合作教学。同时，创英班注重社会资源网络的建设，充分结合校内资源与校外资源、结合地域资源与全球资源，共同培养学生团队。并且实行导师制，导师对学生创新策划和行动过程进行全程指导。

创英班实施通才教育与专才教育相结合的培养方案。创英班设置了校、院和专业三级课程体系，分别为综合必修（校级课程）、专业必修（院级学科平台课程和专业级课程）和综合选修课程（专业级课程），体现了管理学院工商管理专业本科人才培养方案对学生基本知识和能力、管理技能、管理思维和管理研究方法四大方面的培养要求。课程计划遵循学科知识内在的逻辑关系，令学生能循序渐进地完成必修和选修课程的学习。

另外，在以上培养计划的基础上，创英班增设了以创业模块为核心的课程，包括：创业学（2学分）、创业主题研讨（1学分）、风险管理（2学分）、企业战略管理（3学分）、新产品开发（2学分）、创业法律法规（1学分）、公司治理（2学分）、管理策划（1学分）、创业模拟（1.5学分）。所有进入创英班的学生必须完成以上模块课程。学生根据个人学习兴趣和发展计划，修读选修课程，包括全校性公共选修课。

创英班实施通才教育与专才教育相结合的培养方案。除了学习管理学、经济学及工商管理的基本理论和基本知识，还需要接受企业和公共部门工商管理实践领域的方法与技术方面的基本训练，从而锻炼管理技能、管理思维和管理研究方法，培养分析和解决企业和公共部门工商管理问题的基本能力。创英班以“学生的创业项目”等体验式教学为基础，以问题为导向，以“实际案例”培养学生创意创作及动手的能力，结合校内外多元化资源，主讲教师与校外客座嘉宾通过开放式的课堂方式合作教学，共同培养学生团队。

管理学院创新创业教育中心规划整合管理学院相关资源，如：整合学院的ERP社团、创英班、公益专才班、创业0.5团队等创新创业资源，为更好地培养人才提供了“实训·实践”的机会。例如，打造MIE-TALK创新创业讲座品牌，帮助学生与不同创业人士对话。自2016年开始成立了创业0.5办公室，帮助学生在校内模拟创业。为了更好地管理和摸索创业0.5团队的运营与管理，在同等条件下，由创英班成员组建的团队优先录取。第二个创业0.5团队则是由创英班成员组成。

综上所述，创英班的人才培养体系由基础板块、应用板块、实践板块组成（见表4）。

在基础板块，安排了九门必修课；以课程教授为主，帮助学生掌握创新创业、企业管理的基础知识和技能。在应用板块上，定期举办有关创业的沙龙讲座等，开展暑期实践和公众号运营，培养学生兴趣，培养学生“发现问题、思考问题、解决问题”的能力，初步探寻创业项目。在实践板块上，主要以创英班同窗会、创业 0.5 工作室、创业实训基地为载体，通过校内外导师的辅助，帮助学生自发形成的项目进行进一步孵化以及落地。由此可见，创英班的培育立足于课堂课程教育，但超越了课堂课程教育。在培养特色上，能够充分利用深圳大学的办学资源以及深圳的地缘优势，帮助学生“创意想法→创业项目→创业企业”的顺利开展。由于在课堂教学上注重创新精神的培育，课外也注重学生形成团队合作、开展项目的氛围，目前在创英班班级文化中已经形成了浓厚的创业精神。

表 4　深圳大学创英班培养体系

	基础板块	应用板块	实践板块
教学方式	以课程讲授为主	定期交流活动、暑期实践、公众号运营	创业实训基地、项目孵化、同窗会、创业 0.5 工作室
培养重点	基础知识和技能的教授	培养学生兴趣，培养学生“发现问题、思考问题、解决问题”的能力，初步探寻创业项目	指导学生进行真正的创业实践
课程	创业学 创业主题研讨 风险管理 企业战略管理 新产品开发 创业法律法规 公司治理 管理策划 创业模拟 ……	E① - weekend：有关创业、创客、创新、创投等内部交流学习活动 E-corner：举办有关创业学习、行业最新动态、商务礼仪、团队建设、演讲沟通等学习会 E-maker：与外部创客中心合作，定期举办创客活动 ……	校内导师库的建立 校外导师库的建立，如全至集团总经理等 创业实训基地的联系和合作 在“实践课程：创新创业”模块中表现优异的队伍，可优先入驻深圳大学创业园，推荐参加全国、国际创业大赛，并有机会获得深圳大学管理学院 MBA 天使投资资金 ……

（四）深圳大学管理学院创英班的人才培育成果

深圳大学创英班的教育旨在培养具有创新精神、创新能力与领导能力的学生。从历届创英班成员的表现来看，创业班的培育模式取得了一定的成绩。

1. 在校生创业项目情况

深大创英班的学生，不仅学习相应的管理学知识，也进行相应的管理学实践。以深大目前在校的创英班六期成员的情况来看（见表 5），在校学生基于自身的需求，紧跟国家政策导向，积极进行创业实践。

① E 为 Entrepreneurship 的缩写。

表 5 深圳大学创英班在校学生创业项目情况（部分项目）

创业项目	创立成员	项目/公司简介
悦享咖啡	7 期、8 期成员	在深圳大学文科楼内，开办了“悦享咖啡厅”，现已成功实现盈利。主要针对从零到一的创业过程，提供以线下场地为载体，移动互联平台为辅助的生态化赋能成长体系
香港介量科技有限公司	8 期、9 期成员	物联网智能硬件类产品研发设计销售
深圳市翘楚人力资源有限公司	6 期成员	主营业务：深大翘楚通过搭建深大优质学生社群，以“优秀感染优秀”为口号，吸引来自不同专业、不同年级的翘楚们在社群里发挥个人特长，彼此学习，共同成长
深圳市狂野生长文化传播有限公司	8 期成员	潮流电子烟生态
深圳市博派驾驶培训有限公司（荔园学车）	7 期成员	依托丰富的指标资源和自营训练场，通过沉浸式服务模式对传统学车驾考行业进行了深入改造，使原本学车收费乱、练车预约难、考试排队慢、教练说了算等行业乱象得到了彻底改变
桑榆未晚	9 期成员	秉承“让老龄化成为红利”的愿景，致力于提高老年群体的生命质量，引导社区老年群体进行团队协作、创作相关产品和践行公益事业，从而促进老年群体的自我价值实现，为社会注入温度
Geek company 编程学习游戏	9 期成员	致力于打造一款能解决学习编程过程中枯燥的问题，并具有中国文化特色的编程学习游戏
深大一周讯	8 期成员	一周讯以“Activity+Platform”为核心，为用户精心打造一款全面即时的活动资讯整合平台，以算法与人工智能精挑细选，帮助用户高效获取附近或感兴趣的活动资讯
深圳热气球音乐文化发展有限公司	8 期成员	通过泛音乐内容影响新一代青年的审美与行动，旨在鼓励大家“做喜欢的事，让喜欢的事有价值”
深圳市荔园留学教育咨询有限公司	6 期、8 期成员	作为独立的第三方测评机构，致力于为学生寻求留学资源，甄别留学机构资质，遴选留学中介服务，保证平台用户留学申请不迷茫
荔园健食	7 期成员	针对在健身房锻炼的现代白领和在校大学生人群，提供互联网+健身餐的健康饮食管理服务

2. 参加学生赛事成果

由于班级有参加各种赛事的实践传统，每年创英班的学生都会组团参加挑战杯、深港青年创业大赛、南山创业之星及青年之声 · 青年创客等比赛。其中，创英班 6~8 期学生共有 27 名同学获得深圳大学“挑战杯”金奖、“挑战杯　创青春”大学生创业赛国家级铜奖等 24 个奖项。主要成果如表 6 所示。

表 6　深圳大学创英班比赛主要成果（部分成果）

奖项名称		比赛名称
创业类比赛	首届“学创杯”2014 全国大学创业综合模拟大赛全国总决赛	全国特等奖
	第九届“挑战杯　创青春”大学生创业大赛	国家级铜奖、省级金奖、校级金奖
	第九届“挑战杯　创青春”大学生创业大赛	省级银奖、校级银奖
	Startup Weekend Shenzhen	团队项目第一名
	香港数码港粤港青年创业基金计划	10 万港元创业基金
	第三届深港青年创业大赛	前十强队伍（10 万元项目启动资金）
	“学创杯”全国大学生创业综合模拟大赛省赛	二等奖
	深圳大学首届公益创新创业项目大赛	铜奖
	创行中国广澳地区区域赛	二等奖
	创行中国社会创新大赛全国赛	三等奖
	香港科技大学百万奖金创业大赛	电梯演说奖
	第三届全国“青年之声 · 青春创客”大赛	三等奖
	深圳大学“挑战杯”	腾讯奖
非创业类比赛	深圳大学“旭日杯”征文	二等奖
	美国数学建模竞赛	二等奖（H 奖）
	第九届全国大学生广告艺术大赛策划案类	三等奖
	第十届全国大学生广告艺术大赛策划案类	广东赛区一等奖
	第十届全国大学生广告艺术大赛策划案类	全国一等奖
	深圳大学“启言杯”辩论赛	最佳辩手
	“思维之星”深圳大学生思辨赛	最佳思辨者
	深圳大学矢量商战	一等奖
	第十一届“尖峰时刻”全球商业模拟大赛校内选拔赛	三等奖
	深圳大学四院联合辩论赛	团体冠军
	深圳大学智者风采演讲比赛	第二名
	深圳大学四院联合逻辑思维大赛	优胜奖
	心理与社会学院“挑战杯”	三等奖
	深圳大学“启言杯”辩论赛	团队冠军
	深圳大学“党知识竞赛”	优秀奖
	深圳大学“睿思谏言”校园提案大赛	优秀奖
	“华为杯”个人简历大赛	二等奖
	Red Dot Award	Winner

3. 获得辅修、双学位情况

深圳大学管理学院创英班的学生可以自由选择是否修习双学位或者辅修，所有的学生完成三个模块课程的学习即可获取管理学院颁发的创业精英证书。从历届的情况来看，选择辅修或修双学位的学生，有 50%左右成功获得辅修或者双学位。而攻读双学位的学生的毕业论文，大多结合深圳市的初创企业，研究相关的市场、创业团队及企业的商业模式，如《深圳 APP 创业公司生存状态与发展现状调研与分析》《华侨城创意文化园的发展战略研究》《深圳市坪山区出口加工区的生命周期研究》《创业团队异质性、团队冲突与创业绩效的关系》《婴儿智能可穿戴产品的发展分析》等。尽管有些教育者认为"大学生创业者没有时间精力修读课堂课程"，否定这种辅修双修的班级设计模式，但是从创英班实践以及正在创业的毕业生反馈来看，这种模式是有效的。创业者需要在实践中持续学习。这种学位设计有利于培养学生学习时间管理、平衡创业与学习的冲突关系，并推动创业与学习互相促进。深圳大学创英班成员获取辅修、双学位情况如表 7 所示。

表 7 深圳大学创英班成员获取辅修、双学位情况（部分成果）

年份（班级）	当期录取人数	辅修	双专业/双学位	合计比例（%）
2014 年（1~2 期）	28	3	5	30
2015 年（2~3 期）	15	—	9	60
2016 年（3~4 期）	30	2	15	50
2017 年（4~5 期）	32	7	9	50
2018 年（5~6 期）	30	5	10	50
2019 年（6~7 期）	32	2	15	53

4. 毕业生就业创业情况

除了在各项大赛中取得较为瞩目的成绩、在校开展创业项目外，创英班的成员在毕业之后的就业情况整体较好，创业比例整体较高。从不完全统计数据来看，创业比例达到 30%，高于全国大学生创业比率。从创业情况来看，创英班的成员创业领域比较广，有文化创意类的旅游、服装、投资管理，也有新兴的公众号、社交平台、创客教育、O2O 等。部分项目已经获得深圳大学创业园的资助，进入孵化器，并获得了同窗会校友的支持和风险投资，部分项目已经和国际知名品牌如阿里巴巴、鄂尔多斯开展深度合作。从就业情况看来，创英班的部分成员在世界五百强企业如腾讯、中国移动、西门子等企业担任要职。具体情况如表 8 所示。

表 8 创英班学员主导的项目已成立公司或拟成立公司（部分成果）

公司/项目名称	创立成员	简介
深圳诗莉莉酒店投资管理有限公司	1 期成员	致力于中国度假酒店开发与运营，旗下品牌有莫默客舍、诗莉莉庭院酒店、诗尔曼度假酒店等
深圳市椰福伦科技有限公司	1 期成员	为传统服装经销公司、品牌公司做深度微信开发与运营；签约梦特娇、利奥纳多、皮尔卡丹、圣大保罗、金安德森、tommy john 等国际知名品牌；每个品牌都是一亿元的合同

续表

公司/项目名称	创立成员	简介
深圳市前海候鸟投资管理有限公司	1 期成员	一家集投资旅游项目、地产项目、酒店项目的综合性发展公司
深圳市云游者科技有限公司	1 期成员	主要经营从事信息技术的研发、计算机软硬件及周边设备的购销；展览展示策划；市场营销策划；经营电子商务
美丽银行	1 期成员	免费的全球礼仪模特演员资源通告对接服务、娱乐经纪与互联网娱乐社交平台
深圳市银色风暴科技有限公司	1 期成员	公司拥有一支较强的技术研发队伍，并和国内多家机构强强联手，为互联网、电商等公司提供技术设计开发服务
深大淘课	3 期成员	深圳大学知名微信公众号
深大荔知	3 期成员	深圳大学知名微信公众号
深大蹭课	4 期成员	入驻深港产学研基地，已签孵化协议
深圳市小菜绳物流有限公司	3 期、4 期成员	致力于生鲜 O2O 的平台
深圳市点点联盟科技有限公司	4 期成员	和阿里巴巴公司合作，负责淘点点在罗湖区的推广工作
深圳市念想科技有限公司	4 期成员	Resonance 社交软件
服装品牌女装男装	4 期成员	服装销售试运营
创意表现形式——自媒体平台	4 期、5 期成员	已入驻创业园，等待创业园资金注入，已产生内容
潮汕印象	4 期成员	微信公众号、潮汕文化表情包等
深圳市智造家创客教育科技有限公司	4 期成员	青少年创客教育，种子轮已完成
祥云武术	6 期成员	采用“武术技能+体能训练+少儿礼仪+国学教育”的习武模式，通过与幼儿园、机构合作的低成本方式，快速拓展生源，形成口碑传播
深圳市锐乐思教育科技有限公司	7 期成员	以美学为教育重点的艺术素养培育学院，面向 4~12 岁儿童及其家长。提供绘画之美、文字之美、设计之美、生活之美等精品短课，采用上门私教、营地方式

四、经验与启示

无论是创业研究还是创业教育实践，世界各高校都在探索与试验中。在政府的大力倡导下，我国高校创业教育正如火如荼地开展，正快速地在全国范围内普及创业知识。特色班级的设立是创新创业教育的常见模式。有些院校的特色班级已经难以为继，有些仍在学生绩点与实践成果的衡量标准中徘徊。根据深圳大学的创英班 9 年的办学经验，本文总结了其在教育宗旨和创业教育系统等方面对我国创业教育的启示。

第一，注重创新精神、创新能力和创造性思维的培养。曹旺德说：“现在的年轻人跟我们那一代人不一样了，今天注册公司，最好明天上市，后天成为中国首富。”教育的宗旨在于长期育人，重视培养学生的创新精神。在当下浮躁的环境下，创业教育并不是为了让学生立马成为成功的企业家。大学只是人生成长的其中一个阶段，而不是最后阶段，大学带给学生更多的是一种创新性的思考方式，一种探索的精神和发现问题、解决问题的能力。高校更需要思考的是让学生真正体会到创业教育之实，而不是创业教育之名。

第二，灵活的评价方式，体系性开发学生的创新精神和实践能力，实现知行合一。正如前文提到，创英班的课程体系鼓励学生发现商机，并将学生的创意化为现实，鼓励学生参与实践，在“实践课程：创新创业”模块中表现优异的队伍，可以优先入驻深圳大学创业园，推荐参加全国、国际创业大赛，并有机会获得深圳大学管理学院MBA天使投资资金。需要强调的是，这些项目主要培养学生“发现问题，解决问题”的能力，因此并不能够仅停留在商业计划书的制作上。例如，举办项目遴选大赛，表现优异的学生可以获得资金的支持。因此，学生可以结合知识与实践，在活动中充分发挥想象力和创新精神，锻炼自身创业技能和综合能力。

第三，打造多元化的师资团队。强大的师资团队是优良教育的基础。创业教育师资队伍是创业教育的实施者和责任承担者，加之创业教育涉及范围广、实践性强、与社会的联系紧密，因而创业教育者自身的素质、水平和经验，以及其在创业教育上投入的精力，对创业教育的效果有着显著的影响。因此，深圳大学创英班建立了导师库。以管理学院的教员为主，教授立足于创业内在本质来教授学生创业基础的知识、技能和一般规律。辅以校外的教授让学生能够了解到最前沿的成果、倾听最真实的英雄故事，有助于其深入了解创业的本质和内涵，从而达到丰富创业教育内容、优化创业教育效果的目的。

第四，立足于深圳地区构建班级的创新创业的人力关系网络。创业者的社会关系网络会影响创业行为和绩效。深圳大学为在校生接触企业家、投资人等提供了机会。例如，建立同窗会，不定期地举办讲座，邀请知名企业的高管董事以及深大校友回到母校开展特色讲座，如2001级深大校友、怡亚通供应链管理公司美国区总经理、朗科执行董事马国宾先生及他的团队等。构建关系网络有助于拓宽学生的信息渠道、加强创业活动的可操作性，激发学生的创业激情。学生在诸如此类的活动中可以充分与他人进行讨论和交流，结合他人的真实创业经验并提炼反思，还可以借此机会寻找志同道合的创业伙伴，组建或加入创业团队。

第五，结合高校自身的资源，建设开放式的创新创业教育生态系统。深圳大学位于深圳市南山区，校园的南北两端伫立着两座腾讯大厦。北门坐落在与长安街齐名的“深南大道”上。从地理位置来看，深圳大学处在一个全国最具有创业活力的城市，创业密度继续居全国首位，有良好的创业氛围。然而，在全国各大高校中，师资、教学场地、资金等硬件，以及校园文化、地方政策等软件上都存在着差异，高校应当结合自身的特点，构建适合本校发展的创业教育生态。从创英班可以认识到，创业教育是一项实践导向强的活动，如果仅依靠内部资源难以开展高质量的创业教育。因此，创英班充分利用了外部资源，如辅助资金、创业导师资源、孵化器等，构建开放式的创业教育生态系统。

参考文献

[1] Katz J. A. The Chronology and Intellectual Trajectory of American Entrepreneurship Education1876-1999 [J]. Journal of Business Venturing, 2003 (18): 283-300.

[2] 潘燕萍. 从“自上而下”向“创业本质”的回归——以日本的创新创业教育为例 [J]. 高教探索, 2016 (8): 49-55.

[3] 吴晓波. 大败局 [M]. 杭州: 浙江大学出版社, 2013.

[4] 彼得·F. 德鲁克. 创新与创业精神 [M]. 张炜, 译. 上海: 上海人民出版社, 2002.

[5] Baumol W. J. Entrepreneurship in Economic Theory [J]. Social Science Electronic Publishing, 2009 (58): 64-71.

[6] Griffiths M., Kickul J., Bacq S., et al. A Dialogue with William J. Baumol: Insights on Entrepreneurship Theory and Education [J]. Entrepreneurship Theory and Practice, 2012, 36 (4): 611-625.

[7] Gartner W. B. “Who Is an Entrepreneur?” Is the Wrong Question [J]. Entrepreneurship Theory and Practice, 1988, 12 (4): 47-67.

[8] Kuratko D. F. The Emergence of Entrepreneurship Education: Development, Trends, and Challenges [J]. Entrepreneurship Theory and Practice, 2005, 29 (5): 577-597.

[9] Timmons, J. A. New Venture Creation, 8th ed. [M]. New York: Richard D, Irwin, 1999.

[10] Dyer J., Gregersen H., Christensen C. M. The Innovator's DNA: Mastering the Five Skills of Disruptive Innovators [M]. Harvard Business Press, 2011.

[11] Man T. W. Y., Lau T., Chan K. F. The Competitiveness of Small and Medium Enterprises: A Conceptualization with Focus on Entrepreneurial Competencies [J]. Journal of Business Venturing, 2002, 17 (2): 123-142.

[12] Lans T., Biemans H., Mulder M., et al. Self-awareness of Mastery and Improvability of Entrepreneurial Competence in Small Businesses in the Agrifood Sector [J]. Human Resource Development Quarterly, 2010, 21 (2): 147-168.

[13] 贺小刚. 企业家能力、组织能力与企业绩效 [M]. 上海: 上海财经大学出版社, 2006.

[14] Mitchelmore S., Rowley J. Entrepreneurial Competencies: A Literature Review and Development Agenda [J]. International Journal of Entrepreneurial Behaviour & Research, 2009, 16 (2): 92-111.

[15] Man T. W. Y., Lau T. Entrepreneurial Competencies Of SME Owner/Managers in the Hong Kong Services Sector: A Qualitative Analysis [J]. Journal of Enterprising Culture (JEC), 2000 (8).

[16] Shane S., Venkataraman S. The Promise of Entrepreneurship as a Field of Research [J]. Academy of Management Review, 2000, 25 (1): 217-226.

[17] Penrose E. The Theory of the Growth of the Firm [M]. New York: John Wiley& Sons, 1959.

[18] Wasserman N. The Founder's Dilemma [J]. Harvard Business Review, 2008, 86 (2): 102-109.

[19] 曹胜利，高晓杰. 创新创业教育培养新时代事业的开拓者——中国高等教育学会创新创业教育研讨会纪要 [J]. 中国高教研究，2007 (7)：91-93.

[20] Weber，R. Evaluating Entrepreneurship Education [M]. Springer Science & Business Media，2012.

[21] Bae T. J.，Qian S.，Miao C.，et al. The Relationship between Entrepreneurship Education and Entrepreneurial Intentions：A Meta-Analytic Review [J]. Entrepreneurship Theory and Practice，2014，38 (2)：217-254.

[22] Neck M. H.，Greene G. P.，Brush G. C. Teaching Entrepreneurship：A Practice-Based Approach [M]. Massachusetts：Edward Elgar Publishing Limited，2014.

[23] 潘燕萍，王军. 高等院校创业教育模式及成果评价研究——以深圳大学为例 [J]. 中国科技产业，2014 (7)：42-45.

浅谈管理类专业大学生信息素养教育

马　晶
（深圳大学管理学院工商管理系）

【摘要】 信息素养是高校学生素质培养的重要组成部分，作为即将进入社会的“准员工”，提高信息素养是大学生应对当前信息爆炸时代的重要任务。不同于其他学科，管理类专业的毕业生未来所涉及的行业、领域具有更强的灵活性和多样性，因此在信息素养教育方面也有着更高的要求。本文将在对信息素养教育的需求进行分析的基础上，对管理类学生信息素养教育的优化问题进行简要分析和探讨。

【关键词】 高校；信息素养；管理教学

一、引言

信息素养是高校学生素质培养的重要组成部分，是在特定需求下对信息能够准确定位、查找、评估、组织和有效地生产、使用和交流，并解决所面临问题的一种能力。随着“互联网+”时代的到来，信息化已深刻改变了人们的生产生活方式，而信息素养已成为新世纪人才的重要基本素质。大学生作为即将进入社会的“准员工”，提高信息素养是其应对当前信息爆炸时代的重要任务之一。

不同于其他学科，管理类专业的毕业生不管未来是进入企事业单位，从事科研工作，还是加入创业大军，其所涉及的行业、领域都具有很强的灵活性和多样性。当今信息时代需要的是复合型的管理人才，无论涉足任何领域，学生在应用自身战略、营销、人力等专业知识的同时，都需要迅速掌握本领域特定的信息资源，甚至加以挖掘和利用，这就使得管理类专业的学生在信息快速获取与理解、跨专业交叉应用等能力方面有着更高的要求。因此，本文将在对信息素养教育的需求进行分析的基础上，进一步对管理类学生信息素养教育的优化问题进行简要分析和探讨。

二、信息素养培养的必要性与管理类专业的特殊需求

（一）提高学生的信息获取与整合能力

互联网时代，大学生获取信息的途径和速度都已发生了极大的变化。信息资源的多样化使得大学生可以轻易接触到各种类型的信息。与此同时，他们在信息检索、软

件操作等方面的信息技能水平也大大提升。然而，信息技能不等同于信息素养，后者强调在面临复杂问题时所需的信息意识与主动性思维。这就要求学生在获取和整合不同类型的信息时做到有的放矢，从被动接收转变为主动搜索，以问题为导向，在快速获取有效信息的同时，整合不同信息资源。

与此同时，信息爆炸时代所带来的另一重大影响是信息更新速度的快速提升以及信息的大量碎片化。一方面，对碎片化信息的过度依赖容易导致学生思维过程的钝化，缺乏对问题的深入分析和理解，容易使学生盲目跟风，从而逐渐失去独立思考和判断的能力。另一方面，快速更新的信息资源也对学生及时掌握最新动态提出了更高的要求。就像了解最新的学术研究成果与动态，获取相应文献应是研究生的基本功，而如果学生从事行业咨询工作，最新的行业统计数据就是必不可少的分析资料。快速准确的信息获取与整合能力，在强调信息的有效性和时效性的同时，更注重信息对解决问题的实际作用。

（二）提高学生的信息甄别能力

信息甄别能力强调对信息的反思性发现，能够准确判断信息价值，并对其进行筛选和多方对比求证。信息素养教育需要训练大学生对于互联网上的信息保持清醒的头脑，无论是微博、论坛上的帖子，还是学术大牛发表的论文，都要做到不轻信、不盲从；提高大学生对垃圾信息的抗干扰能力，对不良信息坚决予以排斥；培养大学生形成正确的信息消费和合理利用的意识，自觉抵御不良信息的侵袭，在纷繁的信息环境中真正做到游刃有余。

（三）管理类学生对信息素养教育的特殊需求

对于大多数学科而言，信息素养需要在特定的知识领域和情境下进行讨论。例如，一个语言学家在面临某个问题时，可能需要到化学文摘数据库中检索其想要的信息，但其检索的过程未必顺利，这是因为语言学家缺乏对化学学科背景的掌握。然而管理类专业学生在将来的科研以及工作过程中，往往需要接触不同类型的行业、学科或技术领域，一个营销专业的学生毕业后很有可能进入一家医药或者电子产品企业工作，这就要求学生拥有相对开阔的认知体系和良好的学科素质，在进入某个陌生领域时，能够快速掌握与该领域相关的信息来源与背景，快速适应角色。这一需求强调的是对学生综合素养的提升，只有拥有一套全面的知识体系和开阔的视野，才能充分提升自我信息意识、增强对信息的敏感度、提高信息检索和利用的能力。

随着社会的快速发展，当前学科交叉效应日益显著，以往清晰的学科知识边界正逐渐模糊。因此，学生在学习过程中，在做到术业有专攻的基础上，不应拘泥于某个单一学科，应积极拓展自身的知识面，既要“精”，也要“广”，这对拓宽学生的视野，提升其未来职业胜任能力具有十分积极的意义。

三、管理类专业信息素养教育的优化与提升

（一）完善信息素养课程体系

课程教育是高校信息素养教育的首要方式。目前，高校信息素养教育相关的课程以信息检索以及计算机类课程为主。前者主要由图书馆承担，后者则分散于不同的学科的教学环节中。由于缺乏较为完善的课程体系，所以往往“重技术轻素养”，对培养和提升学生信息素养的支撑力度不足。正如很多学生在大学都选修过信息检索类课程或者听过相关讲座，这类课程或讲座通常会介绍校内图书馆采购的数据资源以及不同数据库的使用方法，然而当学生需要为论文或课程报告进行文献整理时，仍然无从下手，一方面是没有制定有效的检索策略，难以定位到合适的文献，另一方面则是缺乏对手头资料的有效梳理，盲目罗列。

完善信息素养课程体系需要强调图书馆以及专业学院间的合作，以信息检索与分析类的课程为龙头，以计算机等技术类课程为支撑，结合不同类型的专业需求，使学生在提高信息技术水平的同时，理解信息素养培养的必要性和重要性，锻炼系统化的信息思维，从而提高学生解决实际问题的能力。

信息素养教育的课程设计可以包含不同类型的课程形式，包括独立课程、整合课程以及实践环节等。独立课程，如信息检索与分析、计算机基础类课程以普及信息知识与信息技能为目标。此类课程属于信息素养的基础性课程，虽然目前学校多开设有相关课程，但此类课程往往不能与实际问题有效结合，因此难以激发学生的学习兴趣，对培养学生的创新意识、提高学生信息素养整体水平的作用十分有限。解决这一问题的有效途径是将信息素养教育与专业课程以及实践教学相结合，将信息素养教育融合到解决实际问题的环节中，在锻炼学生掌握信息检索、评价、利用与交流的技能的同时，提高学生对信息素养以及学科知识体系的整体性认识，促进学生自学能力的培养。

（二）信息素养教育与专业课程教育相结合

信息素养课程体系中的整合课程模式是将信息素养的教学内容融入专业课程的教学环节中，包括对图书馆以及其他电子信息资源的检索与利用，对数据的分析和理解以及信息的生产与交流等内容。这一教学模式的目的是将学生置身于特定的问题情境中，使学生更好地理解信息素养的重要性，提高学生的动手能力、解决问题的能力以及合作意识。

实际上，目前许多专业课程中都有案例分析与调研等类似的作业任务，但往往以学科相关的专业内容作为考察重点。实际上，老师在设置此类任务时，可以有意识地引导和指导学生如何进行资料搜集与数据采集，如何有效地利用数据库资源，如何整理资料以及分析数据等，并最终组织研讨、交流等环节，进行信息共享。例如笔者所教授的财务管理课程涉及多个与企业财务报表相关的知识点，包括企业现金流分析、

资产结构分析等。传统的授课方式往往是枯燥地介绍报表中不同数据间的关系与计算公式，并使用习题进行练习巩固，因此教学内容较为生硬并且缺乏与实际情境的结合。笔者认为，可以尝试通过分配小组任务的形式，组织学生搜集真实企业年报进行分析和研讨。一方面，可以使学生有机会了解真实的企业财务报表的获取途径，并对财务报表上的真实数据有直观体验；另一方面，可以在练习相关财务指标的计算与分析的基础上，锻炼学生理解现实情境，以及发现问题、分析问题的能力。同时，小组协作也可以锻炼学生的合作意识以及信息交流能力。

（三）信息素养教育与创新实践教育相结合

信息素养的实践教育形式强调通过实践，提高学生的探索和创新意识，锻炼其运用科学研究方法的能力，以及综合运用信息、知识的能力，具体形式包括吸引学生参与科研项目，组织学生参加双创活动、项目竞赛，开设具体课程等。学校也可以设立基金、组织活动竞赛，鼓励学生参与和相互交流，在培养学生信息素养的同时激发学生的创新精神。在当前互联网快速发展的大背景下，实践教育的组织和参与形式也在发生着变化，其中包括新的平台类型，如微信等移动客户端的使用；新的创新形式，如物联网、人工智能等新技术的引入等。同时，新的信息资源渠道与信息传播和利用方式为学生提供了新的实践思路，如用户行为预测、个性化推荐、数据结果可视化等。

管理专业的实践教育的实施需要大致经过“研讨—调研访谈—选题—资料搜集—分析与整理—提出假设—论证—总结—表达与交流”等一系列过程。无论是参与科研实践还是双创项目竞赛都需要学生具备基本的信息素养，如对信息的敏感度、信息检索与获取，以及信息甄别能力等。在项目或课程开始之初，学生需要进行文献调研、访谈等信息检索与搜集；实施与研究过程中，无论是使用问卷、统计数据，还是其他数据资源，都需要对信息进行分析与挖掘；最终在后期阶段，进行信息的生产、总结以及交流。如果说整合模式是以问题为导向的信息素养教学方式，那么实践教育则从问题的产生开始就与学生对信息资源的理解以及可获得的信息来源密不可分。因此，指导老师在此过程中应该有意识地对学生的信息素养进行考察和指导，将创新思维培养与信息素养培养相结合，从而达到事半功倍的效果，提升学生的综合竞争力。

四、总结

信息素养是培养学生创新思维与持续学习能力的基础，对于任何学科、教育层次都有很重要的意义。系统化、反思性的信息素养意识并非天生，需要学生接受有目的性的训练和教育，因此，需要我们在课程教学以及实践教育环节中有意识地加以强调。管理专业的毕业生需要在未来的科研和工作过程中展现出较强的适应性，即需要学生具有对信息更强的敏感度、更快的反应速度，以及更开阔的信息视野，因此更应该注重信息素养的培养和提升。教师以及学校在此过程中也应从课程建设、创新实践活动的组织和引导等方面予以重视。

参考文献

[1] 徐晓琳，熊建萍．高校信息素养课程设计［J］．图书馆学研究，2008（1）：94-96.

[2] 刘彩娥，冯素洁．ACRL的《高等教育信息素养框架》解读与启示［J］．图书情报工作，2015（9）：143-147.

[3] 韩玉，黄易，潘梦雪．大数据时代大学生信息素养培育研究［J］．学校党建与思想教育，2018（11）：61-63.

[4] 李蔚然，别雪君，沈田．高校拔尖创新人才信息素养培养现状调研与分析［J］．当代教育论坛，2019（1）：79-88.

[5] 黄红梅．"大创"环境下高校信息素养培养模式优化研究［J］．图书馆建设，2019（2）：142-147.

[6] 戴理达．全球竞争时代大学生信息素养对接职业胜任力的路径研究［J］．教育导刊，2019（3）：84-89.

“互联网+”环境下地方高校“融合型”管理人才培养模式研究

钱小虎

（深圳大学管理学院管理科学系）

【摘要】随着“互联网+”新时代的快速发展，培养“融合型”管理人才成为新时期深圳建设中国特色社会主义先行示范区的迫切需要，也成为深圳高校为中国特色社会主义先行示范区建设提供人才智力支撑的重要任务。本文首先结合“互联网+”思维，分析了培养“融合型”人才的必要性，并说明了当前高校管理人才培养中存在的不足之处，进一步给出了培养“互联网+”环境下“融合型”人才的新思路，为培养新时期“融合型”人才提供有效的实施方案。

【关键词】“互联网+”；“融合型”人才培养；管理

一、“互联网+”环境下高校培养“融合型”人才的重要性

“互联网+”是互联网思维的进一步实践成果，推动经济形态不断地发生演变，从而增强社会经济实体的生命力，为改革、创新、发展提供广阔的网络平台。通俗地说，“互联网+”就是“互联网+各个传统行业”，但这并不是简单的两者相加，而是利用新一代信息通信技术、云计算、大数据、互联网技术等，让互联网与传统行业进行深度融合，创造新的发展生态。它代表一种新的社会形态，即充分发挥互联网在社会资源配置中的优化和集成作用，将互联网的创新成果深度融合于经济、社会等各领域中，以提升全社会的创新力和生产力，形成更广泛的以互联网为基础设施和实现工具的经济发展新形态。21 世纪是“互联网+”的时代，“互联网+”已成为国家发展的战略[1]。2014 年 11 月，国务院总理李克强出席首届世界互联网大会时指出，互联网是“大众创业、万众创新”的新工具[2]。其中，“大众创业、万众创新”也是新时期中国特色社会主义先行示范区经济提质增效升级的“新引擎”。2015 年 3 月，全国两会上，全国人大代表马化腾提交了《关于以“互联网+”为驱动，推进我国经济社会创新发展的建议》的议案，表达了对经济社会创新的建议和看法。他呼吁，以“互联网+”为驱动，鼓励产业创新、促进跨界融合，从而在新领域创造一种新生态，进一步推动我国经济和社会的创新发展[3]。2015 年 3 月 5 日十二届全国人大三次会议上，李克强总理在政府工作报告中首次提出“互联网+”行动计划。他强调，制定“互联网+”行动计划，推动移动互联网、云计算、大数据、物联网等与现代制造业结合，促进电子商务、工业互

联网和互联网金融健康发展，引导互联网企业拓展国际市场[4]。综上可知，“互联网+”战略已成为国家发展的重要战略，也是深圳提高自主创新能力、践行高质量发展要求、建设创新型示范城市、提高综合竞争力的关键。然而，实施“互联网+”战略必须要有与之匹配的人才来实现。因此，高校如何在“互联网+”下培养与世界接轨的“融合型”人才是一个重要的研究课题。

“互联网+”背景下，深圳企业对大数据、云计算、人工智能等领域人才需求扩大。虽然国内许多高校已开设相关课程，但这些高校对“融合型”技术人才的培养也存在着师资力量不足、基础设施建设薄弱、实训条件缺乏、人才与企业需求无法对接等问题。例如，传统管理学教育更注重从管理理论、管理方法、管理学研究等方面培养人才。但“互联网+”环境下，电商、平台、渠道等业务逻辑日益发展。例如，京东、阿里等电商企业积累了海量的实际运营数据，导致企业在供应链管理、物流运营等方面面临新的挑战。为适应“互联网+”下企业的新需求，解决企业面临的新问题，不仅需要管理学基础，也需要数学、计算机、人工智能等领域的专业知识。因此，如何培养一个“互联网+”下与国际接轨的“融合型”管理人才是深圳本地高校需要努力解决的难题。

目前，“互联网+工业”“互联网+金融”“互联网+通信”“互联网+医疗”“互联网+民生”“互联网+旅游”“互联网+教育”等在深圳得到了蓬勃发展。在此背景下，“融合型”管理人才的培养有助于企业解决实际问题。例如，2018 年京东针对自身多级库存管理、路径优化等实施中存在的问题开设了优化挑战赛。该问题属于供应链管理和运作中存在的问题，没有深入的管理知识是不能够很好地理解所要解决的问题的。但如果想实际解决问题，则需处理大量数据、设计算法、编写代码，涉及数学、计算机、管理学等领域的专业知识。如果具备综合性知识，则得心应手，否则仍需要其他专业人才协同合作，且在问题理解和实施环节上都存在配合等因素，导致实施缓慢，达不到预期效果。因此，培育“互联网+”环境下“融合型”管理人才是建设中国特色社会主义先行示范区的重要保障。

针对高校在与世界接轨的“融合型”人才培养方面的不足之处，本文提出了如下几个解决方案，不断提升服务国家重大战略和深圳建设中国特色社会主义先行示范区的能力和水平。第一，加强学生对成为“融合型”人才重要性的认知和理解。由于本科生对所学专业认识不充分、对未来职业生涯规划不明确，有必要鼓励专业课老师担任班主任，进而打通学生与专业教师之间的沟通通道，让学生了解企业对“融合型”人才的需求，提升学生成为“融合型”人才的内在动力。第二，提高不同专业教师的任课比例，为学生提供不同领域的专业选修课。例如，同时开设运营管理、优化理论与方法、软件工程理论与方法、物流与供应链管理、智能优化算法等专业选修课程，以培养掌握不同领域知识的、能够适应“互联网+”下深圳企业实际需求的“融合型”人才。第三，与企业深度合作：①建立高质量的学生专业实习基地，为学生提供良好的专业实践平台；②建立实验中心，发布当前学术界关注的热点话题，鼓励学生参与到科学研究的活动中；③建立创新中心，打通学生与企业之间的通道，启发学生为企业的实际问题提供解决方案；④建立创业平台，发布当前社会亟须解决的痛点问题，激发学生的创业热情，最终形成产学研完整链条。

二、高校“互联网+”环境下“融合型”管理人才培养存在的问题

（一）管理专业的学生对其他领域的专业知识了解深度不足

就当前高校管理专业而言，学生更多接触的是管理学相关课程。尽管学校也开设高等数学线性代数等数学课程，但学生对优化算法、计算机相关课程了解甚少。虽然“互联网+”已渗入生活的每个部分，但管理学专业的学生对较深入的专业技术知识的掌握力度是不够的。一般而言，学生对其他领域的专业知识仅停留在“大数据、云计算、人工智能”等词面上，对企业在“互联网+”环境下所需要的技术以及相关领域知识了解不足。

（二）师资力量不足，基础设施建设薄弱

首先，尽管国内大部分高校已经开始引进高层次人才，然而大多数高校的管理专业的教师对企业所需的深度学习、强化学习、数据驱动、深度学习中的优化算法等专业知识了解仍不够透彻，因此，很难为学生开设相关课程，目前的教学也停留在浅层知识上，不足以为实践应用打下基础。其次，“互联网+”的出现导致数据量庞大，不仅包括传统的数据的储存，也包含文本、声音、图像、视频等信息的存储，对设施硬件要求比较高。而且，“互联网+”的出现也要求数据处理的时效性，对企业而言，一般要求高速度、高精度，但对高校而言，受很多因素限制，硬件设施无法配套，到时实验无法进行，达不到预期目标。

（三）实训条件缺乏、人才与企业需求无法对接

数据是竞争的核心，通过数据能够获取企业的大部分核心信息。对高校而言，目前很难和企业达成合作，获取企业的数据，从而不能为学生提供很好的实训条件。人才和企业的需求无法对接，从而导致人才的培养往往停留在理论层面，不能够实际运用。

三、“互联网+”环境下高校“融合型”管理人才策略方案

（一）加强学生对“互联网+”概念的深入了解

针对学生对“互联网+”所需要的技术、相关知识了解不足情况，拟从以下几个方面入手解决：

（1）开设相关课程，让学生了解“互联网+”的运作规律、运作机理以及相关的理论知识基础；

（2）组织优秀学生参加相关学术会议，让学生了解研究的最新动向、应用成果等；

（3）组织学生参加企业调研，让学生了解企业对“互联网+”的实际诉求。

（二）提高任课教师的专业水平，为学生开设必要的课程

要求年轻老师学习相关必要知识，鼓励其去国内外高校交流学习，了解本学科与“互联网+”的切合点，为学生开设必要的相关课程，如深度学习、强化学习、凸优化、最优化方法等，要做到如下两点：

（1）让学生了解管理问题与“互联网+”的切实结合点所在；

（2）让学生透彻掌握相关理论知识。

（三）增加实践环节，为学生提供必要的实践平台

让企业把技术骨干派遣到基地内充当学生实战导师，与学院骨干教师组成“双导师”，为学生提供良好的实践平台，具体如下：

（1）建立高水平的专业实习基地，让学生通过企业实践加深对所学专业知识的认识，做到融会贯通；

（2）建立专业课实验中心，让学生在学习理论知识的同时，能够有机会进行实际操作，培养学生理论联系实际的能力；

（3）建立基于领域知识的创新中心，以学生的兴趣为导向，以前沿的科研项目为依托，培养学生对前沿知识的学习能力，帮助学生积累解决企业实际问题的经验；

（4）建立创新创业平台，激发学生创新创业的热情，促进学生将不同领域的专业知识应用到企业管理的实践中，培养学生创新创业的能力。

（四）与企业深度合作，为学生提供良好的对接通道

良好的实践平台，是“融合型”培养不可缺失的环节。由学校、学院相关教授等专业人才带头与大中小企业深入洽谈，签订合约，让企业提供学生实习、联合培养等相关实践机会。与企业深度合作，申请横向研究课题，为企业解决“卡脖子”难题，同时让学生参与到项目的研究过程中，发挥学生的学习热情和专业特长，真正为中国特色社会主义先行示范区的建设培育“融合型”人才。

总体而言，深圳在互联网技术、产业、应用以及跨界融合等方面取得了积极进展，已具备加快推进“互联网+”发展的坚实基础，但也存在传统企业运用互联网的意识和能力不足、互联网企业对传统产业理解不够深入等问题。为提升服务国家重大战略和区域发展的能力和水平，培养“融合型”人才尤为重要。只有真正解决“融合型”人才培养问题，才能充分发挥深圳企业的规模优势和应用优势，推动互联网由消费领域向生产领域拓展，加速提升产业发展水平，增强各行业创新能力，构筑经济社会发展新优势和新动能。争取为构建“互联网+”创业创新、“互联网+”协同制造、“互联网+”现代农业、“互联网+”智慧能源、“互联网+”普惠金融、“互联网+”益民服务、“互联网+”高效物流、“互联网+”电子商务、“互联网+”便捷交通、“互联网+”绿色生态、"互联网+"人工智能等新型城市起到积极的推动作用。"互联网+"下"融合型"管理人才培养模式（见下图）。

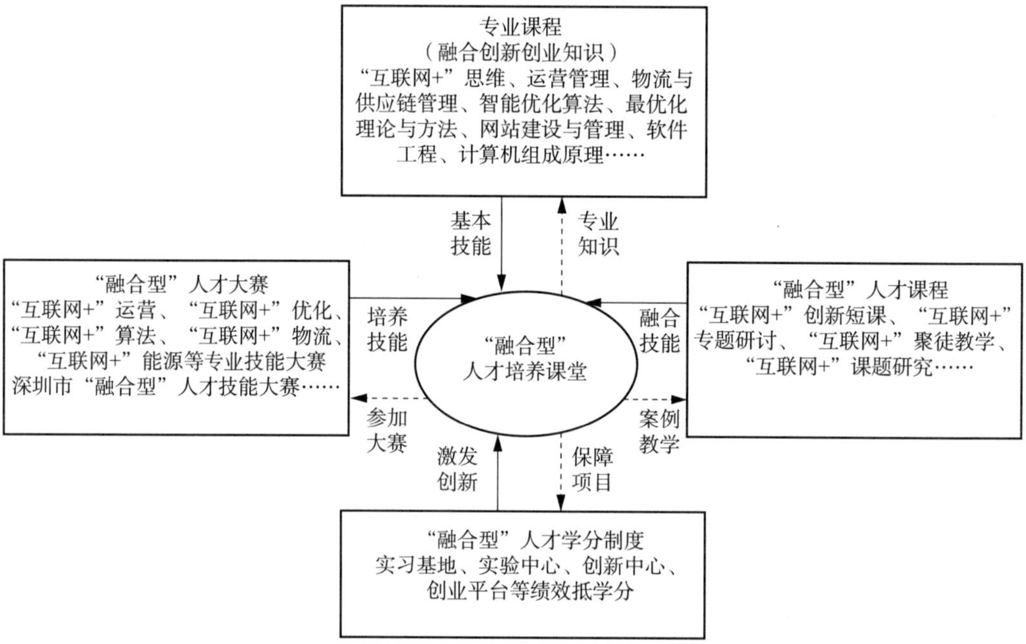

图 "互联网+"下"融合型"管理人才培养模式

四、结论

近年来，我国在互联网技术、产业、应用以及跨界融合等方面取得了积极进展，已具备加快推进"互联网+"发展的坚实基础，但融合型人才严重匮乏等问题亟待加以解决。本文针对"互联网+"环境下高校"融合型"管理人才的培养问题展开研究，分析了新时代培养"融合型"人才的必要性，指出了当前高校管理人才培养中存在的不足之处，并给出了培养"互联网+"环境下"融合型"人才的策略方案，为深圳建设中国特色社会主义先行示范区提供人才智力支撑。

参考文献

[1] 年度十大网络用语公布"为国护盘"等入选［EB/OL］. 网易新闻，2016-05-31.
[2] 新华网评：中国有了"互联网+"计划［EB/OL］. 中国物联网，2015-06-21.
[3] 马化腾两会提案大谈"互联网+"［EB/OL］. 中国物联网，2015-06-21.
[4]"互联网+"激活更多信息能源［EB/OL］. 中国物联网，2015-07-01.

第二编

课堂教学实践

学生上课打瞌睡，教师如何是好

周　南

（深圳大学管理学院市场营销系）

【摘要】 教学的过程应该是教师与学生同乐、共享、共进步的过程。如果大学生上课打瞌睡，如何应对？应该在第一时间，抓住学生的注意力；紧接着，以学生们“喜闻”的内容与“乐见”的形式，一环扣一环，保持下去。

【关键词】 教学研究；学生打瞌睡；师生互动

大学生上课打瞌睡，令教师们感到“头痛”。但是，这要怪谁？如何应对？

2018 年 10 月 19 日，在深圳大学管理学院举办的教学沙龙上，我与参加沙龙的老师们将学生上课打瞌睡归结为三个基本方面的原因：第一，学生疲劳。由于长时间连续学习、睡眠不足等原因，学生大脑兴奋度与体力下降，导致上课打不起精神。第二，教师乏味。教师讲课内容或形式缺少吸引力，学生不想听。第三，教室太闷。教室空气不流通或太热，使人犯困。最糟糕的情况是“三面‘出击’”，课堂秩序全面失控。图 1 中的大圆代表教室，小圆代表学生与教师，中间的心代表“专心”。

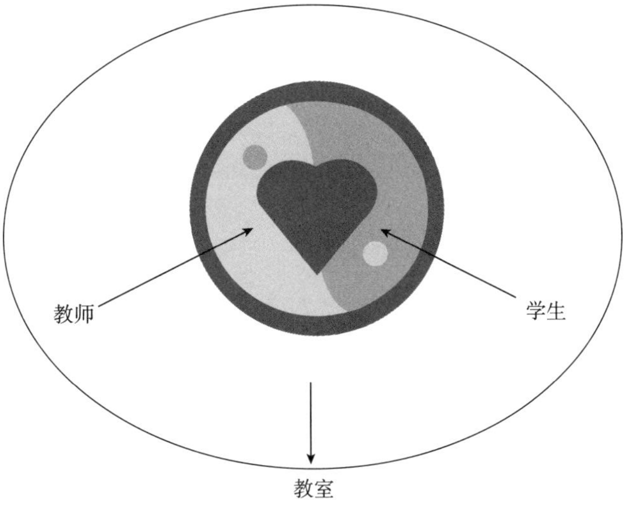

图　教室以及学生与教师的课堂关系示意

一、从专心到分心再到瞌睡

我从未见过一到教室就打瞌睡的学生。开始上课时，学生们应该都是注意力集中的。听着听着，有些学生不想听了。是内容不“重”不“要”，或是讲课形式不“生”不“动”，还是内容没有意义、形式也没有意思？学生对课堂感到“枯燥”，觉得“无聊”（“不想听你聊”），可是又不能离开教室，于是开始走神，“思”和“想”都“开小差”，心不在焉，信手“涂鸦”？慢慢地，神思“恍惚”（精神不集中），视线“蒙眬”（前方人与物变得模糊），神情发呆（视而不见，听而不闻），“累从眼入”，哈欠不断，昏昏沉沉。越困越倦，不知不觉间，“瞌睡虫”（传说中从鼻孔进入，使人打瞌睡的虫子）上身，开始打瞌睡。

为师的，如何是好？我学过一个推动消费者购买的 AIDA 模式，包括四个方面：Attention（吸引注意），Interest（发生兴趣），Desire（带来偏好），Action（采取行动）。结合我们的讨论，应该是在第一时间，抓住学生的注意力；紧接着，以学生们“喜闻”的内容与“乐见”的形式，一环扣一环，保持下去。

二、好的开场白至关重要

本学期营销系迎新晚会上，刘雁妮老师向同学们介绍她教授“社会化媒体营销”后，立即提了一个问题：“中国互联网品牌中，哪一个被外国企业‘山寨’了？”每个同学都想知道答案。她告诉大家：“豆瓣！”接着做了解释。刘老师的问题、答案和解释，都与这个时代的年轻人紧密“关联”，因此立即引起“反响”。人人全神贯注，全场鸦雀无声。这样的“开场白”使人兴奋，大家都乐意听下去。

张蕾老师是深圳大学腾讯教学奖获得者。我询问过她应对学生上课打瞌睡的做法。她说：每堂课开场后，她都会安排几个话题，既贴近课程内容，又贴近同学生活。例如，爱豆、球队、手游等都蕴含着有趣且巧妙的营销设计。她会结合同学们的精神状态，适时地抛出和展开话题，并要求同学们与身边的同学讨论，几分钟后请大家自愿表达观点。这种小讨论可以让同学们从刻板的听课模式中抽离出来，话题接地气、氛围很轻松，也能让困倦的同学借机醒醒神。

我向参加沙龙的老师们介绍了我的一些做法。我经常上课不久就“宣布”：“人人平等，我很快就会提问，你们都有机会回答，不要急。”怎么做到“平等”与“不要急”呢？我一边讲课，一边走来走去，随机提问。有时，在请一个同学回答问题以前，我加一句：“请下一位准备！”到底谁是下一位？无论同学们坐在哪里，都要集中精神。

三、好学生是夸出来的

我有时说：“敢回答我提问的同学，都是‘不怕死’的。不怕死的，请举手！”“重赏之下，必有勇夫。”不仅男同学“不怕死”，女同学举手同样踊跃。总有一些学生的回答令人刮目相看。这时，我带头鼓掌，同学们一定会一起鼓掌。接着我与做出精彩回答的同学握手、合影。这样做，不仅赞扬“成就”，也鼓励“努力”。鼓励与表扬多了，气氛慢慢“热”了起来，学生们会越来越乐于参与，怎么会想打瞌睡？

我有时会出自己的“洋相”，说：“我一直走，太‘累了’，而你们都坐着，这‘不公平’”。于是，我出其不意地坐到讲台或课桌上讲课，并邀请大家拍照。这些“无伤大雅”的“亲民”玩笑，能使同学们“困不了”。（《登山观海：146位管理学研究者的求索心路》一书中有一张我在武汉大学坐在讲台上讲课的照片）。我也唱歌，并邀请大家一起唱。老师快乐，学生会受到感染，师生“同乐”。老师要有共情心（Empathy）。看到有些同学困到确实撑不住，我会说“你小睡一下吧”，甚至要他们离开教室去休息：“少听一些没关系，健康要紧！”

一定要记住，不是“广告好，药就好”，而是“药材好，药才好”（一句广告语）。我在香港城市大学工作时，有一年，我给来自西班牙巴塞罗那ESADE商学院的一群20几岁的硕士生讲中国人的阴阳思维与关系模式。受时差的影响，上课前有些学生们看上去昏昏欲睡，但我讲课时，没有人打瞌睡。超过一半的学生来自我从未去过的地方，例如欧洲、非洲、中东。吃午饭时，我问他们：“有没有听懂我讲的内容？”他们无一例外地回答“没有！”，但是都说“很喜欢”，“来香港就是想学些‘新奇’的东西”。第二年，同一个老师带了另一批学生来，指名要听我讲一样的课。他说，原因是上一年同学们的反映很好，觉得“内容具挑战性”。

参加沙龙前，我问上个学期修过我课的大一同学们：“上课时，你们用什么办法避免自己打瞌睡？”以下是几个回答：“坐在后面，离老师远，会不自觉地走神，逼迫自己坐在第一排，会好很多”，“溜号一两分钟，玩手机提一下神”，“掐自己或者和同桌同学互掐”，“喝一口水”，“回答老师问题”。我还问：“老师可以用什么办法防止学生打瞌睡？”以下是几个回答：“多些互动”，“敲黑板，大家一般会突然惊醒”，“从精神不佳的学生旁边经过，提醒一下，一般学生都还是会给老师面子的”。老师们，有没有想过学生会给出最后这个回答？

最后，我们讨论到，学生是“花朵”，教师是“园丁”。既然是园丁，就要有“花样”（“种花的样子”）。“花”是内容，“样”是形式。由表及里，形式为内容服务（有意思），内容为内涵服务（有意义）。教学的过程是教师与学生同乐、共享、共进步的过程。能做到这一点的老师，是有内涵的表现，在他们的课堂上，学生一定不想打瞌睡。

参加沙龙的老师们还提到一些其他很好的“办法”。篇幅有限，我这里只能算是一个以偏概全的小“汇总”。

（完稿于2018年11月5日。特别感谢：罗文恩，马卫红，刘雁妮，张蕾，陈瑞霞，郑付成，刘纯群，陈韵琪，胡杨洋，黄健彦，黄秋霖，江国芳，李国宝，林晓珍，潘雪怡，魏华，吴雨枫，许浒，余晓文，郑佳仪。）

大学课堂教学变革的约束条件与变革方向选择探讨

何发平

（深圳大学管理学院人力资源管理系）

【摘要】 当今中国大学课堂教学变革有三个难以逾越的约束条件：学生难以参与进课堂中来、课时量不足、使用指定教材。课堂教学的变革方向包括教学内容、教学组织形式、教学方式方法和教学工具手段。

【关键词】 大学课堂教学；变革；约束条件；变革方向选择

学校的核心在课堂，有效的课堂教学是师生期望和努力达到的。中国大学传统课堂教学一直是一种单向的课堂教学模式：老师讲课、学生听讲，我们不断在反思和批评这种教学模式，试图改变和采用新的教学模式，但我们在探索采用新的教学模式过程中发现，有三个约束条件是特别难以逾越的。

一、课堂教学变革的三个约束条件

第一个约束条件：学生难以参与进课堂中来。

任何教学改革没有学生的参与都是空谈。但中国学生学习行为中的一个最大问题是课堂沉默，没有习惯在课堂上与老师互动：既不向老师提问，也不回答老师的提问。这个问题的形成起源并习惯于少儿时期，中小学的应试教育一直采用单向的教学方式：老师讲课、学生听讲，不认可也不提倡学生在课堂上频繁提问和课堂讨论。经历并习惯了中小学的单向教学模式和课堂沉默的学生，进入大学后，自然难以改变，很难在短期内形成积极与老师互动的课堂习惯。要改变这一问题，需要学生在中小学阶段养成在课堂或活动中积极与老师互动的习惯。

第二个约束条件：课时量不足。

一旦改变单向教学模式，采用其他模式，就意味着有很多师生讨论互动类的教学活动，这必然会大大增加课时量，导致不能按照开课前的教学计划进行下去，但我们每门课开学初都有一个教学计划进度表，又必须大致遵守。

第三个约束条件：几乎每门课（除个别公选课外）都有指定教材。

我国的高等教育还存在一个特别过时的制度，就是每门课要有指定教材，而且一般要求是五年内出版的，主讲老师选一本与本课堂相关的教材。有教材，老师授课的主体内容自然不能超越教材的内容框架。西方国家的大学除一二年级的基础课程，老师会指定统一使用的教科书外，高年级的学生基本没有教材这一规定，都是主讲教师自己决定主讲内容，随时可以把本课程的最新研究成果的论文或著作拿到课堂上来讨论，而不必受教材内容的限制。

第二、第三个约束条件的根源在于高校过时的教育制度：每门课要有指定教材和教学进度时间表。

二、课堂教学变革的方向选择

一般来说，课堂教学包含了四个方面的内容：教学内容、教学组织形式、教学方式方法、教学工具手段。

（一）教学内容变革的方向选择

一般一个知识点都由三个层面的内容构成，即理论层面、程序层面以及工具技术层面，理论是因果关系，更严谨地说是因果关系的假设，是做事的指导思想；程序是做事的规则步骤；工具技术是做事的手段方法。比如绩效考核内容，老师首先会讲授绩效考核的概念和一般理论，接着讲绩效考核实施的程序，最后分析绩效考核的各种具体考核方法，即工具技术。目前大学毕业生就业率低，就业后在大学学的知识不适用于工作需要，于是就有人认为大学课堂教学内容要重点传授实用性的知识和技能，即重点讲那些工具技术层面的知识内容。有的大学干脆把自己的教育目标设定为“培养上手快、操作能力强的学生”。其实这是一种错误的观点。

首先，大学的每门课程都有一套完整的知识体系，教师要完整系统地讲解课程，不能断章取义，只挑容易的、有趣味性的、实用性的内容讲，一个知识点的概念、理论以及工具方法等都应该系统地讲解给学生。这点跟社会培训不一样。在社会培训中，培训老师经常只挑选一门课中学员感兴趣的、容易的、实用的内容来讲，以博得学员的上课率和欢迎度；而大学教学却不能这样，一门课的知识，不管内容多么枯燥难懂和让人没兴趣，都应该讲解，不应该为了迎合学生的兴趣而有选择地讲解内容，导致系统的知识支离破碎。

其次，学校不可能完全根据现实的需要来开设课程和进行教学，就算四年大学全部课程都讲实操的东西，毕业时学生满脑子都是实操的知识技能，到工作岗位上也不可能直接用得上，比如，对于绩效考核有很多技术方法，是不是在做绩效考核时就可以很轻松地做好？肯定不是，每一种技术方法都有它适应的企业环境、企业战略和考核目的，这些不同决定了要选择合适的技术方法，怎么选择取决于一个人的学习能力。

再次，大学教育不是给学生多少鱼，而是教学生怎么织渔网、怎么打渔。

最后，从学校到工作的衔接和转型需要的是一种学习能力，即适用、创新和变革的能力，现在一个人的职业生涯是无边界职业生涯和易变性职业生涯，就是一个人不可能一辈子在一个组织、一个职业、一个岗位度过自己的职业生涯，需要在组织之间、职业之间、岗位之间适应转型，而要成功完成这样的转型，关键就在于学习能力。培养学生学习能力是大学四年最重要的教学任务目标，“学习能力决定一切！”

综合性大学课堂教学内容变革包括以下两个方面：

一是课程主体内容以理论为主，有理论才能培养学生的学习能力，知识越具有概括性和抽象性，越能开发学生的思维，越复杂抽象的知识理论，越能培养学生的学习能力。如果我们的教学把主要时间花在传授给学生具体的方法工具上，虽然有助于学生刚就业时适应雇主的动手能力强的要求，但却很不利于学生未来潜能的开发和竞争。当今时代，动手能力强不是雇员的关键能力，头脑中只有大量知识和方法或手上具有很好技能的雇员，如果思维学习能力差，只能应付一时，却很难有很好的未来发展潜力。比如，绩效考核方法有很多，但不同的企业甚至同一企业的不同时期不同情境，适用的方法是不一样的，如果雇员只有每种方法的具体操作知识和技能，却不会根据不同企业的情况、不同情景来运用这些方法，那么这样的知识技能就没有多大意义。在运用每一种绩效考核方法时，更重要的是要知道怎样根据不同的企业、不同的情景来运用这些方法，而且要知道为什么，这是一种能力。

在教学中尽可能给学生传授高度概括性和抽象性的知识，使他们多思考，而不是过多地教一些具体的知识，具体的知识是很难开发学生的思维能力的。

当今时代，由于知识的除旧更新非常快，我们不必在头脑中装入过多的知识，因为任何一个知识点都可以很快在网络和文献中搜索到，如果一个人学习能力很强，他可以在很短时间内熟练掌握多个知识点，知识量已经不是与他人竞争的关键力量了，只有学习能力强的人才能掌握主动权。因此，我们大学教育的主要目标和主要任务应该转向培养能思考、学习能力强的学生，而不是主要培养知识量多、动手能力强的学生。综合性大学与专业性的职业学校教育目标的关键区别就在于：大学培养的主要是“靠头脑吃饭”的学生，而职业学校培养的主要是“靠动手吃饭”的学生。动手能力虽然是能力的组成要素，但不是能力的核心。

有一种说法是，学抽象理论学科的学生学习能力最强，比如学哲学、理论专业的。

二是主讲教师自己决定教学内容，而不应该由指定的教材框定老师的主讲内容，取消指定教材和教学进度时间表是这个变革的前提条件，每门课由主讲老师决定基本内容框架，如果在讲授本课程过程中发现与本课程相关的最新研究成果的论文或著作，随时可以拿到课堂上来讨论，而不必严格受教材内容、教学计划进度表的限制。

（二）教学组织形式变革的方向选择

教学组织形式可以不再像以前一样只有 Group（以班级为整体的群体），可以在班级群体中组成若干个 Team（团队）。最近一二十年，社会各种组织都进行了大小不同的结构再造，企业组织结构从金字塔式组织结构转型到扁平化组织结构，工作单元从群体转型到团队。团队更强调成员合作、自我管理和绩效，在企业组织中，团队一般基于项目、业务线而组成。在学校，班级是群体，班级特别是人数众多的班级中可以有各种团队，班级成员可以基于某个特征、兴趣、学生特点互补或自愿来组成大小不同的团队，对于某些教学项目，可以以团队的组织形式来执行，团队之间可以竞赛。

（三）教学方式方法变革的方向选择

师生讨论等互动类教学活动是教学方式方法变革发展的方向。课堂上不能只有一种声音。在教学活动中，积极鼓励学生与老师互动，包括积极向老师提问和积极回答老师的提问以及追问、讨论，老师提的任何问题都举手要求回答。

在学生进入大学后，若没有形成课堂互动习惯，我们怎样在短期内激发学生积极互动？下面一些建议可以考虑：

（1）提问与回答。老师提问与平时成绩挂钩。比如提一个问题或回答老师的提问，平时成绩记 1 分。

（2）要学生放弃“回答问题要完美有深度”的思想。

先举手再考虑怎么回答，目的是培养上课和活动时学生积极与老师互动的习惯，不在乎自己懂不懂，回答得正确与否。这个学习习惯对一个人今后在校学习和走向社会都有很大的益处，在校学习的好处在于：有助于培养瞬间思维，及时弄懂老师讲的内容。走向社会的好处在于：由于“是金子就会发光”的时代已经过去，当今的时代是一个自我推销、自我展示的时代，一个人要在社会上获得更多的机会，需要推销自己，表现自己，而主动与人互动、主动与人沟通交流是一个非常关键的职业技能和习惯，这会给一个人带来很多好处和机会。

培养与老师互动的习惯需要把握以下两点：一是要放弃“答案要正确和完美”的思想。老师提问，先举手再想怎么回答，不要在乎回答得正确与否，其实老师提问的目的往往不只是希望得到学生正确的答案，而是希望通过提问引发讨论、讲解后面要讲的知识点。这是一个不确定性的时代，任何一个问题都没有唯一和正确的答案，任何一个问题都可以从不同的角度提供答案，比如“2+2=?”的问题，从书写过程来回答，2+2=22 没错，从数量累积来回答，2+2=4 也没错。两个回答都是可行的，只是从不同角度提供答案。长期以来，我们习惯了唯一性的答案，但现在我们无法判断哪个角度提供的答案就是唯一正确的。除了公理具有唯一性（如地球绕太阳公转、人会死），几乎没有一个问题只有唯一的答案。二是提问要积极，我们的环境不缺乏答案，我们缺乏的是问题。

（四）教学工具手段变革的方向选择

2000 年前后，中国大学课堂兴起了 PPT 教学工具，老师已经很少用粉笔写板书了。2010 年前后，移动互联网和智能技术在中国开始得到广泛运用，现代互联网技术教学方法与传统教学方法具有各自的优点。

移动互联网植入教育领域，对教育最大的变革影响集中在以下三方面：

（1）教育的可移动性。以前人们受教育一般有固定的物理空间（教室、课桌）、固定的时间、固定的人群（老师、学生），但智能技术运用让教育变得可移动了，可以随时随地地学习，既可以在物理空间（教室）学习，也可以在虚拟空间（线上）学习，传授者和接受者还可以变动。

（2）教育的群体性。以前人们受教育具有个体性特点，由固定的老师教授固定的学生，现在一个老师授课，可以让成千上万人聆听。

（3）教育的个性化：以前我们也提倡因材施教，但毕竟一个老师要面对众多学生，难以做到个性化教学，今天，学生可以根据自己的特点和需要来选择接受教育的内容和方式（类似自助餐）。

传统的教学方法的优势在于以下四方面：

（1）传统教学方法更注重内容重要于技术方法。传统模式下，老师上课都是自己把要教授的内容理解、记忆下来，往往要看很多书，掌握很多内容，然后在课堂上讲给学生听。而现在借助现代技术，特别是 PPT，老师把所授内容做 PPT 上就可以了，不需要记忆所授内容。所以，借助现代技术授课容易出现技术方法比内容重要的弊端。

（2）传统教学方法更注重过程，而不是结果。传统模式下，老师上课会把知识点分解出来，一步一步讲给或演算给学生，特别是数学公式、化学物理方程，是一定要有演算过程的。而借助现代技术上课，很快就出现结果，虽然也可以分解出过程，但还是没有老师把过程通过黑板板书逐句解释讲解出来好。所以，当今还有很多世界名校禁止老师用 PPT 上课。

（3）传统教学方法更注重课堂上的人际互动。传统教学方法更注重把学生的注意力集中在老师身上和嘴巴上，及时与老师互动。而借助现代技术上课，学生的注意力基本就在屏幕上和自己的 APPAI 上（有的课程要求学生自带一个 APPAI，与老师同步）。

（4）传统教学方法要求学生上课记笔记。传统教学模式下，老师基本都要求学生带笔记本上课，记录老师上课的重点，学生记笔记的过程其实也是一个对内容思考和总结的过程。而借助现代技术上课，已经看不到学生记笔记，只看到学生拷贝课件了，学生容易形成“我上课不一定要认真听课，课后看课件就可以”的思想。中国 20 世纪八九十年代的中学生、大学生，几乎人人都有每门课的笔记。而现在的学生只有 U 盘，很少有上课笔记本了。

在教学工具手段的变革方向上，虽然使用 PPT 成为主要工具已经定型，但适当的板书讲解还是需要的，不能完全放弃传统教学工具手段。同样的内容，用板书讲解会更详细清晰，当然所用的时间也会更长。

课堂教学环境下自主教学模式的构建、实践与反思

吴小灵

（深圳大学管理学院市场营销系）

【摘要】近年来，随着信息技术的发展，国内外逐渐兴起翻转课堂和MOOC课程，这是对传统课堂教学的一种改革，对激发和培养学生的自主学习能力起到了积极的作用。但目前仍然有大量课程的教学是在传统的课堂环境下进行的，那么如何在课堂教学环境下培养学生的自主学习能力呢？本文在对相关理论进行梳理的基础上，根据笔者在教学活动中对自主教学模式的实践，提出了"1+3自主教学模式"，从培养学生的自主学习认知、自主学习驱动、自主学习方法与策略、自主学习评价与反思四个方面对教学活动进行了设计与实践，并对其中存在的问题进行了反思，为进一步改进教学效果提出了一些意见及建议。

【关键词】自主；教学模式；课堂教学

一、问题的提出

教学模式也称为学习模式。自主学习早已成为教育学界的共识。国内外学者在理论与实践领域均早已进行了长达几十年的研究与探索。但在国内升学体制没有根本转变的倒逼下，大多数学生在中小学阶段皆未真正培养出自主学习的能力。这种能力的缺失使得很大一部分学生在考上大学以后，由于升学压力的完全释放，导致缺乏继续学习的内在驱动力；十几年苦行僧式的埋头苦学，碾压了他们的学习兴趣；以听为主的填鸭式教育让他们早已习惯了被动的学习方式。而大学是学生进入社会前最后一个塑造学生的机会，尽管终身学习的理念越来越被大家所接受，但在大学阶段帮助学生建立起自主学习的能力，对于他们今后践行终身学习就显得非常重要和紧迫了。

从外部环境来看，随着信息社会的到来，信息与知识获取的渠道与途径非常多样及便捷，教师不再是学生唯一且最重要的渠道，这为学生自主学习的实施提供了充分的条件。近年来，国内外翻转课堂和MOOC课程的兴起，正是充分利用信息技术对传统课堂教学的一种改革，对激发和培养学生的自主学习能力起到了

积极的作用。但是，这样的教学模式并不适用于所有的课程[①]和所有的学生，美国大学在实施翻转课堂教学模式时就出现了一些问题[②]，包括学生出勤率低、不能保证课前观看课件、课下花费时间不足等。翻转课堂需要学生花费时间在课前自学，内在学习驱动力不足的学生常常不配合，导致课堂上知识外化达不到预期效果，尤其在小组学习中会严重影响整个团队的运作。MOOC 课程需要高质量教学短视频，目前视频共享平台的搭建尚处于起步阶段，教师缺乏自制视频的经验和能力，肢体语言僵硬，对学生缺乏吸引力，效果反倒不如面对面的课堂教学。目前仍然有大量课程的教学是在传统的课堂环境下进行的，这也从侧面反映出新教学模式被广泛接受和采用还需要一个过程。

因此，在传统的课堂教学环境下，如何激发和培养学生的自主学习能力就成为当下亟须解决的问题。本文通过对相关教学理论的梳理，结合笔者在教学活动中对自主教学模式的实践，对传统课堂教学环境下如何建构自主教学模式、培养学生自主学习能力进行一些有益的探索，为进一步提升教学效果做出努力。

二、相关的理论综述

（一）自主学习的内涵

对于自主学习及其本质特征的研究，国外以维果斯基为代表的维列鲁学派认为，自主学习本质上是言语内化的结果，是内部言语对学习的指导和控制；以斯金纳为代表的操作主义学派认为，自主学习是基于外部环境的奖赏或惩罚所做出的一种应答性反应；以班杜拉为代表的社会学习理论从行为、环境和个体内在因素三者之间的交互作用角度来解释自主学习；以弗拉维尔为代表的建构认知主义学派认为自主学习实质上是元认知监控的学习[③]。

在上述几派观点的基础上，国外学者 Zimmerman[④] 将自主学习界定为：学生在元认知、动机和行为三方面都积极参与的学习。国内学者强调学生在学习中的主体性地位，庞维国[⑤]认为应该从学习的维度和过程两个角度来定义自主学习，其中维度包括：自我驱动的学习动机、自我选择的学习内容、自我调节的学习策略、自我计划和管理的学习时间、主动营造的有利于学习的物质和社会条件、自我判断和评价的学习结果；而过程则包括：学前目标与计划的自我制定与准备，学中对学习进展与方法的自我监控、反馈与调节，学后对学习结果的自我检查、总结、评价与补救。

---

① Jeremy Strayer. How Learning in an Inverted Classroom Influences Cooperation, Innovation and Task Orientation [J]. Learning Environments Research, 2012 (2).

② 何朝阳，欧玉芳，曹祁．美国大学翻转课堂教学模式的启示［J］．高等工程教育研究，2014（2）．

③ 庞维国．论学生的自主学习［J］．华东师范大学学报（教育科学版），2001（6）．

④ B. J. Zimmerman & R. Risemberg. Self-regulatory Dimensions of Academic Learning and Motivation. Handbook of Academic Learning [M]. San Diego: Academic Press, 1997: 105-125.

⑤ 庞维国．论学生的自主学习［J］．华东师范大学学报（教育科学版），2001（6）．

综上所述，笔者认为自主学习是由学生主宰的学习方式和学习过程，学生应该树立明确的学习目标，并在目标的驱使下对整个学习过程进行持续性的自主管理，并不断进行评价与反思，从而不断地调整学习目标、改进学习的方法与策略，提升学习效果。

（二）自主学习的条件

那么，是不是每个学生都能进行自主学习呢？

第一，大量的实证研究表明：自我效能感是影响学生自主学习的一个重要变量。Zimmerman① 发现自我效能感通过直接影响学习的目标等级从而间接地影响学业成绩。Multon② 的研究结果表明，自我效能感与学业成绩的相关系数为 0.38，14%的学业成绩变异可以归因于自我效能感。

第二，研究还发现学习目标可以引导学生对学习进行自我调节，会影响学生对学习任务的选择、坚持性和努力程度。Pintrich③ 发现采用掌握性目标的学生更多地使用自主学习策略。

第三，个人归因也会影响自主学习。把成功归因于能力和努力，把失败归因于可以改变和纠正的原因的学生更容易激发自主学习。

第四，Corno④ 等认为意志控制力强的学生更能坚持自主学习。

第五，国内学者庞维国⑤在国外研究的基础上，增加了会学这个变量对自主学习的影响。他认为，自主学习的学生应该具备四个必要条件：能学、想学、会学和坚持学。能学强调学生要有较强的自我意识，能把学习作为意识对象，对自己的认知活动进行自我监控和调节；想学就是要解决学习动机的问题，其与自我效能感、价值意识、目标定向、学习兴趣等密切相关；会学是要掌握一定的学习策略，包括一般性学习策略和具体学习策略；坚持学就是学生在学习中遇到困难或懈怠时，要有意志力坚持下去，意志力比动机更具维持功能。

（三）自主学习的目的

建构主义（constructivism）最早由瑞士心理学家皮亚杰（Piaget）提出，其后维果斯基、奥斯贝尔、布鲁纳等先后对其进行了发展和完善。建构主义学习理论⑥强调学生

---

① B. J. Zimmerman & R Risemberg. Self-regulatory Dimensions of Academic Learning and Motivation ［A］ //Handbook of Academic Learning ［M］. San Diego：Academic Press，1997：105-125.

② K. D. Multon. Relation of Self - efficacy Beliefs to Academic Outcomes：A Meta - analytical Investigation ［J］. Journal of Counselling Psychology，1991（38）：30-38.

③ P. R. Pintrich. The Role of Goal Orientation in Self-regulated Learning ［A］ //Handbook of Self-Regulation ［M］. San Diego，CA：Academic Press，2000：451-501.

④ L. Corno. Self-regulated Learning：A Volitional Analysis ［A］ //Self-regulated Learning and Academic Achievement ［M］. Berlin：Springer，1989：111-142.

⑤ 庞维国. 论学生的自主学习［J］. 华东师范大学学报（教育科学版），2001（6）.

⑥ 司显柱，赵海燕. 建构主义教学模式视阈中的大学英语课程设计［J］. 外语电化教学，2013（5）.

是学习的主体，是认知和信息加工的主体，是知识意义的主动建构者。学生获取知识的多少取决于自身根据经验和努力构建意义的能力，教师在这一过程中只起促进和帮助的作用，因此每个学生的意义建构都可能是具有差异性和个性化的。这种学习理念颠覆了传统的以教师为主体、学生被动接受教师灌输和传授的知识的教学模式，教学不再是传授“客观知识”，而是通过创设一定的情境，引导学生质疑、探究、对话协作并建构意义的过程，学习的目的不是占有固有知识，而是通过自主学习去外化知识、创新认知。

（四）自主学习的实现

自主学习是通过自主行为来学习的一种方式，强调“做中学”和“学中做”，本质上就是体验式学习方式。体验学习是20世纪70年代在美国兴起的以学习者为中心的学习方式。在皮亚杰和布鲁纳思想的启示下，Kolb① 创立了体验学习理论，他把人类的学习活动描述为四个阶段的循环周期，即具体体验—观察与反思—形成抽象的概念和普遍原理—在新的情境下检验概念的意义。根据体验学习理论，自主学习的过程就是自主学习能力培养的过程。学生通过“做中学”，即在学习中运用自主学习的方式去学习，就能逐渐培养出自主学习的能力。王嘉毅等②认为，体验学习式的教学应该包括以下几个特征：鼓励学习者寻求自我体验和自我发展而非横向比较；选择真实生活作为学习对象；倡导以综合活动为特征整体性吸收知识经验而非孤立地背诵答案的过程；营造超越课堂和学校，从社区、家庭和社会中学习的环境；强调质的感悟而非量的增加的学习结果。

三、自主教学模式的构建

教学模式可以定义为在一定教学思想或教学理论指导下建立起来的较为稳定的教学活动结构框架和活动程序。作为结构框架，突出了教学模式从宏观上把握教学活动整体及各要素之间内部的关系和功能；作为活动程序，则突出了教学模式的有序性和可操作性③。基于上述相关理论的梳理，本文结合目前国内大学生的学习现状，从结构框架和活动程序两个方面将自主教学模式构建为“1+3 模式”，如图 1 所示。

---

① D. Kolb. Experiential Learning: Experience as Sources of Learning and Development [M]. Prentice-Hall, Englewood Cliffs, 1984: 80-85.

② 王嘉毅，等. 论体验学习 [J]. 教育理论与实践，2004，24 (12)：44-47.

③ https://baike.so.com/doc/2894414-3054494.html.

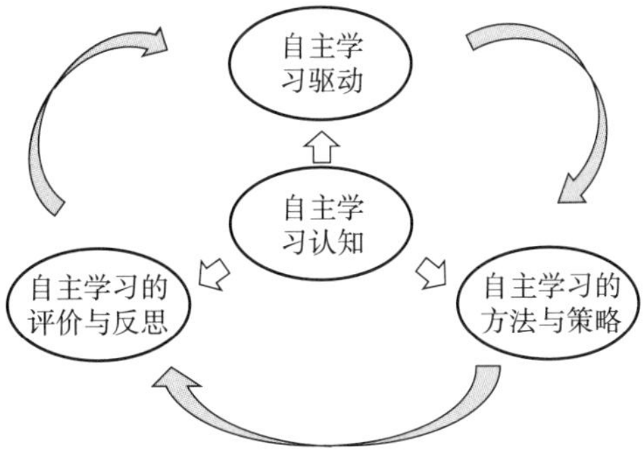

图1 自主教学“1+3模式”

“1”是指自主教学模式取得成效的基本出发点或前提条件，即学生的自主学习认知观。学生首先要了解并认同自主学习的教育理念，包括：什么是自主学习？它与传统教学模式的主要区别是什么？为什么要进行自主学习？教师和学生在自主学习中分别扮演什么角色？怎样才能很好地进行自主学习？如何检验自主学习的效果？等等。观念决定行为。对自主学习的认知度和认同度将极大地影响学生进行自主学习的能动性，减少旧的学习习惯和方式所带来的阻力。

“3”是指开展自主学习的三个主要结构和程序性要素：自主学习驱动、自主学习的方法与策略、自主学习的评价与反思。自主学习是一种自我驱动的学习方式，没有强烈的内在和外在驱动，学生就缺乏启动和维持自主学习的动力，尤其是在自主学习的课堂上，教师还课堂于学生，很多时间都交由学生自己支配，如果缺乏足够的驱动，人浮于事、偷懒、效率低下等问题将难以避免。尽管学生内在的动机会驱动他们的学习行为，但Dembo等①认为，教师、结构性活动、奖赏以及与其他同学的互动会影响学生个人的学习目标和任务执行的行为意图。因此，在绩效评价中引入社会比较和竞争机制，即在任务完成中超越他人，尤其是当任务设定得有趣、有意义、有挑战性、真实（与现实生活紧密相关）时，将更有助于提高自主式学习导向。因此，学习活动中，教师可以通过设定小组学习任务、引入竞争机制与协作机制来激发学生的学习热情。同时，创设真实的生活情境，让学生可以基于具体的生活经验或进入真实的生活场景中去体验、观察、反思与检验，从而对知识进行体验学习。另外，基于学生差异和建构主义学习理论，可以设置多个不同难度和场景的学习任务，学生可以根据自己的水平、自我效能感、学习兴趣、生活经验等进行不同的任务选择，然后将选择相同任务的同学组成一个小组，以小组为单位来执行任务。

解决了学习驱动的问题之后，接下来就要解决“会学”的问题，即采用适当的学习方法和策略来最大化自主学习的效果。如前所述，庞维国认为学习策略分为一般性

---

① M. H. Dembo & M. J. Eaton. School Learning and Motivation ［A］ //Handbook of Academic Learning ［M］. San Diego：Academic Press，1997：65-103.

学习策略和具体学习策略。一般性学习策略包括目标分解、时间管理、内容理解、情绪调控等；具体学习策略包括做笔记、复述、列提纲、做小结、画图等。因此，组成学习小组后，首先应该让小组成员通过协商进行任务分解和分配，制定相应的学习计划和执行时间表，明确互动沟通的时间、方式和渠道，正式启动自主学习。然后，每个学生根据自己所承担的任务内容，独立地通过各种线上线下的渠道进行信息加工与管理，包括收集、整理、选择、分析和利用所获得的信息，建构自己的知识意义，形成相应的解决方案。在此过程中，学生和教师可以通过微信等社交平台进行即时互动，学生也可以通过 Blackboard 等教学平台查看课件，或自行在网络上搜寻相关资源，教师则在如何利用网络、如何甄别网络资源的权威性等方面提供指导。这个过程替代了传统的教师主讲、单方面灌输的教学活动，真正地让学生投入自主学习之中，更好地满足学生个性化、发散性、创新性的学习需要。

为了帮助学生养成好的学习习惯，教师可根据学生对具体学习策略的掌握及应用情况，要求学生在教学平台上提交他们的学习笔记，并纳入成绩的过程性考核之中。在小组成员的独立学习完成之后，小组应根据预定的时间表进行互动协作，尽管互动的方式和渠道学生可以自由选择，但为了避免部分学生只有分工没有协作、只单方面提交自己的书面材料而不口头阐释自己的观点等问题，教师可利用一部分课堂时间让学生进行面对面的沟通，通过思想的碰撞激发新的火花。在这个过程中，教师作为“隐形”观察员，通过巡听巡视来了解各组的学习情况，并适时给予指导和帮助。

自主学习的一个重要构成是元认知，即对认知的认知。因此，学生自己对整个学习过程的自我监控、评价、反思和调整是自主学习不可或缺的一项内容。每次任务完成以后，教师应要求学生进行自评，将自评的重点放在纵向比较即学生的个人成长上，让他们将学习前后的认知进行对比，将收获与目标进行对比，将执行情况与计划进行对比，从中看到自己的进步与不足，为下一轮的自主学习改善提供借鉴。不做横向比较的好处在于尊重学生的个体差异，保护学生的自我效能感，对驱动自主学习发挥积极作用。同时，也可以就组内合作情况让学生进行互评，帮助学生认识到互动合作中存在的问题以及团队运作中存在的问题，为进一步提升合作成效指明方向。当然，考虑到中国文化的特质，为了获取真实的互评，避免互评对成员关系的消极影响，互评可采取背靠背的形式，由教师进行统一收集、整理和反馈，并且尽量避免与成绩评定挂钩。此外，师评也非常重要，教师通过对学生自主学习过程的观察，依据学生任务完成的情况以及自评与互评中存在的问题，对共性问题进行统一评讲，对个性问题进行单独反馈，因材施教、因势利导，最大限度地提供个性化教育服务。

四、实践与反思

笔者在服务营销这门课程的教学中对上述自主教学模式进行了应用，下面结合自己的实践谈谈相关的课程设计。

（一）学生自主学习认知观的培养

正如前文所讲，学生对自主学习方式的采用和坚持取决于他们对自主学习观的认知。为了体现自主学习中自我探究的精神，笔者摒弃了传统的理念宣讲的方式，在每学期的第一节课采用问卷调查的方式引导学生对习以为常的传统学习方式进行反思，启发他们对自主学习方式产生探究的兴趣，并对两种教学模式进行比较。调查问卷的内容是在综合上述研究者①的观点的基础之上，从知识观、学习观、教学观、师生关系、学生角色、教师角色、教学目标、学习过程、成绩评定等方面进行设计，主体内容维度如表 1 所示。调查表采用李克特量度表，让学生根据自己的认同度勾选相应的答案。这样一方面可以了解学生对自主学习的认知现状，有针对性地对认知度低的维度进行讨论；另一方面在回答问卷的过程中启动学生对这些问题的思考。

表 1 学生自主学习认知观调查维度表

维度	传统教学模式认知	自主学习认知
知识观	知识是客观的、静止的、确定的	知识是主观的、动态的、情境化的
学习观	学习是接受—保持—回忆的过程	学习是质疑—探究—建构和协商的过程
教学观	教学是传递客观知识的过程，是对学生施加控制的过程	教学是创设有助于学习探究、意义建构、交流协商的学习情境和学习共同体，并提供学习支持的过程
师生关系	权威—依存关系	平等—互动对话关系
学生角色	被动、接受者	主体、建构者
教师角色	知识的传授者、灌输者	学习活动的组织者、指导者、促进者和帮助者
教学目标	系统掌握各学科的理论知识	知行合一，知识建构和问题求解
学习过程	以“教”为中心，先讲后学，统一的标准化模式	以“学”为中心，先学后讲，以学导讲，差异化的个性化模式
成绩评定	结果性评价，统一单一的评价标准	过程性评价，自评、互评和师评相结合

（二）自主学习驱动

自主学习的采用与坚持在很大程度上依赖于学生的内在驱动，但正如前文所述，并不是每个学生都适合进行自主学习，研究结果表明，自我意识强、自我效能感高、学习目标明确、对课程感兴趣的学生通常更具有自主学习导向。因此，服务营销作为一门选修课，在选课阶段帮助学生根据自己的情况做出正确的选择，不仅会影响他们自己的学业表现，而且对课程整体的运作以及其他同学也会产生很大的影响。因此，通过问卷调查，在学生对自主学习形成一定认知和认同度的基础上，笔者向学生明确提出本课程的学习模式，如图 2 所示。这样，学生在最终选课之前就能清楚知道本课程的教学模式，自己在学习中应该扮演的角色，从而根据自己的接受度、自我效能感等做出恰当的选择。

---

① 司显柱，赵海燕．建构主义教学模式视阈中的大学英语课程设计［J］. 外语电化教学，2013（5）.

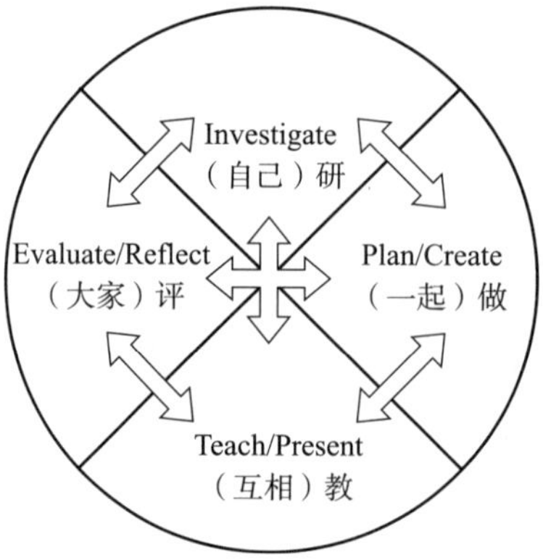

图 2　学生自主学习模式

此外，除了内部驱动外，外部驱动也会产生积极的效果。服务营销这门课到目前为止主要采用了两种外部驱动方式：一是任务驱动，即在做中学。任务大多来源于现实生活，是具体的、待解决的问题，相较于抽象的理论知识的灌输，学生的任务执行倾向和投入度更高，驱动性更强。二是小组组建，以团队为单位执行任务。如上所述，互动协作会驱使学生有更高的行为意图。即使有时候个人会有所懈怠，但在小组其他成员的带动和推动下，自我驱动力会更高。例如，在“服务产品”这一章，我们设定的任务是开发和设计一个新服务。学生根据自己的兴趣，首先以个人为单位，独立地生成创意，在课程微信群发布自己的创意（可多个），寻找志同道合的创业伙伴，组建创业团队，精选创意。然后以团队为单位，开发和设计新服务，包括：发展和测试产品概念、开展商业分析、产品开发和测试。最后制作一个 PPT 形式的商业计划书，每个团队选派代表或全体上台进行产品说明，老师和其他组的同学充当投资人，对方案进行质疑，并按照一定的评价标准对每个组的新服务方案进行打分，选出一个除本组产品外的“最具投资价值的新服务产品”。为了完成这个任务，学生必须了解什么是服务、服务产品的构成以及如何开发和设计服务，这些在传统的教学模式中由老师灌输的知识点，成为学生主动搜索、探究、加工、应用的信息，促成“知行合一”。

（三）学习方法与策略的养成

基于大部分学生自主学习习惯欠缺，学习方法与策略尚不成熟，笔者对学习过程进行了相对较多的控制。对一般性学习策略，笔者要求学生每次完成任务后必须提交小组合作学习记录和评价表，要求写明每个小组成员的分工内容和工作量比例，逐次记录小组的每一个活动，包括活动时间、主题内容、参与人员、参与方式与渠道等。这对任务的分工与分配、时间管理、组织管理等能力的培养起到督促和引导的作用。在具体的学习策略方面，要求学生做好参考文献的记录与标注，在最后提交的任务报告中作为一种规范性要求。这对于锻炼和培养学生的文献收集、整理能力，开展探究式的自主学习至关重要。同时，通过组内互动沟通、课堂陈述、质疑与释疑等多种方式，锻炼和培养学生的逻辑思维、语言组织、口头表达、身体语言应用、倾听等多方面能力，由知识灌输向能力培养方面转化。例如，在“服务营销导论”这一章，针对学生对“服务营销”这个概念普遍存在的认知混淆与不足的问题，老师提出“服务营销是否只适用于服务业”的主题探究，学生以小组为单位，对问题进行剖析，分解任务、制定小组合作计划日程；然后以个人为单位，独立地采用适当的方法收集、记录相关信息，形成对问题的个人认知；再按照小组合作计划日程，进行组内意见交换、充分讨论，形成小组的统一认知，并在下次课前制作完成 PPT，确定一位主讲人，由主讲人在课上进行小组组间分享。除主讲人外，其他成员（聆听人）到他组聆听并记录他组主讲人陈述的主要观点。聆听人回到本组后，尽量准确、全面地转述他组的观点。小组在全面了解其他所有组的观点之后，对其进行评价，并对本小组之前形成的观点进行反思，如有必要则进行相应补充修改。在这次任务设计中，学生的组织能力、时间管理能力、信息收集与加工能力、互动沟通能力、批判性思维能力都得到了很好的锻炼。

（四）学习评价与反思

在自主学习的教学模式中，教学效果的衡量不再是单一的结果考核和横向比较，而是更加注重过程性评价和学生的自我成长。这对于促进学生享受学习的过程、看到自己的进步从而不断提高自我效能感、坚持自主学习至关重要。因此，在学习成果评价中，我们采用了学生自评、互评和师评相结合的方式。在任务完成后，首先让学生对自己在任务执行中的表现进行自我评价，同时对小组其他成员进行评价。自评与互评采用相同的评价维度，包括学生通过自主学习建构的相关知识、对任务的热情与执行情况、对自己所承担的任务的完成度、在小组活动的表现和基本出勤这几个方面，如表 2 所示。为了获取真实的互评，互评采用背靠背的形式，即由学生独立完成并直接提交给老师。无论是自评还是互评，老师都要明确告诉学生：该评价不直接影响成绩的评定，主要目的是帮助学生和老师了解合作学习中存在的问题，以便进行相应的改进。

表 2　小组合作个人表现评价标准

评价指标	不满意	差	一般	好	优秀
1. 知性：理解和掌握相关知识的程度	0	5	10	15	20
2. 投入度：对研究主题始终保持热情与关注，无须催促即能积极、主动、自觉地完成任务	0	5	10	15	20
3. 可靠性：按时、保质保量地完成并递交自己的任务，是可信赖的组员	0	5	10	15	20
4. 参与度：每次讨论都积极表达自己的观点和意见，并认真听取其他同学的观点和意见，引导展开有意义的讨论	0	5	10	15	20
5. 出勤：按小组计划日程准时参与小组活动的情况	0	5	10	15	20

除了量化个人表现，自评还有一个更为重要的内容就是反思。例如，在导论中对“服务营销”的主题探究结束以后，要求学生提交最终（组间分享后）形成的小组PPT，并且说明：其他组的哪些观点是他们不赞同的？为什么？他们在组间分享后对本小组PPT做了哪些修改？为什么要做这些修改？除了对知识的重新建构以外，还要求他们对自主学习的方法和策略进行反思，如小组分工是否合理、时间管理是否得当、下次可以如何改进等。

在自主学习中，老师虽然不再是主导者，但老师作为经验更加丰富的学习者，所起的指导和帮助的作用是毋庸置疑的。师评是对学习的及时反馈，可以帮助学生更客观、全面地对自己的认知进行再认知，因此在自主学习中也是不可或缺的。首先，老师应该对学习过程进行监管，这个监管不是按照老师的设计进行严格控制，而是随时随地了解学生的进展情况、采用的方法策略、互动合作问题等，并在必要时即时干预，保证小组的运作不会脱轨。采用的方法有：线上即时的沟通渠道，保证对学生有问必答，给予个性化辅导；线下巡视巡听，观点产生分歧时可以加入讨论，提供建议，引导学生进行更深入、理性而热烈的探讨。其次，对于学生提交的书面材料，应该认真批阅，给予学生明确细致的反馈，指出存在的问题和改进的方向。对于课堂陈述，老师不仅要组织和鼓励同学提问，并且要充当主要的质疑者，用问题导向引导学生进行批判性思考。

通过在教学中引进上述的自主教学模式，笔者发现学生的学习热情与兴趣有较明显的提高，课堂气氛轻松而热烈，课堂低头族基本消失。学生更勇于提问和互动沟通，语言表述、逻辑思维以及批判性思维能力都有不同程度的提升。师生关系更加融洽，师生互动也更多了。但是，自主教学模式在现阶段的推行中也存在如下问题：

（1）课下花费时间较多。学生在课下需要花费较多时间进行信息收集、整理和加工，一些小组活动也常常需要在课下完成。驱动力不够的同学不配合，会阻碍整个小组的运作；即使驱动力强的同学，在课业高峰期也会觉得不堪重负。另外，老师在下课后常常要在线答疑、提供个性化辅导、批改作业和反馈，而这些均未能反映在工作量的计算中，老师为了完成工作量不得不多上课，从而压缩课外师生互动的时间。这种重量不重质的粗放式管理模式在高等教育中是否适当？高校管理者应该进行反思。笔者认为，在现行教学管理体制不变的情况下，一个可能的解决方法是适当提高自主教学课程的学分和工作量计算，真实反映课外学生和老师的付出，让教学由量变到质变，由知识灌输向能力培养转化。

（2）小组组建的问题。在小组组建中，我们通常是以共同兴趣为组建原则。但在实际操作中我们发现，学生的个性、人际交往能力、彼此间的熟悉度等因素常常影响小组的运作。反过来，如果让学生自由组队，他们在选择任务时又常常需要牺牲个人兴趣，也会影响后期任务执行。为了培养学生的适应能力，提升他们跟不同的人合作的能力，笔者觉得可以采用不固定小组的组建方式，即每次任务都可以重新组队，这样每个同学都有机会选择感兴趣的任务，以及脱离不能融入的团队。

（3）学生的自主学习习惯不能一蹴而就。尽管通过自主教学模式的实行，部分学生开始接受和使用自主学习的方式，但长期以来的应试教育使很多学生习惯了听一听、考一考的被动学习模式，他们觉得自主学习占用时间多，因而课下偷工减料，导致学习效果不佳，甚至影响小组运作。因此，仅在高校的少数课程推行自主教学模式任重而道远。笔者认为，在中国开展自主学习应该从小抓起，改革现有的升学体制，从小注重学生兴趣培养、自主意识培养、自我探究精神培养、自主学习习惯培养，大学阶段才能自如地、自觉地进行高阶的、深入的研究与学习。

总之，在信息社会，信息与知识获取的渠道非常多样及便捷，教师不再是学生唯一且最重要的渠道，因此二者在教学活动中的地位和角色都应该顺势而变。教师由主体变为客体，由主导变为指导，学生由被动变为主动，是自主式教学模式的重要表现。教学的目的应该从知识的灌输转化为能力的培养，教学活动的过程由客观知识的传播转化为个性化、创新性的意义建构，教学效果的评估由重结果转化为重过程。只有这样，才能真正培养出独立的、具有探索精神的创新型人才。

基于试点的“本科生发文章”教学改革创新探索

傅浙铭[1]　李　云[2]

（1. 深圳大学管理学院市场营销系；2. 深圳大学管理学院 EDP 中心）

【摘要】写作、发表学术性文章是本科学生提升素质和能力的有效手段，但在实际执行上却困难重重，一直无法达成规模性的成果。本项教学改革创新通过分析“本科生发文章”的各项因素，提出了偏于知识应用的写作方向，并将发布平台调整为国内一流电媒的专业板块，从而实现“五赢”。

【关键词】教学改革；学术性教学；本科生；专业文章写作

一、教学改革背景

推动、鼓励本科学生发表学术性文章一直是深圳大学管理学院教学改革创新设计的重大理念，虽然始终在做出各种努力，但效果不尽理想，主要原因是：优质平台够不着，劣质平台没意思。

没有人甘心把辛辛苦苦写出来的文章发表在花钱又丢人的烂刊物上，然而，要写出够水准的文章又谈何容易！本科生尚未接受完整的学术研究训练，指导教师必须手把手地从零开始教，结果是就算累到吐血，文章还是四不像，比自己动手还辛苦，加上发表成本过高、周期过长，广大老师和同学都是满满的挫折感，有人甚至戏称这是本科生教学改革中的“哥德巴赫猜想”。

其实，挫折感主要来自传统上的规则设定：论文必须发表在纸媒专业平台才算数。根据诱因理论，既然规则如此，人们就只有调整适应才能获得认可。殊不知，当年的规则制定者的世界中只有纸媒啊！前辈无错，后来者却萧规曹随，刻舟求剑，误人误己。

再者，优质纸媒平台由于数量少、容量小，倾向于刊登前沿性学术研究成果，这是无可非议的，但是，除了前沿研究之外，尚有大量领域需要把高深研究转化为实际生产力的知识应用类的专业文章的传播和引领，企业管理人员迫切需要“2020—2022数字传播营销七大趋势”“用户体验的六个陷阱”“品牌资产增值的三大最新策略”，公共管理部门需要“投诉处理的六大心理技巧”“优质服务系统层面设计基本策略与技巧”，服务行业需要“客户数据分析的基本框架”“会员管理的三个最新技巧”，等等，这些知识应用领域人数庞大、需求强烈，而且直接影响我国各行各业的发展质量和速度。

不得不说，在这方面，纸媒平台是乏力的，也远远没有起到应有的作用，导致无数优秀研究成果明珠蒙尘，令人叹息。

实际上，就知识应用领域而言，在21世纪，有一类新平台（其实已经不新了，只是一直被知识界所忽视）无论在知识传播度、社会影响力，还是自我成就感、教学激励性等方面都毫不逊色，那就是国内超一流的电子媒体平台，如搜狐、新浪、网易、腾讯、头条等。

相对优质纸媒期刊，电媒平台专业板块（不是传统认知上的网文、八卦类文章，而是聚焦在经济、管理等领域的专业性较强、教育功能较强的专业板块）具有发文周期短、发文容量几无上限、受众数量远远超过传统纸媒、读者遍及社会各阶层、知识扩散成本几乎为零等优点，同时也有门槛低、审核松、商业性过强导致的鱼龙混杂、良莠不齐、口碑低下等缺点，但不可否认的事实是：电媒已经在知识应用领域具有越来越大的作用和越来越高的地位。如何弱化电媒平台的缺点、强化电媒平台的优点，将是本项教学改革创新的重点内容之一。

想要电媒平台专业板块的发文价值被普遍认同，首先要明确的是：网络文化成果是否具有价值？在教育部于2017年12月6日召开的新闻发布会上，教育部思想政治工作司司长张东刚在回应“网络文化成果能不能算科研成果”时表示，任何成果，不管在哪里发表，只要有正能量，对人有正面的促进、引领作用，都是好成果。评价应以内容为标准，不应以载体为标准。[1]

浙江大学优秀网络文化成果认定实施办法（试行）已于2017年开始实施执行，[2]其中规定在电子媒体及其“两微一端”发表的优秀网文，根据发布平台与传播水平可认定为国内权威、一级、核心等学术期刊论文，纳入学校科研成果统计、各类晋升评聘和评奖评优范围。该办法发布后引起了广泛热议，赞同者甚众，质疑者也不少。大多数批评者对网络载体的文化成果价值认同并无太大异议，反对的主要是成果认定的具体做法，如“10万+阅读量”等。

目前，除浙江大学以外，还有一些高校进行了这方面的探索。比如，上海交通大学试点将优秀网络文化成果纳入宣传思想工作干部职务职称评聘条件；吉林大学出台规定鼓励优秀网络文章和网络舆情信息稿件创作，规定优秀网络文章的体裁为新闻评论，时政、高教、社会热点解读文章和长篇通讯文章。[3]

上述争论其实对“本科生发文章”教学改革创新的影响并不大，本科生发文章的目的既不是升职称，也不是评大奖，无须复杂烦琐的评价认证程序，无须“网红”的高大上标准，恰恰是回归了写文章的本源：整理自己的所思所得，传播出去以有利于社会，仅此而已。因此，没有了功利性目的，不求直接的回报，只以专业知识应用回馈社会，“内容为王”，知识至上。

综上，我们的观点是：目前的电媒平台暂时不具备专业前沿研究的承载价值，也不期待在近期会有根本性的改变，但是，换一个目标，在面向社会大众的专业知识应用领域，电媒平台将发挥出远远超过纸媒的传播作用，现在是让被低估的价值重现于世的时候了！

二、专业板块发文现状分析

对于十分强调应用性和社会价值的管理学科而言，寻求多种多样的知识应用扩散平台是必然的趋势。因此，这将是教学改革创新不可忽视的新战场，如何探索在电媒专业板块上发表专业性文章，就是管理学院本科课堂教学创新的一个重点。

电媒平台专业板块的读者群体已无须赘言，在各种发展日新月异的今天，广大的社会和企业读者极度需要管理知识的学习和更新，他们未必对深奥的前沿理论成果有多大的兴趣，但迫切需要能让他们更好完成工作的应用性策略和内容，可以说处于“嗷嗷待哺”的状态。他们没有路径接入庞大的专业知识数据库，电媒平台成了他们主要的知识来源。

那么，作为知识供应者的作者群体处于怎样的状况呢？

通过分析电媒平台上管理类专业文章的作者群体，我们得到一个令人啼笑皆非的结论：水平相对较高的学术界人士不屑写，一般的企业管理人员没时间也没能力写，主要的作者群居然是各类管理咨询公司、服务企业的人员，他们做知识推广的最大目的是吸引客户，而且发文数量也不多，最后的结果是专业文章相当稀少，翻上几页就出现了 2017 年的老文章。

一个具有巨大需求、知识供应者却寥寥无几的崭新市场在焦虑忐忑地等待着新的作者群体。

本文坚定地认为，本科生（当然也包括研究生，尤其是专业学位的研究生）是这个新作者群体的最优候选对象。他们不图功利，不靠这个评职称、涨工资，不需要目前争议最多、麻烦最大的论文审核评价评级程序，同时也已具备一定的专业知识和能力，也许做前沿研究力有不殆，做不出有深度的研究成果，但做一些专业知识的普及和推广却是绰绰有余，此外，他们还勤于动手，敢于挑战，善于创新，而且人数众多，层出不穷，能快速形成密集轰炸般的冲击力和影响力。知识应用领域迫切需要这样一个中等水平的、数量庞大的、年年不断层、创新能力强的作者群体。

此外，高强度、高密度的专业文章写作训练，构成了美英顶尖高校人文社科类本科生培养方式的重要特色。为了提高学生的论文写作能力，这些国际顶尖高校还专门设置了相关的论文写作课程，安排了专业的写作指导教师，为相关专业领域的本科生提供有效的指导和帮助，实现其写作和研究能力的双重提升。[4]

因此，学院组织本科生在电媒平台专业板块发表文章是创新的，是必要的，是可行的，也是急需的。

本文看重传统纸媒学术平台，那是高端和前沿研究的最佳阵地，需当仁不让地坚持高水平标准。然而，还有一个知识应用与推广的阵地需要我们去占领。要把知识转化为生产力，将研究成果更快速地普及和推广出去，电媒平台在这方面具有强大的优势。因此，最理想的结果是，不同平台各司其职，梯度互补，一齐发力，共同为国家发展做出自己应有的贡献。

三、试点结果与分析

本项教学改革创新的缘起属于“无心插柳柳成荫”，一直以来，管理学院始终在鼓励教学改革和创新，笔者也是动足了脑筋。有鉴于纸媒发文的艰难，笔者从 2018 年开始摸索其他平台的可能性，受“网上菜谱教学”的启示，认为这是与时俱进的新颖知识传播路径，于是把电媒纳入创新视野。初步研究后发现可行性较好，而且由于其面向应用型受众，写作专业水准仅仅要求中等，那么，哥德巴赫式的“本科生发文章”是否可以破题？试试看呗！

2018—2019 年第二学期，笔者在新开设的课程“营销思想史”（主修班级为 2017 级市场营销 1 班、2 班）中开始试验，开学初（2019 年 3 月初）即明确提出设想，做好引导、鼓励等思想工作，同时在课程中陆续加入写作总体原则、专业选题分类、热门领域分析、电媒特点分析、选题技巧、框架设计方法、写作技巧、发表技巧等内容，积极接受学生的反馈，不断调整更新，不断点评，不断激励，直至学期末（2019 年 6 月底）试点结束。

“营销思想史”两个班分别为 34 人和 36 人，参与发文的同学分别是 32 人和 34 人，占比为 94. 1%和 94. 4%，其中发表 2 篇文章的人数分别为 4 人和 14 人，两班发文总篇数分别为 36 篇和 46 篇，总计 82 篇，发文率为 117. 1%，人均 1. 17 篇，发文时间为 2019 年 5 月 28 日到 6 月 25 日，如表 1、表 2 所示。

表 1 试点发文情况统计

试点班级	学生人数	发表文章数	发 2 篇人数	未发文人数
2017 级营销 1 班	34	36	4	2
2017 级营销 2 班	36	46	14	2*
合计	70	82	18	4

注：*表示有两人为留学生，无法在国内平台实名注册。

表 2 试点发文平台分布统计

发文平台	头条	搜狐	网易	合计
发文数量	64	12	6	82
占比（%）	78. 0	14. 7	7. 3	100

应该说，这个结果大大超出了预期，只能感叹管理学院学生的优质潜力、电媒平台对专业文章的巨大需求，有第一个挖到金矿的沾沾自喜，更有保住优势、在竞争者

反应过来之前树立深圳大学管理学院“全国电媒知识推广第一品牌”的紧迫感。

以头条平台来看，只要以“营销趋势”“市场趋势”等关键词搜索，除去那些付费优先的文章，管理学院同学的作品（文末标注有“作者单位：深圳大学管理学院”）几乎呈现“霸屏”的现象，近两个星期的点击率分别为几百到数千不等，有些作者已经开始得到不少关注，粉丝也已达到一定数量（不排除亲友团的努力）。

总的来看，本次试点的成果是明显的。内部成果已经显化，其中一个标志是有好多 2016 级营销专业的同学来询问过程和方法，MBA/MPA/MPM/EDP 校友也纷纷求教；外部成果尚在酝酿发酵之中，需要时间和更多的作品。

从已有发文的情况看，有部分文章的质量是不高的，当然过分苛求也没有必要，毕竟只是大二而已。随着更多老师的群策群力和社会专业人士的加入，相信学生们发表的文章会变得越来越好、越来越规范。

本次试点基于一个朦胧创意，依靠任课教师的主动性，在学生驱动力上仅采用了“利益分析”“期末考试加分”等几项，总体来说相当粗糙，也发现了不少问题，需在重新梳理的基础上全面完善“本科生发文章”的管理系统，发掘对策技巧，堵塞漏洞，确保本项教学创新的成功。

四、结语

创新成功源于良好的系统设计。“本科生发文章”需要学院、教师和学生三方参与，仅凭呼吁和倡导不可能取得长期和持续的绩效，因此本项教学改革创新需要给出一个学院层面的“本科生发文章”全面管理系统的完整解决方案，不仅需分析和论证其必要性，给出完整的管理框架和流程，还要制定项目执行的各种操作文本，这样，有兴趣的学院只要决定推动这项创新，立即就能按图索骥，一步到位，事半功倍。

“本科生发文章”的研究成果适用于深圳大学（当然也包括其他大学）所有学院的本科生，其中文科类、应用类学院由于受众广、需求大，相对容易一些，纯理科类需要找到自己的需求定位，然后有针对性地实施。此外，本研究虽然仅针对本科生发文章设计，但稍作修改，就能应用于研究生，无论是全日制学术研究生，还是类似 MBA 等专业硕士都可进行同样的操作，而且往往水平更高、效果更好。

总之，在学院和学校层面推动“本科生发文章”教学改革创新，是推进“双一流”建设中夯实本科教育基础的有效手段，能够实现学校、学生、教师、电媒平台和社会读者“五赢”，在创新型人才培养、推广普及管理进阶知识和策略、促进国家各方面顺利发展等方面发挥举足轻重的作用。

参考文献

［1］央广网．网络文化成果算不算科研成果？教育部：以内容为标准［EB/OL］．http：//baijiahao.baidu.com/s？id=1586093782874937798&wfr=spider&for=pc，2017-12-07.

［2］浙江大学优秀网络文化成果认定实施办法（试行）［EB/OL］．https：//wenku.baidu.com/view/0699db052e60ddccda38376baf1ffc4ffe47e2be.html，2017-09-08.

［3］王微．浙大创新学术评价"10万+"文章或可等同于期刊发文［N］．科技导报，2017-06-19.

［4］谢一峰．研究型大学学年论文制与本科生导师制的互动［J］．大学教育科学，2018（5）.

高校创新研究短课教学模式的研究与实践*

罗汉洋[1]　李小玲[2]

（1. 深圳大学管理学院管理科学系；2. 深圳市华侨城中学高中部）

【摘要】 深圳大学为探索创新创业型人才培养新模式，营造探究式学习和自主学习氛围，激发学生创新思维，于2013年在国内率先推出创新研究短课。笔者在从事创新研究短课“电子商务热点问题的实证研究方法论”“在线消费行为的研究”的教学改革实践过程中，对高校如何开展创新研究短课的教学工作，进行了积极的尝试和探索。在理论基础方面，本研究运用了团队合作学习中的群体动力理论和多元智能理论；在研究方法方面，采用行动研究法，对创新研究短课的教学模式进行了行动研究。研究表明：在创新研究短课的教学中实施以学生为主体的小组合作探究教学模式，能够改进学生学习的方式和方法，通过让学生在互动交流和团队协作中对知识进行自主建构，能够培养学生对知识的运用与迁移能力、与他人进行沟通与协作的能力，并且能够使学生的创新能力和分析解决实际问题的能力都得到提升。本研究设计的小组合作探究教学模式，将对国内高校的创新研究短课教学工作的开展提供一定的借鉴意义和参考价值。

【关键词】 创新研究短课；小组合作探究教学模式；行动研究

一、研究背景

2013年4月15日，深圳大学为探索创新创业型人才培养新模式，营造探究式学习和自主学习氛围，激发学生创新思维，培育学生创新精神和实践能力，充分体现深圳大学办学特色，决定建设本科“创新研究短课”。2013年4月26日，公布首批确立的50门“创新研究短课”，其中，“科研项目短课”24门，“专题研讨短课”26门。作为一所特区大学、窗口大学和实验大学，深圳大学在国内率先提出并开始进行“创新研究短课”的探索和实践。2013年10月22日，深圳大学将“创新研究短课”的类别进行了扩充，增设了“专技实践短课”和“学院特色短课”。2016年1月，深圳大学确立了第四批119门“创新研究短课”，其中，“科研项目短课”42门，“专题研讨短课”

* 本研究得到了广东省高等教育教学研究和改革项目“高校创新研究短课教学模式的研究与实践”的立项资助，获得了深圳市教育科学规划课题的立项资助（项目编号：ybzz16003）。

43门，“专技实践短课”23门，“学院特色短课”11门。2019年1月，深圳大学确立了258门2019年“创新研究短课”，其中，“科研项目短课”120门，“专题研讨短课”66门，“专技实践短课”37门，“学院特色短课”35门。

近几年，深圳在高等教育的发展方面持续加大投入。目前，深圳已建成13所高校，分别是深圳大学、南方科技大学、香港中文大学（深圳）、哈尔滨工业大学（深圳）、中山大学（深圳）、深圳北理莫斯科大学、深圳技术大学、深圳职业技术学院、深圳信息职业技术学院、北京大学深圳研究生院、清华大学深圳研究生院、清华—伯克利深圳学院、暨南大学深圳旅游学院等，另外还有至少10所高校正在筹建或者洽谈。

2019年8月18日，中共中央、国务院印发的《关于支持深圳建设中国特色社会主义先行示范区的意见》再次赋予深圳特殊使命，要求深圳建设成为高质量发展高地、法治城市示范、城市文明典范、民生幸福标杆、可持续发展先锋，这是深圳作为中国特色社会主义先行示范区建设的目标和方向。中国特色社会主义先行示范区的建设，离不开创新型人才的培养，而正在崛起的深圳高校应义不容辞地承担起培养创新型人才的重任。高校创新研究短课教学工作的开展，正是培养创新型人才的一种积极尝试。

目前，深圳大学的“创新研究短课”正在如火如荼地开展。不过，本应与短课教学同步进行的教学改革研究工作却严重滞后。从近年来国内获得国家级和省部级立项资助的教学研究课题中，几乎找不到对高校创新研究短课的教学模式、教学策略、教学方法和教学评价进行系统研究的课题。笔者从2013年4月首轮开始，连续7年开设了创新研究短课“电子商务热点问题的实证研究方法论”和“在线消费行为的研究”，一直致力于相关的教学改革研究，试图为上述滞后现象的改变进行一些积极的探索。

二、合作学习理论基础

1806年，合作学习的观念从英国传入美国，后来受到美国教育家帕克、杜威等人的推崇并得到广泛应用，最终于20世纪70年代初在美国兴起了现代的合作学习理论。美国明尼苏达大学的约翰逊教授认为，合作学习就是教学上运用小组的形式，使学生共同活动，最大限度地促进他们自己以及他人的一种学习方式；加拿大著名教学心理学家文泽认为，合作学习是由教师将学生随机地或有计划地分配到异质团队或小组中，完成所布置的学习任务的一种教学方法。

美国教育家杜威最早提出在学校科学教育中使用探究方法。1909年，杜威提出，科学教育不仅要让学生学习大量的知识，更重要的是让学生学习科学研究的过程和方法。此后，他提出了较为系统的研究教学理论，强调培养学生的主动探索和解决实际问题的能力。1996年初，美国公布了其历史上的首部国家科学教育标准，其中明确指出的学习科学的核心方法中就包括探究。目前，强调深入的探究性学习方法已经推广传播到其他国家。

20 世纪 80 年代初期，国内开始开展探究式教学的研究。美国哈佛大学兰本达教授于 1979 年访问我国，在北京举办“探究研讨”讲习班，并于 1983 年通过人民教育出版社出版了中文版的《小学科学教育的“探究—研讨”教学法》[1]一书。同时，国内的研究者和一线教师也不断进行探究教学的研究和实验，出版了一系列论著。其中，靳玉乐主编的《探究教学论》是国内对探究式教学进行比较系统研究的一本书，其中包括探究式教学的理论、特点、类型、实施条件、教学设计、教学模式、教学评价等诸多方面。[2]国内合作学习研究则始于 20 世纪 80 年代末期，我国的教育理论研究工作者翻译、引进了国外的合作学习研究成果，并从理论与实践的角度对合作学习方法的价值及运用进行了较为深入的探讨。

合作学习的主要理论基础是群体动力理论和多元智能理论。

群体动力理论认为，群体是成员之间的互赖性可以变化的动力群体。群体有三个要素：一是活动，二是相互影响，三是情绪。在这三个要素中，活动是指人们在日常工作、生活中的一切行为；相互影响是指人在组织中相互发生作用的行为；情绪是人们内在的、看不见的生理活动，如态度、情感、意见等。这三个要素不是各自孤立的，而是密切相关的，其中一项变动，会使其他要素发生改变。群体中各个成员的活动、相互影响和情绪的综合就构成群体行为[3]。

多元智能理论是由哈佛大学认知心理学家加德纳（Howard Gardner）[4]于 20 世纪 80 年代提出的。该理论认为，智能是人在特定情景中解决问题并有所创造的能力。每个人都拥有八种主要智能：语言智能、逻辑数理智能、空间智能、运动智能、音乐智能、人际交往智能、内省智能、自然观察智能。每个人都拥有这八种智能，并分成一定的层次，每个人各智能之间的发展又是不平衡的，因而不同的人往往表现出不同的优势和特长，将这些具有不同能力优势的学生组合在一起，不仅能提高小组活动的效率，更有助于每个组员的全面发展。

三、高校创新研究短课的教学模式改革

（一）创新研究短课的概念

关于创新研究短课，目前尚无公认的定义。深圳大学首倡的创新研究短课，是一类为探索创新创业型人才培养新模式、营造探究式学习和自主学习氛围、激发学生创新思维、培育学生创新精神和实践能力的短课程，通常设置为 1 学分，18 课时，6 周或 9 周完成课堂教学。

深圳大学设立的“创新研究短课”主要包括“科研项目短课”和“专题研讨短课”两类。前者是指教师将科研项目带入课堂，转化为课程教学，以科研项目为载体，把科研项目蕴含的科学问题、研究内容，涉及的基本理论、先进技术和研究方法与手

段融入课程教学中，传授学生从事研究、创新的方法和技巧。后者是指由教师拟定与本学科、专业相关的学术主题或科学问题，并布置学生在课下查阅资料和文献，进行理论学习和研讨准备；课堂上由教师组织学生围绕该主题或问题进行研讨，并针对分析问题和解决问题的方法进行训练。

笔者近 7 年来一直担任深圳大学创新研究短课“电子商务中热点问题的实证研究方法论”及“在线消费行为的研究”的教学工作。这两门课程要求学生以调研小组为单位，对当前电子商务或在线消费的热点问题，如信任、隐私、安全、物流、支付等，进行规范的实证研究。在教学过程中，引导学生通过有效的团队合作学习和充分的交流讨论，全面而深入地理解和掌握实证研究的各个环节：文献阅读与综述、模型构建与假设提出、问卷设计与实际调研、数据收集与整理、数据的信度和效度分析、模型验证与假设检验、研究结果分析、管理启示挖掘，最后指导学生撰写研究报告并就小组调研报告进行课堂汇报。笔者在该短课的教学实践中，对高校创新型人才的培养模式进行了初步的探索。

（二）教学模式改革的行动研究

教学模式可以定义为在一定教学思想或教学理论指导下建立起来的较为稳定的教学活动结构框架和活动程序。作为结构框架，突出了教学模式从宏观上把握教学活动整体及各要素之间内部的关系和功能；作为活动程序，则突出了教学模式的有序性和可操作性[5]。

教学模式的稳定需要一个形成过程。笔者在创新研究短课“电子商务中热点问题的实证研究方法论”与“在线消费行为的研究”的教学改革实践中，对其基于团队合作学习的教学模式的形成过程进行了行动研究。

行动研究是一个周而复始的循环过程，每次行动研究都包括计划、行动、观察和反思四个环节，如图 1 所示。经过若干次循环，最终实现研究目标。

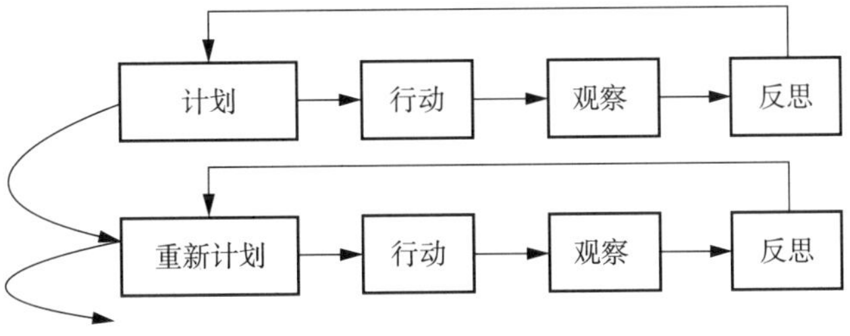

图 1　行动研究的螺旋循环模式

笔者在 2018 年上半年创新研究短课“电子商务中热点问题的实证研究方法论”和 2018 年下半年创新研究短课“在线消费行为的研究”的教学过程中，对基于团队合作学习的教学模式开展了行动研究。

1. 计划

在计划阶段，对创新研究短课的教学模式进行了整体构思。

教学内容方面，遵循实证研究的一般范式，将课程内容进行模块化设置，包括以下九个模块：A. 通过研究实例讲解实证研究的基本范式；B. 文献阅读与综述；C. 模型构建、假设提出及推导；D. 问卷设计；E. 问卷调查、数据收集与整理；F. 数据的信度和效度分析；G. 模型验证与假设检验；H. 研究结果分析、管理启示挖掘；I. 研究报告的课堂汇报。本创新研究短课共 18 学时，每周 2 学时，按上述顺序依次完成其中的一个模块，连上 9 周。

教学方法方面，针对创新型人才的培养目标，确定采用小组合作学习的方法。为此，计划将申报本短课的 16 名学生分成 4 个小组，每组 4 人。

教学评价方面，采取课堂表现与调研报告相结合的方式进行成绩考核，其中课堂表现占总评成绩的 30%，调研报告占 70%。课堂表现主要考察学生的课堂发言及讨论情况；调研报告主要考核学生对实证研究方法的运用程度、对电子商务热点问题的解析能力以及团队协作能力，主要从研究的规范化程度、文献梳理的系统性、研究模型的创新性、数据收集的可靠性、数据分析的深入度、研究结论的可信度等方面进行评价。

2. 行动与观察

研究范式讲解方面，用一个完整的实例，告诉学生如何一步一步地开展实证研究。观察发现，学生对实证研究的方法很感兴趣，尤其对 SPSS 的数据分析和 LISREL 路径图的绘制很是关注。该模块也是学生的试听课，试听后没有人退出。然后，要求学生自行分组，自由搭配，每组 2~4 人，最多 4 人。结果，实际分组情况与上述分组计划完全一致。最后，以小组为单位，布置文献阅读和选题任务。

文献阅读方面，要求学生从中国知网中查阅期刊论文和优秀硕士论文，了解当前电子商务热点问题的最新实证研究方面的进展，确定小组选题。然后，聚焦于选题，深入阅读相关文献。观察发现，学生查找文献、阅读和管理的能力普遍较弱。

模型构建和假设推导方面，要求学生针对本组的选题，在现有研究的基础上，构建自己的研究模型，提出假设并加以推导。模型构建是该创新研究短课培养学生创新意识和创新能力的关键环节。构建的研究模型，虽然要以现有的研究为基础，但不能是现有模型的简单重复，要体现出与现有模型的差别，体现出自己的创新点。观察发现，4 组中有 2 组构建的模型与现有模型的差别体现不够，有 1 组有所体现，还有 1 组构建的模型较有新意，但很难找到相应的文献支持，容易受到质疑和攻击。假设推导方面，大部分学生不能引经据典，只用现有的文献来支持和推导自己的假设。

问卷设计方面，一般主张直接采用现有的成熟问卷，这些问卷已经经过了多次实证研究的检验。当然，也要结合自己的研究情境，对现有问卷进行适当的改造。问卷调查和数据收集方面，要求学生运用自己的社会关系网络，发挥自己的情商，尽可能发动自己的亲朋好友、同学、熟人，甚至父母辈的社交圈，参与问卷调查。观察发现，学生能够运用互联网、无线网络以及现有的一些问卷调查平台开展网上问卷调查，并借助微信群、QQ 群等社交网络扩展调研的范围。

模型验证和假设检验方面，要求学生运用 LISREL 等结构方程模型，画出路径图和模型验证图。对于研究结果的分析讨论和管理启示的挖掘，需要小组经过充分的交流讨论，从一定的理论视角对研究结果进行分析讨论，并结合研究结果，创新性地提出相应的管理建议。观察发现，该模块需要学生具有较强的理论联系实际的能力，需要学生具有创新思维。研究报告的撰写和课堂汇报，更是检验了各组通过团队协作、合作学习和深入探究分析与解决实际问题的能力。

3. 反思

第一，分组方面采取了“自行分组、自由搭配”的策略，虽然组内成员的关系比较融洽，但也存在一些问题，如有些组员全为男生或女生、组间差别较大（个别组整体能力明显偏弱）、组内成员的互补性不够等，这对学生创新潜力的激发与挖掘产生了一定的负面作用。后续的行动研究中应该采用“组内异质、组间同质”的策略加以分组。多元智能理论倡导将具有不同能力优势的学生组合在一起，不仅能提高团队活动的效率，更有助于每个成员的全面发展。如果一个小组内，有的成员擅长口头表达，有的擅长书面表达，有的擅长人际互动和社会交往，有的擅长数据收集及分析，等等，那么这些具有不同能力优势的小组成员可以形成优势互补，通过合作学习迸发出创新思维的火花。

第二，文献阅读方面，由于需要较大的阅读量，而小组成员若不能较好地分工，可能会产生较大的困惑。围绕选题，按主题的几个方面进行文献的分工阅读，然后再进行组内交流，也许会收到更好的效果。文献管理方面，组员对文献文档的梳理、存储、共享及运用不规范，最终导致调研报告中参考文献和标注信息的不规范和缺失。后续的行动研究中，可教给学生使用文献管理工具软件，如 ENDNOTE 等对文献进行规范管理。

第三，模型构建方面，与现有模型相比，小组构建的模型要想有所创新，并非易事。扎实的文献阅读是关键，否则连自己提出的模型是否有新意都无法确定。创新模型的构建，需要小组成员之间的明确分工和密切合作、需要通过大量文献阅读对相关主题的研究现状及前沿进展有了相当把握后，再进行充分的交流沟通，才有可能完成。求异思维是一种宝贵的创造性思维，鼓励学生对现有研究成果进行质疑，进行批判性吸收。此外，为了寻求创新的突破口，可考虑指导学生如何在中介作用和调节效应方面切入。

第四，研究结果的分析讨论和管理启示的挖掘方面，需要集思广益、群策群力，深入分析现象背后的深层次原因，并针对研究结果，结合研究情境，提出能够体现创新意识的观点看法和管理建议。实证研究报告的撰写，对本科生来说也是一个不小的挑战，需要小组成员分工合作。每位成员需承担其中某部分的写作任务，各位成员完成后的部分又需组合成一篇完整的报告。要做到整篇报告的思路清晰、逻辑连贯、衔接自然、结构严谨、内容充实、观点明确，需要小组成员进行卓有成效的合作学习和共同努力。

第五，教学评价方面，采取了小组成员得分相同的方式，以体现这是团队共同努力的成果，但同样存在某些问题。比如，小组统一得分，有平均主义之嫌，看似公平，实则不公，因为对于小组内的积极主动、表现优异者与消极应付、表现平平者给予同样的分数，实际上是不公平的。为此，可考虑在给小组研究报告一个统一得分的基础上，通过平时表现和平时成绩的差异化，实现最终总评成绩的差异化；甚至对于小组共同提交的研究报告，也可以根据小组成员的分工情况、工作量大小及贡献程度，给每位成员一个差异化的得分。

上述行动研究中的行动方案经过一定时间的磨砺和检验后，可融入一定的教学模式当中。笔者在创新研究短课“电子商务热点问题的实证研究方法论”与“在线消费行为的研究”的教学改革实践中，已摸索出一种基于团队学习理论的小组合作探究型教学模式，如图 2 所示。

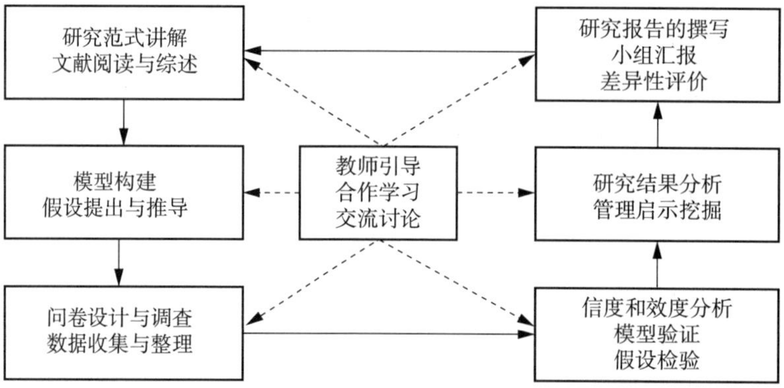

图 2　实证研究课题导向的小组合作探究的教学模式

四、创新研究短课的教学实践成果

笔者以开设的两门创新研究短课为依托，带领本科生进行了有关电子商务、在线消费等方面的小课题研究，培养了其良好的团队合作意识与初步的学术创新能力，取得了一些教学成果。

课题申请与项目研究方面，指导陈宋鹏等同学申报的课题“深圳大学消费服务平台”先后获得广东省和国家的大学生创新创业训练计划项目的立项资助，结项时被评为优秀项目；指导贺国棠等同学申报的课题“在线管家服务（帮管家）”、指导范瑛瑛等同学申报的课题“网络口碑对顾客公民行为的影响机制：顾客感知价值的中介”

也先后获得广东省大学生创新创业训练计划项目的立项资助；指导郭心仪、黄春晖、李朝宁、梁颖诗、梁用敬、丘棋、孙朱琳、张晓婷等 20 多位同学积极申报深圳大学学生创新发展基金基础实验项目，其中 8 个项目获得立项资助。笔者对上述项目进行了全程指导。

学术论文写作方面，指导黄晓梦、范瑛瑛、冯文海、陈宇善等同学合作撰写的学术论文 *Empirical Research on the Impact of Internet Word of Mouth on Customer Citizenship Behavior*、*An Empirical Study on the Impact of Negative Online Word-of-mouth on Consumer's Purchase Intention*、*Impact of Service Recovery Quality on Consumers' Repurchase Intention: The Moderating Effect of Customer Relationship Quality*、*Empirical Research on the Influencing Factors of Consumers' Trust Transfer from Offline to Online Channel* 被 EI 检索。指导梁颖诗、刘振威、吴中阳、舒博、张晓婷、黄君杰、黄玉铭、孙朱琳、郭熠、吴佳慧等同学撰写的 4 篇学术论文 *Research on the Impact of Cross-border E-commerce Platform Quality on Customer Crossbuying Intention*、*An Empirical Study on Customer Repurchase Willingness of Fresh E-commerce Products Based on Customer Perceived Value*、*Research on the Impact of Interactivity of Online Tourism Website on Customer Satisfaction* 和 *An Empirical Study on the Effect of Relationship Benefit on Customer Stickiness in Online Shopping*，被 2019 年服务系统与服务管理国际会议录用，上述同学于 7 月 13—15 日参加了本次在香港中文大学（深圳）举行的国际学术会议并对论文进行了现场宣读。目前，这 4 篇论文也即将被 EI 检索。

参考文献

[1] 兰本达，P. E. 布莱克伍德，P. F. 布兰德韦恩．小学科学教育的“探究—研讨”教学法［M］. 北京：人民教育出版社，1983.

[2] 靳玉乐．探究教学论［M］. 成都：西南师范大学出版社，2001.

[3] Lewin K. Frontiers in Group Dynamics［J］. Human Relations，1947，1（1）：143-153.

[4] Gardner H. Frames of Mind：The Theory of Multiple Intelligences［J］. Quarterly Review of Biology，1985，4（3）：19-35.

[5] 余文森，刘家访，洪明．现代教学论基础教程［M］. 长春：东北师范大学出版社，2007.

情感在管理实践类课程教学中的作用与反思

陈星宇　林秀岑　胡显琦

（深圳大学管理学院市场营销系）

【摘要】长期以来，在我国教学理论和实践中存在着重知轻情的教学失衡现象。在此情况下，以情感教学心理学理论为依托的、在理论演绎和实践归纳基础上产生的情感教学模式进入了我们的研究视野。它通过对教学中情感因素的充分重视和有效调动，最大限度地发挥情感因素的积极作用，优化教学，促进学生素质的和谐发展，是其他认知性教学模式的补充和完善，也是扭转重知轻情教学失衡状况的一个有力举措。

【关键词】管理实践类课程；情感教学；作用；反思

众所周知，管理实践类课程区别于其他课程最显著的特点在于：实践性强、应用性强。但在传统教学中重知识传授、轻情感培养，主要表现为教师上课时较重视教师如何教，而对于学生如何学则重视不够，教师讲得多，学生参与课堂活动体验少、学习自主性较差、主动性表现不充分。当前，越来越多的学者和教师开始关注和探讨教学中的情感缺失问题，重视和加强情感教学是素质教育赋予教师的新的使命：所谓情感教学就是教师在教学中“以人为本”，运用心理学的理论和方法，有意识地激发和调动学生有利于市场营销学学习的积极情感因素，培养学习兴趣，增强学习动机、自信心、主动性和目的性，提高管理实践类课程教学效果，从而实现教学中的师生共同参与，促进学生整体素质的提高和个性的发展的方法。

在教学中，如何激发和适时利用学生在管理实践类课程学习心理过程活动中的积极情感，充分发挥他们的学习主动性、创造性，构造一个以学生为主体，兼顾学生情感与实践能力均衡发展的高效管理实践类课堂，是摆在我们管理实践类课程教师面前的一个重要课题。

一、关于“情感教学”

情感教学，是指在教学活动中，基于学生情感发展的角度，从学生的情感需求出发，教师围绕认知因素，借助相应的教学手段，通过语言、态度、行为等来调动学生的情感，激发其对学科学习的情感需求，进而促使其更加主动地参与课堂学习，以促进教学过程的优化、教学效果的增强和教学目标的完善。

从教学的浅层形式上看，情感教学是教师与学生教与学的双边活动；从教学的深层意义上看，情感教学既是师与生之间的情感交流过程，又是师生之间信息转换与交流过程。情感教学既要利用正性情感因素来促进知情和谐统一，从而优化教学过程，增强教学效果，达成教学目标中的认知目标，也要利用正性情感因素来影响学生的情感价值取向，塑造学生良好的情感品质，推动教学目标中情感目标的实现。

二、实施情感教学的策略

（一）树立以“学生为本”的教学观

学生是学习的主体，教师要“以学生为中心”，尊重学生的主体意识和创造精神，激发和利用影响学生学习效果的积极情感因素，增强学生学习的原动力、主动性和目的性，培养他们健全的人格和情感素质，通过情感教学来实现管理实践类课程中的师生共同参与、和谐发展。

教师要重视学生学习过程中的心理活动，关注其学习过程中的情感因素和情感体验，而不是学习的结果。学生为了学好和运用管理类相关知识，会不由自主地调动自己的情感，运用已有的知识、经验，不断地调控和改进自身的学习方法，教师则应纠正其学习方法的偏差，培养他们良好的学习习惯和有效的学习策略，为学生终身学习和可持续发展打下基础。

（二）营造良好的教学氛围

良好的教学氛围有助于学生积极地参与课堂教学活动，激发学生的学习兴趣和积极的学习情感，增强记忆效果，提高其掌握运用管理类相关知识的能力，达到学生身心合一的最优教育效果，提高学习效率，促进学生智力活动的进行和个性的发展。在课堂教学中应做到以下几点：

（1）加强师生的情感交流。课堂教学既是知识信息传输反馈的过程，也是复杂的人际交往过程。教学中教师和学生存在着多方面、全方位的情感交流。教师以饱满的热情，把情感融入教学中去，能调动学生的情感，学生会更加认真，参与教学活动的积极性也会提高，教学效果就会好。师生之间的情感交流相互作用，相得益彰，有利于课堂交流气氛的形成和教学质量的提高。

（2）理解和尊重学生，正确引导学生的学习动机。理解和尊重学生是对学生人格的充分肯定，具有多方面的教育功能和示范作用。当前，由于各种信息和社会现实的影响，学生的思想观念变得多元化、超前化，对学习的目的和动机认识不清，产生了学之无用的思想，教师应尊重学生的自尊心、兴趣、爱好、情感、思维方式和价值观，通过多样化的教学手段、新颖活泼的形式、有趣且有意义的内容，激发学生的学习兴趣，增强其学习动机。同时教师的教学方法也要多样化，精心设计和组织课堂活动，运用各种讨论形式来激发学生的兴趣，发挥学生的主观能动性，提高学习效率。

（3）组织交流讨论，形成合作学习氛围。结合管理类实践课程的特色，通过合作性学习，使学生互相学习、互相帮助。教与学是双向的，教师和学生也要建立融洽、民主的互动关系，经常和学生一起反思教学过程及学习效果。

（4）重视课堂教学评价，保护和增强学生的自信心。课堂上，教师适时给予学生肯定性评价语是激发学生情感的最好激励词，肯定性评价语起着导向、激励、激趣、促知的作用，这不仅有利于促进师生的知识、思想和情感的交流，而且有利于提高学生自主学习的积极性。

（5）管理类实践课程，显而易见是一门实践性很强的学科，因此在管理类实践课程的课堂教学中应把学生学习的体验过程看作教学活动的重要形式之一，把促进学生体验和情感的发展作为管理类实践课程教学的目标，不仅要关注学生是否掌握管理类的相关知识和能力，而且要关注学生获得体验的过程。

（三）挖掘教材中的情感资源，渗透情感教学

教材、学生和教师是构成课堂教学的三个主要因素。教材是教学活动的基本依据，是帮助教师施教、学生学习，最终促进学生发展的有效工具。管理类实践课程教材中的许多真实案例，反映了人类社会实践活动中的各种喜怒哀乐的情感体验。教师应充分挖掘并利用教材中积极健康的思想情感因素，有目的、有意识地与管理类实践课程教学结合起来，把教材中传递的情感和学生的情感融合在一起，引起学生的共鸣，让学生在学习和掌握知识的同时感同身受。

三、实施情感教学的效果

实施情感教学后，可以收到一定效果。通过情感教学在管理类实践课程课堂教学中的探索与实践，可以初步建构自己的理论框架，完善管理类实践课程的教学内容体系、教学方法与组织形式，并开拓自己的实践领域。

扎实完成了课程学习的学生，可以初步具备管理思维，掌握最基本的管理学方法。具体而言，能够系统掌握现代市场营销理论和方法，运用市场营销学相关专业知识；熟练运用前沿营销实践与数据分析工具；进行市场营销方法与技巧方面的基本训练后，学生的独立观察和思考能力有所提升，能在团队合作的基础上对市场营销学相关现实问题进行观察和分析，进而对问题进行研究，最后给出自己的判断。

学生对本类课程的初步反应较积极。以市场营销学（全英班）为例，学生组成小组，根据老师指引、小组成员兴趣，确定市场营销主题案例，分析市场营销现象，提炼市场营销问题，并探索可能的原因。基本实现了“从以知识传授为主向以能力培养为主的转变、从以教师为主向以学生为主的转变”，调动了学生学习的积极性、主动性和创造性。学生对教师的教学态度、教学内容、教学方法、教学效果等测量指标均比较认可。任教班级中，学生网上测评成绩及相对排名较过去学年本门课程的表现均有显著提升，其中市场营销学（全英班）教学测评排名前 3.11%、市场营销学（全英

班）点赞分 12.44。

四、课程建设的反思

相比以往，无论是从任课教师感知，还是学生评价，实施情感教学的管理类实践课程改革的效果都是显著的。究其原因主要包括以下三方面：

（1）从学生角度出发，引入全真实战指向的特色实践教学，使学生增强学习趣味并学有所获。以市场营销学（全英班）为例，基于《市场营销学》相关知识，选择与时俱进的营销案例，学生与老师一起商议若干个专业主题，通过案例教学法、学生口头报告及小组研讨等形式对这些主题进行讨论。课题的形式不限：可以是苹果公司新产品的发布引发同学们对新产品推广与传播方式的讨论；可以是某个商界名人如 Uber 公司 CEO 的经典管理案例分享，以及 Uber 公司产品的商业模式探讨；也可以是某个知名品牌的品牌故事及新营销方法，如汰渍的情感营销与品牌故事的研究方法；还可以是社会责任与企业形象等方面的课题，如美体小铺的社会责任及相关的企业形象塑造。老师和学生们一起探讨的课题，既能很好地结合市场营销学的专业视角，又能引发讨论，得到了很多有趣的结论和新鲜且深入的专业见解。

（2）组织交流讨论，分组协作，形成合作学习的良好课堂氛围。首先，每个小组提前准备资料，介绍市场营销相关案例背景，从不同的角度讨论对这个问题的看法，并在课堂上做小组汇报；其次，全班同学针对小组汇报最后抛出的问题进行深度探讨，提出自己的见解和观点，并自动分成小组再次聚焦讨论；最后，教师当场做总结和点评，并指导学生分组输出报告。通过合作性学习，学生与学生、教师与学生一起反思教学过程及学习效果，提高学习效率，提升教学质量。

（3）考核方式的改变，使学生注意力焦点更多地转向能力提升。本课程的考试采取灵活多样的手段来综合考查教学效果和检查学生素质，力求做到重视平时成绩、重视能力培养、重视学以致用，理论联系实际。对学生进行总评时，平时成绩和期末考试成绩各占 50%，平时成绩包括课堂答问、小组研讨和上课出勤率，期末考试采取案例分析小组汇报与案例总结的形式，将其内容贯穿到整个教学过程中，对学生的学习效果和素质进行全面考核，引导学生重视管理类实践课程的实践，提升管理类知识相关分析的实际操作技能。

实施情感教学的管理类实践课程虽取得了一定成绩，但其对学生研究能力培养的长期效果还有待观察，并且仍存在一些问题，需要引起重视并加以改进。

（1）关于情感教学研究范围的认识。就课程本身而言，情感教学研究者认为情感教学不仅适用于所有学科，而且适合于所有学生。但情感教学在管理类实践课程课堂教学中的成功应用并不能完全照搬至其他课程，如何针对不同年龄不同层次的学生、不同学科内容进行有效的情感教学仍是亟待研究的重要问题之一。

（2）加强案例与所学知识的结合，发现身边的管理类知识，注重将知识变成实战技能的培养。毫无疑问，管理类实践课程具备实践性非常强的特点，虽从学生角度出发，引入与时俱进的营销案例分析等，但是仍局限于课堂本身。未来可根据学生需求，进一步加强实践环节，将课堂教学与课外教学相结合，线上教学与线下教学相结合。例如组织学生到深圳知名企业参访，更多地开展案例教学和模拟教学，与企业联合进行学生论坛、商业研讨等交流活动等。

（3）适当限制班级规模，确保教学质量。课程性质和安排决定了老师必须给予各研讨小组更多课后辅导。由于班级规模过大，小组过多，辅导仍有不足之处。后续可适当限制班级规模，在过程中更多地指导学生。也可考虑在教学中引入研究生教学助理，给予各研讨小组更多过程指导。

参考文献

[1] 寇冬泉．我国情感教学研究：特点、问题与前瞻［J］．内蒙古师范大学学报（教育科学版），2006，19（2）：123-126.

[2] 卢家楣．论情感教学模式［J］．教育研究，2006，323（12）：55-60.

[3] 张学仪．试论英语教学中情感教学的原则和策略［J］．基础教育外语教学研究，2004，35（1）：46-49.

[4] 卢家楣．对情感教学心理研究的思考与探索［J］．心理发展与教育，2015，31（1）：78-84.

[5] 冯霆．浅谈体验式方法在市场营销教学中的应用［J］．中国管理信息化，2012，15（18）：117.

[6] 孙雀密，张珣．体验营销在市场营销教学中的应用探讨［J］．市场周刊（理论研究），2011（6）：148-149.

专业时评：一种案例教学新模式

周志民　丁　一

（深圳大学管理学院市场营销系）

【摘要】 作为理论学习的一种补充，案例教学强调与实践接轨。然而，传统的案例教学存在案例陈旧、篇幅过长、问题预设等问题。本文结合教学实践，从案例选取、案例分析、案例点评等教学环节进行创新，设计一种新案例教学模式——专业时评，解决传统案例教学的不足，以期推动创新性、思辨性人才培养。

【关键词】 专业时评；案例教学；开放式教学；问题导向；模式创新

工商管理案例教学起源于美国哈佛商学院，由于强调在实际情境中学习理论，所以多年来在课堂教学中被广泛运用。在我国，案例教学也作为一种非常重要的教学方法而受到重视。教育部和国务院学位委员会于 2017 年出台的《学位与研究生教育发展“十三五”规划》特别指出，“案例库建设”将作为五年重大建设项目开展。然而，在实际运用中，由于案例存在篇幅过长、题材过旧、熟悉度不高等问题，很多案例教学未能达到预定效果。为完善案例教学在课堂中的运用，本文针对现有案例教学中存在的种种问题进行反思，基于笔者教学实践提出案例教学新模式——专业时评。本文首先针对现有案例教学中的常见问题进行剖析，之后介绍专业时评的含义及特征，然后说明专业时评的应用流程，以期为案例教学的创新提供思路。

一、现有案例教学的问题

尽管案例教学法使用非常广泛，但从案例特征和教学结果来看，案例教学仍旧存在如下问题：

（一）案例篇幅问题

传统案例教学中，案例多涉及管理决策问题的探讨或管理实践经验的总结，因此相关的背景材料较为详尽。尽管这为案例的讨论提供了充足的资料，但也常常导致案例篇幅过长，很多案例正文在 1 万字左右。受限于课时长度，这些案例不便于充分阅读和讨论。目前，微案例成为一个非常重要的补充，比如从 2018 年开始，在全国百篇优秀管理案例评选中，已经增设了微案例系列的评选。

（二）案例时效问题

由于缺乏合理的案例开发激励制度，案例库的更新速度较慢，许多案例教学仍在使用十几二十年前的经典案例。诚然，经典案例对管理中的通识问题具有一定的指导作用，但往往难以反映新时代背景。随着高新技术的出现，很多新的现象不断涌现，譬如，bilibili（哔哩哔哩弹幕动画网站，简称“B 站”）中流媒体作品与弹幕的耦合机制，或者新媒体对传统媒体的冲击，就是经典案例未曾涉及的。缺乏这些新的技术背景，既不能给学生更多接地气的收获，也无法增强他们的学习兴趣。

（三）案例趣味性问题

一个好的案例就像一则有趣的新闻，首先要能够吸引学生的目光，进而让学生了解案例，并主动思考。但大多案例库中的教学案例是已取得一定成就的企业，该企业往往被反复作为研究案例出现在教材里，比如 IBM、海尔等企业。而现实教学中，被反复提及的经典案例易使学生对教学环节感到乏味，一些新企业新现象反而更加吸引眼球。比如，2018 年横空出世的瑞幸咖啡通过大数据分析用户画像来指导门店选址，这一案例在课堂中引发了学生对“互联网咖啡”商业模式的诸多思考。此外，传统的教学案例历经了开发、修改和引入教案的长过程，新案例逐渐变旧。在此期间，学生可能已经从媒体渠道中得知了事件中的决策结果，在课堂中看到这个案例时可能已经失去了进一步探讨的兴趣，也失去了开放性讨论的价值。

（四）案例预设性问题

现有教学案例库中，已开发的案例均有预设的问题角度，以及开发者提供的分析思路。完备的案例问题设计虽为教学筹备节省了大量的时间，但也限制了研究问题的思路。基于已有案例材料进行教学，教师在课堂中易定向引导学生向某些问题集中讨论，带有一定的预设导向。但现实情况中，不可能有对于某个问题的引导提示，而是需要管理者自己去挖掘问题，并分析解决问题。这一点也导致案例教学与现实情境脱轨。此外，学生对案例库中为人所熟知的企业或品牌往往存在着一些刻板印象效应。比如，提到字节跳动的市场开发问题，学生容易联想到病毒式的短视频，或是基于大数据的精准新闻推送；而现实情况是，字节跳动也做手机，要分析不契合的品牌延伸，则需要脱离固有的主观思维来发散思考。综合来看，案例的问题预设性限制了自由开放的思维模式，而这种思维模式正是案例教学所需要培养的。

针对以上的种种问题，本文根据教学实践，提出了“专业时评”这一新颖的案例教学模式。通过几轮专业课试用，获得了学生较好的反馈。

二、专业时评的含义及特点

时评是专业评论员对当前发生的新闻事件进行专业的、及时的分析和点评的一种新闻文体。这种文体最大的特点就是时效性和评论性。由于案例教学当中，教师也希望做到案例素材的新颖性和案例评论的专业性，因此可以将时评的形式结合到专业课程的教学中，形成“专业时评”的案例教学新模式。具体而言，首先，由授课教师从近期发布的新闻素材中，选取适合专业课内容的事件作为时评的对象；其次，在专业课上，教师对这一新闻事件进行介绍，然后让学生从不同主体的视角提出案例中的专业问题，并进一步分析和提出解决方案；最后，由教师对各位同学的观点进行总结，并对案例本身进行专业点评。专业时评旨在培养学生专业的嗅觉，去洞察身边热点中的问题，分析以及解决问题，从而锻炼个人的逻辑思维能力。

不同于一般的案例教学方法，专业时评的教学设计旨在解决传统案例教学中存在的问题，从实际教学效果来看，具备以下几个特点：

（一）教学节奏灵活

专业时评设置在一堂课的专业内容开始前，因此要求教师较好地把控课堂节奏，以确保接下来的课程内容顺利进行。专业时评的案例均来自网上新闻，篇幅较短，平均浏览时间仅需 3~5 分钟，相较于传统教学案例更适合 40~45 分钟一节的课程。传统案例教材设置了问题框架，若因时间把控无法完成某一问题的讨论，会直接导致讨论环节不完整；而专业时评的讨论环节不设置固定的问题，讨论的节奏由学生和教师共同把控。时评的分享形式，让学生能够从不同视角言简意赅地抛出问题并进行分析，提升了教学效率。

（二）课堂沉浸感提升

实时的新案例能够给学生以新闻的新鲜感冲击，从而引起其思考的兴趣。比如，在“品牌管理”课堂上，我们给学生提供了关于 Redmi 成为小米手机独立品牌、波音 737 Max 8 安全事故、互联网咖啡瑞幸咖啡、拼多多假货风波等的新闻报道。从教学实践结果来看，学生对于这些近期发生的事件的确有更加清晰深刻的印象和更高的自我表达意愿。此外，传统教案中的案例有一定的前人研究基础，学生在讨论时容易被已有研究成果或他人的客观评价禁锢思维，而专业时评中所选取的案例多为近期时事，没有可参考的现成资料，所以不存在标准答案。因此，学生降低了发言的心理门槛，更愿意去发表自己的观点。

（三）问题视角开发

传统案例教学，问题的设计来源于案例开发者，上课时由教师来引导启发，学生作答；而在专业时评运用中，教师不提出任何问题，由学生自己寻找问题，自己作答。因此，专业时评的问题视角更加发散，不同的班级、不同的学生会提出不同的专业问题，有利于在不断挖掘中更新案例的讨论价值。另外，专业时评鼓励学生在讨论中不断进行辩证思考，敢于提出不同观点。发表观点并非是要判分对错，而是重在共同探索的过程，向其他人学习不一样的思考方式，拓展自己看待问题的视角。

三、专业时评的应用流程

专业时评通常在理论课程开启新单元时进行，作为专业课的导入。通过案例讨论与分析的环节，让学生预先了解到该单元的知识点所涉及的问题，引发学生主动思考。通常，专业时评的应用流程分为案例选取、案例分析、案例点评三个环节：

（一）案例选取

专业课主题确定后，教师可以根据课程内容需求进行专业时评的案例选定。专业时评的案例素材主要来源于课程前一周内的实时新闻。案例可优先选择与课程相关的事件作为课程内容导入，也可选择与已授课程相关的事件，帮助考察学生对知识的掌握程度，增强学生对商业问题与专业知识的联想能力。如果需要对案例进行跟踪研究，则可选择已发展一段时间的企业案例。这样可以更加全面地反映事实，也能给学生留出更多的讨论空间。这些案例中企业的行为可能是动态的，例如，天猫国货潮中，周黑鸭、六神、卫龙等不同品牌进行了创意营销，取得了不同的营销效果，可以进行对比研究。同时，顾客的评价也可能是动态的。比如在该活动中，一些消费者一开始对六神味的 Rio 鸡尾酒充满好奇，5000 瓶限量预售在 17 秒内一抢而空；但在这款商品正式上架后，网络上逐渐出现了“味道仿佛在喝花露水”“用国货做营销噱头”等负面评价。同一个企业的变化过程，使得案例教学更有趣味性和复杂性。

（二）案例分析

首先，学生需用 3~5 分钟时间观看关于该则时事的文字介绍或视音频材料。然后，学生可将自己置于消费者、企业、竞争对手、工会、政府部门、事件旁观者等多个主体角度发表对该事件的看法，从个人直觉上判断自己作为当事人可能会做出何种行为，以及做出该推断的原因。接着，其他同学可继续探讨自己发现的问题，或基于已提出的问题提出不同的观点。教师不对这一阶段的任何观点做出评价和引导，而是让学生自由讨论。比如 2019 年，雪碧为了支持环保事业，抛弃了使用 58 年之久的标志性绿色瓶子，取而代之的是更易于回收的透明塑料瓶。有的学生认为，要想提高新雪碧的市场接受度，应该保留包装中 Logo 等部分的经典特征，唤起消费者情怀；有的学生认为，可以在产品的功能价值上做出提升作为一种弥补，比如降低卡路里；有的学生则表示支持雪碧换装这一环保的做法，可以从企业社会责任上着重宣传，让消费者接受换包装这一事实。每一种观点都有各自的价值，而专业时评的教学目的正是让学生们学会多角度思考，创造不同的价值。

（三）案例点评

经过 10 多分钟的案例分析后，进入教师的总结点评环节。教师首先对各位同学的观点做出评价，特别指出分析视角的差异；然后，结合专业的理论逻辑为大家进行案例的解读。如果设计得当，案例将反映出当节课的理论内容，从而便于引出当天的课程。课后，教师可反观备课教案，整理学生们的创新想法，总结该案例的教学亮点。经过整理的案例也可作为普通的教学案例放在今后的理论教学环节，同时起到教案更新的作用。对于学生而言，在课堂上对专业时评中遇到的问题，只是进行了初步的逻辑推导，对于感兴趣的案例问题，可以在课后进一步探讨，完成一个较为深入的研究。

四、结语

专业时评在一定程度上，可以解决传统案例教学存在的一些问题，是一种有益的案例教学尝试。通过运用专业时评进行教学，教师可以了解到学生对相关专业时事的关注程度、对现象的看法、问题视角的选取以及对背后原因的挖掘过程。学生在讨论中也可通过聆听其他同学的观点收获新思路，培养发散性思维方式，提升对问题的逻辑分析能力。专业时评鼓励学生提出不同意见，敢于思辨。正如一位学生在笔者“品牌管理”课程评语中说到的：“令我印象深刻的是每次课前的专业时评，发言不限制角度、不限制方向，大家想到什么都可以表达。”而这正是开展专业时评的意义。正如陈寅恪先生所言“自由之思想，独立之人格”，坚持自由发散的思维模式。

在未知的问题面前，每个人的答案都可能是标准答案。经过专业时评的练习，学生逐渐习惯课堂主人公的身份，通过自己的思考理解课堂内容。而在专业时评的后期管理中，也可以由学生主动分享自己所品鉴的案例，引导大家共同思考。专业时评的教学目标是从生活细节影响学生的思考习惯和专业敏感性，当学生看到身边与专业有关的细小现象时，也能够主动地向自己提问为什么有这个现象，洞察问题背后的逻辑。面对他人不一样的观点时，能够以积极心态，将其看作自我辩驳的机会抑或是认知的更新。

参考文献

[1] Karim S.，Rebeiz. An Insider Perspective on Implementing the Harvard Case Study Method in Business Teaching [J]. 美中教育评论，2011 (5)：591-601.

[2] Nghia L. H.，Tran. What Hinders Teachers from Translating Their Beliefs into Teaching Behaviors：The Case of Teaching Generic Skills in Vietnamese Universities [J]. Teaching and Teacher Education，2017 (64)：105-114.

[3] 何志毅，孙梦. 中国工商管理案例教学现状研究 [J]. 南开管理评论，2005 (1)：91-95.

[4] 黄柱起. 如何提高开放型课堂教学的有效性 [J]. 才智，2016 (1)：78-79.

[5] 李太平，戴迎峰，黄富琨. 案例教学困境及其超越的文化思考 [J]. 高等工程教育研究，2017 (4)：170-173.

[6] 李征博，曹红波，郑月龙. 哈佛大学商学院案例教学运行模式及对我国的启示 [J]. 学位与研究生教育，2018 (11)：70-75.

[7] 刘刚. 哈佛商学院案例教学作用机制及其启示 [J]. 中国高教研究，2008 (5)：89-91.

[8] 刘晓萍．“存在”的诉求与“吐槽”的狂欢——弹幕电影的受众心理分析［J］．当代电影，2018（1）：151-154.

[9] 王艳．案例教学视角下的大学生创业能力培养［J］．江苏高教，2018（4）：92-94.

[10] 武亚军，孙轶．中国情境下的哈佛案例教学法：多案例比较研究［J］．管理案例研究与评论，2010（1）：130-135.

[11] 张学敏，侯佛钢．全日制教育硕士研究生案例教学的桥梁作用［J］．学位与研究生教育，2016（8）：43-47.

[12] 张新平，冯晓敏．重思案例教学的知识观、师生观与教学观［J］．高等教育研究，2015（11）：64-68.

[13] 教育部，国务院学位委员会．学位与研究生教育发展“十三五”规划［EB/OL］.（2017-01-20）［2017-07-07］．http：//www. moe. gov. cn/srcsit/A22/s7065/201701/t20170120_295344. html.

技术类课程的游戏化教学探索

——以“电子商务标准与规范”为例*

冯元粤[1]　杨葱葱[2]　杨翩翩[3]

（1. 深圳大学管理学院管理科学系； 2. 东莞理工学院经济与管理学院国际商管系；
3. 深圳大学管理学院市场营销系）

【摘要】 当前的高校学生已经是伴随着互联网发展而成长起来的“Y 一代”（数字原住民）。技术类课程的知识相对枯燥，导致“Y 一代”学生对其缺乏兴趣，如果继续沿用传统的填鸭式方法给学生单向地灌输知识，教学效果将会大打折扣。作为一种经久不衰、不断发展的教学理念，游戏化教学是技术类课程赋予学生沉浸感、体验感，提升课程教学效果的有效手段。本文对深圳大学管理学院技术类课程“电子商务标准与规范”的游戏化教学经验进行总结与梳理，旨在为同类课程的游戏化教学活动提供行动参考及经验借鉴。

【关键词】 技术类课程；游戏化教学；实践探讨

一、引言

“电子商务标准与规范”是电子商务、管理科学乃至整个管理学科的重要课程之一，其特点是技术性和实践性较强。电子商务标准化及规范化工作是电子商务健康、快速发展的重要基石和坚实保障。在全球经济一体化和国家“一带一路”的政策背景下，在大数据及人工智能快速发展、不断深入商业活动的技术条件下，海量电子商务数据的标准化运营、收集、处理和分析是大型电子商务企业及平台提高公司盈利能力和顾客使用体验的必由之路。此外，电子商务标准化涵盖面很广，掌握了标准化的相关概念、原理、技术和工具能帮助管理类学生提升自己的综合竞争力。例如，如何使用相关技术来对企业商业数据进行标准化的处理和分析以提高运营和销售的效率，如何应用相关的概念及原理、方法来对企业的电子商务流程进行梳理和优化等，均需用到电子商务标准化的概念、理论和方法、工具。因此，学好“电子商务标准与规范”这门技术类课程，对于电子商务专业本科生乃至管理类专业的学生极为重要。

* 本文的出版得到了 2018 年度深圳大学教学改革研究项目（JG2018080）的资助。

当前的高校学生已经是伴随着互联网发展而成长起来的“Y 一代”（数字原住民）。技术类课程的知识相对较为枯燥，导致“Y 一代”学生对其缺乏兴趣。并且，由于“电子商务标准与规范”这门课程涉及较多的概念、原理和技术等理论知识，如果教师只是按照传统的填鸭式方法给学生单向地灌输知识，必定会导致“教师唾沫横飞，学生一脸茫然”的低效教学效果，学生无法真正参与到实际的学习过程中，对知识死记硬背，缺乏亲身实践，学过就忘，也不能运用到日后的工作中。因此，针对“电子商务标准与规范”这类技术性和实践性较强的课程，教师需要深入思考如何能够使得学生在体验式、参与式的学习过程中轻松、高效地掌握相关的标准化技术和工具，并能够灵活应用这些技术工具分析和解决实际问题。由于“Y 一代”学生具有“非线性、图形化的思维模式”，追捧可视化学习方式，热衷于社交媒体和电子游戏等特点，而且对游戏的热衷程度已经超过以往各代，教育界近年来已开始放弃游戏不能用于教育的观念，研究如何将游戏化与学习有效结合的策略，并产生了一批可供参考借鉴的成果[1-4]。

二、文献综述

游戏化是指将游戏设计的思想和游戏机制运用到非游戏的场景中，从而使得用户在愉悦的游戏般的体验中完成任务或达到目标[5]，其核心思想就是利用积分、奖励徽章、等级（或关卡）、任务进度、虚拟货币等奖励机制激励参与者完成相关任务，利用完成任务可见性、排行榜等方式使参与者互相竞争从而更高效地完成相关任务[6]。部分学者进一步提出“有意义的游戏化”这一概念，强调有意义的游戏化必须能够同时提高用户的体验性结果（experiential outcome）和工具性结果（instrumental outcome）[7-8]。

牛玉霞等认为，游戏化教学是借鉴游戏的设疑、挑战、自主等理念，把教学目标隐蔽于游戏活动中，根据学习者的特征以及教学内容，采取相应的游戏化教学策略，从而使学习者在放松的状态下，从乐趣中获得知识、提高技能和陶冶情操。这里的游戏包括电子游戏和学习中的游戏活动[9]。张金磊和张宝辉则指出，在翻转课堂情境下，教师可以综合运用目标分层策略、游戏关卡策略、动机激发与奖励策略、交流反馈策略、竞争协作策略、反思策略以及评价策略来提高教学效果[10]。

综上所述，如何将游戏化学习的理念和策略运用到“电子商务标准与规范”这类技术性课程的课程设计和教学方式中，在提高学生学习兴趣和参与度的同时保证学生能够牢固地掌握及应用所学知识，是一个巨大的挑战。这对教师的自身素质和教学技巧提出了更高的要求。目前，传统的“电子商务标准与规范”课程教学过程中存在课程设计过于紧凑、教学方法过于陈旧、教学手段过于单一、学生感觉所学知识点生涩难懂等问题。因此，急需重新审视“电子商务标准与规范”这门课程，在课程设计和教学方式方法上进行持续改进，提升教学效果，提高学生学习的积极性与主动性。

三、"电子商务标准与规范"课程游戏化教学改革的目标和具体内容

笔者对"电子商务标准与规范"课程进行游戏化教学改革时，主要围绕如何利用游戏化学习的设计理念和机制策略来改进"电子商务标准与规范"的课程设计和教学方法展开。主要改革目标是通过在课程安排、课堂设计、教学方式、教学反思、课程反馈及评价等关键环节适时、适当地引入游戏化的设计元素与机制策略，从而提升学生的学习兴趣及主动性，同时提高学生对知识掌握及应用的熟练程度。教学改革的具体内容涉及以下几个方面：

（一）重新梳理课程安排

本教学改革将通过重新梳理整体课程体系和授课进度，将课程知识片段化，并针对每一个知识片段采取目标分层策略，设置几个从易到难逐级递进的目标，使学生能够根据自己的水平层次选择合适的内容，并进一步提升相关能力。拥有较高水平的学生在一定的时间内层层深入，完成更多的目标；而水平较低的学生也能够量力而行，在巩固原有知识的基础上有所提高。

（二）优化课堂设计方案

本教学改革将进一步优化课堂设计，将游戏关卡的理念运用在课堂设计和课件设计中，知识点不会直接呈现在学生眼前，通常需要打扮成一个个小任务、小难关，每个任务负载一个小知识点，任务一般要转换成问题情境，需要学生根据具体场景去领悟建构知识游戏中的这种任务。同时对于整体的学习内容，教师会提供概念地图，即学习导航图。学习者通过不断地取得任务、完成任务，获得积分升级。学习者在完成任务过程中遇到问题—进行探索—解决问题—又遇到新问题—继续探索解决，从而使整个系统运行起来，促进学习者从"第一关"开始，直至完成"通关"。

（三）改革教学方式方法

游戏化学习强调激发行为动机的重要性。积分、成就徽章、名望值、虚拟货币等虚拟奖励能够激发学生的学习动机。在教学方式上，可以根据实际需要和学生的喜好挑选最具吸引力的虚拟奖励方式，奖励等级要与任务难度挂钩，随着任务难度提升而不断提高。同时，也应该设置适当的惩罚制度，这样能够有效提醒学生更加认真努力学习，争取更大进步。此外，在教学中设计游戏化的竞争和协作机制，一方面可以让学生根据自身水平选择竞争伙伴，激发学生上进心，培养学生敢于接受挑战的优良品质，也可以让学生为了共同目标组成团队，发挥各自的聪明才智，分工协作，取长补短，培养学生的协作精神和集体荣誉感。

（四）促进教学反思总结

教学中仅仅使用游戏来完成教学过程，可能并不能达到最终的教学目的。因此，游戏进行过程中或游戏结束后进行反思和总结，是确保学到知识的有效方法。一方面，

教师要持续反思自己开展的游戏化教学手段的具体效果，根据实际情况来不断调整课堂设计和教学方式方法；另一方面，教师也要促使学生定期对自己的学习过程进行及时的反思，要落实在文字上，形成系列，这有利于学生认识到课堂教学并不是单纯的游戏，而是一种学习活动，在总结反思自己的操作过程的同时，建构完善自己的知识体系。

（五）及时进行反馈与评价

在游戏化教学的过程中，应该记录下学习者在各个环节中的表现，给予学生及时的数据反馈，使学生不断总结与反思，及时发现自己的不足，查漏补缺，调整策略，改正错误。因此，在教学过程中，要结合过程性评价和最终结果评价，结合教师评价和学生自评、团队他评及竞争对手他评等方式，给出相对客观的评价。决出最终的优胜者后，教师可以组织颁奖活动，给予一定的奖品，使得学习过程更具吸引力。

四、“电子商务标准与规范”课程游戏化教学改革的实施方案和实施过程

基于上述的教学改革目标及主要内容，笔者对“电子商务标准与规范”课程游戏化教学改革的实施方案及过程包括如下几个方面：

（一）仔细梳理课程教学体系

笔者对“电子商务标准与规范”这门课程的教学体系进行了深入的梳理。首先，根据本课程面向高年级学生开设的特点，压缩了目前课程教学内容中电子商务基础知识部分的学时，如电子商务发展现状及趋势、电子商务基本概念及模式等内容，集中主要精力来讲授电子商务标准化体系框架里的重要组成部分。其次，以授课章节中的知识点为单位，对每一个知识点设立了若干从易到难的学习目标，比如电子商务基础数据这一章的信息分类与编码这一知识点就设置为：①理解信息分类与编码的基本原则和分类；②掌握信息分类与编码的主要方法并举例；③运用信息分类与编码的基本方法对实际电子商务产品或服务进行分类与编码操作。在此基础上，形成了本课程的知识地图，让学生在课前就能明晰课程教学内容的前后逻辑，并根据自己的水平不断努力，达到不同等级的学习目标。

（二）深入优化课堂设计方案

对于课堂设计方案，笔者将游戏关卡和角色扮演的机制融入了课堂设计，以激发学生的学习兴趣，调动学生的学习积极性。具体来说，课前教师根据学习内容开发相关的教学短视频来完成知识的传输。同时，教师督促学生利用好 blackboard 等教学平台，在课前与同伴进行协作学习，游戏关卡和角色扮演的规则、操作方式以及设计方向都在整门课程开始前告知学生。在每次课堂开始前，教师把自己提前准备好的游戏情境提供给学生，引领其产生沉浸的感觉，调动学生的挑战欲望。在关卡的设计上，结合学生在课前学习提出的问题，根据教学目标和游戏特征设计不同层次的题目，并

根据其难度的递增，形成相应的关卡，用于支持学生在课堂中进行“探索与尝试”（针对探索性问题）和“应用与挑战”（针对应用性问题）。在学生“闯关”的过程中，教师设置了一定的时间限制（一般为每关5分钟），并提供一定次数的支持（可以由教师提供支持，也可以由其他同学提供支持）。在角色扮演的设计上，针对课程内容，设置了不同的角色，最后对不同角色的任务完成情况进行评价。

（三）改革教学方式及方法

在教学方式及方法上，本课程融入各种游戏化元素，旨在增强学生的学习动机。例如，在“闯关”和“角色扮演”游戏的过程中，设置了一些奖惩措施，如设计“黑红”奖章，成功通关者可获得“红”奖章，失败者获得“黑”奖章，最后根据每个人的奖章情况进行颁奖和记录平时成绩，也可以使用积分增减作为奖惩手段。又如，教师在课前自行录制了一些教学小视频（用现在很流行的“抖音”或“快手”等短视频APP来录制），在课堂上播放，让学生观看后回忆视频中的知识点，以这种接地气的方式来提高学生的学习兴趣。再如，在课堂上根据授课内容适时、灵活地组织课堂案例分析竞赛，让学生自由组成小组，对案例的思考题进行抢答，决出优胜的小组并给予积分或奖章奖励。此外，本课程还创建了一个与电子商务标准化活动相关的具有挑战性的学习任务，要求学生使用电子商务标准化体系框架中的内容来分析某一具体电子商务网站在标准化工作中的具体举措。该任务包含12个子任务。可以将所有学生进行分组，每组5~7人，分组后学生可以自愿进行换组。每组的团队自行分工合作，每人领取2~3个任务，在课程最后，将每个人的任务整合起来形成最终完整的报告。各个团队完成任务后进行展示和答辩，最后学生们相互投票，选举出“冠军”“亚军”和“季军”，并根据排名给予U盘或笔记本等物质奖励。投票的方式采用了微信—发现—小程序里的“腾讯投票”小程序来进行，先通过面对面加群的方式，建立全班同学的微信群，再将投票链接分享到群里，让各位同学匿名投票。

（四）建立教学反思制度

在完成每一次的教学游戏后，教师一方面对自己在游戏化教学的开展过程中的成功和失败经验进行反思和总结，撰写游戏化教学日志或博客，另一方面也组织学生对自己在教学游戏中的表现进行反思，回顾参与游戏过程中出现的错误和精彩的表现，以便完成知识的巩固与经验的总结。教师和学生撰写的日志和总结都发布在blackboard教学平台上，双方都能够看到并讨论，便于交流，促进共同进步。教师将学生分为若干个5~7人的小组，每组设置了一位对blackboard教学平台运用熟练的学生作为组长，督促组内成员按时撰写并上传游戏日志及总结。

（五）完善教学反馈机制及教学质量评价体系

教师在学生参与教学游戏的过程中，除了提供实时的支持与反馈外，还对学生的表现进行了详细的记录，在游戏结束时，对不同的学生给予准确的总结评价，让学生知道自己的问题所在，促使学生对学习过程进行进一步反思。教学反馈的渠道除了采用微博、微信群、微信朋友圈、blackboard 等网上在线的反馈工具，还可以采用面对面个人或小组交流及定期咨询等线下的反馈途径。在评价方式上，也尽可能采用多样化的评价方式，包括过程性评价和总结性评价，评价的指标不仅包括游戏关卡完成数或积分奖章等硬性指标，还包括学生在游戏中表现出的技能、情感、态度与价值观等软性指标。

根据上述五个方面的具体措施，本课程的教学计划及相应的游戏化教学设计如下表所示：

表　教学计划及相应的游戏化教学设计

周次	周学时	主要教学内容	游戏化教学设计
1	2	第一章　互联网与电子商务概述 第一节　互联网与电子商务 第二节　下一代互联网与语义网 第三节　新一代信息技术与电子商务	互联网与电子商务丛林探险闯关游戏
2	2	第二章　电子商务基本概念和基本术语 第一节　电子商务的基本概念 第二节　电子商务的模式	观看教学短视频，课堂讨论
3	2	第三章　电子商务标准化和标准化体系框架 第一节　电子商务信息标准化的概念 第二节　电子商务标准体系框架	标准化体系框架知识拼图游戏
4	2	第三章　电子商务标准化和标准化体系框架 第三节　Internet 商务标准 第四节　电子商务全球化技术标准	课堂案例分析竞赛
5	2	第四章　电子商务基础数据 第一节　电子商务数据元	网上智力问答游戏
6	2	第四章　电子商务基础数据 第二节　信息分类与编码 第三节　元数据	信息分类与编码方式比对粘连游戏
7	2	第五章　电子商务信息描述技术 第一节　标准通用指标语言 第二节　超文本指标语言 第三节　可扩展指标语言	观看教学短视频，课堂讨论
8	2	第五章　电子商务信息描述技术 第四节　EDIFACT 应用级语法规则 第五节　XML 在电子商务中的作用	EDIFACT 语法纸牌配对游戏
9	2	第六章　电子商务文档格式设计 第一节　基于纸质的文档格式设计 第二节　基于 EDIFACT 的报文设计	观看教学短视频，课堂报文设计竞赛
10	2	第六章　电子商务文档格式设计 第三节　基于 XML 的电子文档设计 第四节　纸质文档转化为电子文档 第五节　基于 XML 的文档设计实例	观看教学短视频，课堂讨论

续表

周次	周学时	主要教学内容	游戏化教学设计
11	2	第七章　电子商务业务流程 第一节　业务流程建模语言	课堂案例分析小组竞赛
12	2	第七章　电子商务业务流程 第二节　业务流程建模方法	观看教学短视频，课堂讨论
13	2	第八章　电子商务的安全机制 第一节　电子商务安全概述 第二节　加密和密码体系	电子商务安全“拯救者”角色扮演游戏
14	2	第八章　电子商务的安全机制 第三节　电子商务鉴别与认证技术 第四节　电子商务安全认证体系及实例	课堂案例分析小组竞赛
15	2	第九章　电子交易与支付 第一节　电子合同	网上智力问答游戏
16	2	第九章　电子交易与支付 第二节　电子交易支付系统	课堂案例分析竞赛
17	2	电子商务标准小组报告与答辩	投票、积分/奖章清点、颁奖
18	2	总复习	—

五、“电子商务标准与规范”课程游戏化教学改革的效果及反思

通过对“电子商务标准与规范”这门课程进行大刀阔斧的游戏化教学改革，教师收到了良好的教学效果。首先是该门课程的教学内容和知识体系得到了进一步的优化，通过对知识体系的梳理，提高了知识体系的科学性；通过将线上线下等多种游戏化元素和机制融入教学内容，使得教学内容更富吸引力。其次是学生的学习主动性和课堂积极性均有了较为明显的提高，通过对闯关、知识拼图、教学短视频、智力问答、比对粘连、纸牌配对、小组/个人竞赛、积分、勋章等游戏化元素与机制的灵活运用，课堂的互动性大大增强，学生到课率明显提高，学生的课堂参与度也有了显著的提升。再次是长效的教学反思制度得以成功建立起来，具体包括教师及学生对游戏化教学活动具体过程及效果进行了实时、深入的反思和总结，并形成了大量可供科学研究参考借鉴的反思及总结文字。最后是教学反馈机制和质量评价体系得以进一步完善，教师与学生之间充分地利用各种沟通工具进行双向反馈，并对教与学的质量进行双向评价，建立起了特定于游戏化教学的独有教学质量评价指标体系。

在实际教学改革活动中，笔者也发现了一些存在的不足与挑战，指出了游戏化教学改革进一步改善的方向。主要体现在如下几个方面：

（一）教学游戏程序化较重，学生的主观能动性还需进一步调动

目前该课程大部分的游戏化教学设计在形式上仍然比较单调，多为程序性游戏，学生按照游戏规定步骤进行即可完成游戏。这样的程序化游戏虽然能够激发学生的学

习动机，但却忽略了学生的主观能动性。在将来的改革中，教师应该秉承学生主体性原则，把握游戏的目的性，既要对游戏的进展进行积极的调控，又要充分地发挥学生内在的潜力，甚至可以允许学生自定义和自行设计课程教学游戏。

（二）游戏性与学习内容结合仍然不够紧密

游戏化元素必须与教学内容自然融合，才能使教学活动不显得那么生硬和突兀，才能使教学变得生动有趣。目前看来，该课程部分的游戏化教学设计仍然属于游戏化元素与教学内容的简单结合，这样往往会导致有量无质，在应用中效果不佳。将来教师应该进一步深入研究本课程的内在学科规律，在此基础上将其与游戏化设计理念真正整合，使游戏成为课程有效教学的有机组成部分，而不是为了游戏而游戏。

（三）教师的游戏化教学设计和组织能力有待进一步提高

教学游戏需要耗费教师的大量时间进行设计和组织，并在游戏的过程中观察和记录学生的表现，提供实时的支持与反馈。此外，数字化的游戏对教师的信息技术能力也是一种考验，游戏化教学活动的组织则对参与人员、场地、道具等都有一定的要求。这些都对教师的综合能力提出了很高的要求。在将来的教学改革中，教师必须不断提高自身的组织能力、应变能力以及掌控能力，适时调控游戏的进展，使之按照既定的教学目标顺利开展。

六、结语

在技术类课程的教学上，尽管游戏化教学模式相较于传统的讲授式教学模式有着强大的优势，但是在实际教学实践中也应该合理、科学、适时地运用各类游戏化教学元素及机制，才能充分发挥游戏化教学模式的强大作用。将来的高等教育教学研究者和实践者应该进一步探索游戏化教学模式的有效作用情境以及游戏化教学模式有效性的评价标准，为游戏化教学模式的进一步普及和发展提供坚实的理论指导及实践参考。

参 考 文 献

[1] Prensky M. Digital Game-based Learning [J]. Computers in Entertainment (CIE), 2003, 1 (1): 21.

[2] De-Marcos L., Domínguez A., Saenz-de-Navarrete J., et al. An Empirical Study Comparing Gamification and Social Networking on E-learning [J]. Computers & Education, 2014 (75): 82-91.

[3] 尚俊杰，庄绍勇，李芳乐，等．游戏化学习行为特征之个案研究及其对教育游戏设计的启示［J］．中国电化教育，2008（2）：65-71.

[4] 蒋宇，尚俊杰，庄绍勇．游戏化探究学习模式的设计与应用研究［J］．中国电化教育，2011（5）：84-91.

[5] Deterding S., Dixon D., Khaled R., et al. From Game Design Elements to Gamefulness: De-

fining Gamification [A] //Proceedings of the 15th International Academic MindTrek Conference: Envisioning Future Media Environments [C]. ACM, 2011: 9-15.

[6] Nacke L. E., Deterding S. The Maturing of Gamification Research [J]. Computers in Human Behavior, 2017 (71): 450-454.

[7] Nicholson S. A Recipe for Meaningfulgamification [A] //Gamification in Education and Business [M]. Springer, Cham, 2015: 1-20.

[8] Liu D., Santhanam R., Webster J. Toward Meaningful Engagement: A Framework for Design and Research of Gamified Information Systems [J]. MIS Quarterly, 2017, 41 (4).

[9] 牛玉霞，任伟. 游戏化教学初探 [J]. 教育技术导刊，2006 (5): 4-5.

[10] 张金磊，张宝辉. 游戏化学习理念在翻转课堂教学中的应用研究 [J]. 远程教育杂志，2013 (1): 73-78.

信息化技术工具在教学中的应用

——以“统计分析软件运用”课程为例

王 荣 布春雨

（深圳大学管理学院人力资源管理系）

【摘要】 教育信息化的核心内容是教学信息化，而所谓教学信息化就是要使教学手段科技化、教育传播信息化、教学方式现代化。基于此背景，本文以“统计分析软件运用”课程为例，探讨了如何将信息化技术工具融入课堂教学中。具体而言，根据“统计分析软件运用”实用性和实践性较强的课程特点，结合已有教学经验，试图探索出一套有效的课堂教学模式，以期提高学生课堂参与的积极性，促使信息化技术工具与教学真正融合，推动信息化教学应用的发展。

【关键词】 教育信息化；教学手段；教学方式；信息化技术；课堂教学模式

一、信息化：教育教学工作的新时代要求

2018 年 1 月，中共中央、国务院印发《关于全面深化新时代教师队伍建设改革的意见》[1]，其中明确指出教师应主动适应信息化、人工智能等新技术的变革，积极有效地开展教育教学工作。教育部办公厅也于 2018 年 4 月 18 日印发《教育信息化 2.0 行动计划》，希望通过该计划的实施，到 2022 年基本实现“三全两高一大”的发展目标。其中，“三全”是指教学应用覆盖全体教师、学习应用覆盖全体适龄学生、数字校园建设覆盖全体学校；“两高”意味着信息化应用水平和师生信息素养普遍提高；“一大”则是建成“互联网+教育”大平台[2]。在教育信息化的时代背景下，信息技术和教学相结合已是大势所趋，但如何将信息技术、教学内容和教学方法有机结合，成为许多教师在教学中面临的一大难题。

有句话曾说“Tell me，I will forget；Show me，I may remember；Involve me，I will understand”（“告诉我，我会忘记；做给我看，我会记住；让我参与，我就会完全理解”），可见要让学生参与课堂、增加互动才能使其更好理解教师所讲授的知识。在互联网和信息化时代，借助 Mentimeter、微信等互联网平台，合理使用“雨课堂”等信息化教学工具，将有效改变目前较为沉闷的教学状态，为教学过程注入活力，同时激发学生课堂参与的主动性、积极性，增强教师与学生之间、学生与学生之间的互动沟通。

本文将以“统计分析软件运用”课程的既有教学经验为基石，具体探讨如何将信息技术融入课程教学之中。“统计分析软件运用”课程的主要目的是通过课堂讲授和上机练习有机结合的模式，使学生进一步理解统计分析方法的基本思想和适用条件，掌握管理研究常用统计分析软件操作方法，并能够应用于管理问题的科学研究。由于此课程注重培养学生的独立科研能力，在课堂教学过程中，涉及包括 SPSS、Process、EQS、Mplus 在内的多种统计分析软件及程序的实际操作和演练，因而对教学的学术性、研究性和实践性颇为重视。

就“统计分析软件运用”这门课程而言，教师授课过程中遭遇的主要困难之一便是课堂气氛的活跃。与其他课程传统授课模式类似，“统计分析软件运用”课堂教学中，教师一般只借助黑板和 PPT，配合以文字和公式向学生传授知识，较为枯燥的形式和本身趣味性不强的授课内容，难以吸引学生关注、调动学习兴趣，加之师生间互动较少，最终导致课堂气氛较为沉闷。教师的单向灌输和讲授，也使得学生课堂参与积极性不高，对课程知识尤其是软件操作技能的掌握不足。不难想象，若可以将一系列信息化教育技术工具融入“统计分析软件运用”课堂，开展时尚灵动的课堂教学活动，必将有助于往日沉闷的课堂向以学生为中心的、丰富立体的、生动有趣的互动课堂转变，进一步优化传统的课堂教学结构和模式。接下来，本文将结合该课程，具体讲述如何将现代信息技术（Mentimeter 软件、雨课堂、微信）逐一应用在课堂教学之中，以期为其他课程提供启示和借鉴。

二、现代信息技术工具融入课程教学

以移动互联网、大数据、云计算、人工智能技术为代表的第四次信息技术革命，极大地改变了传统的教学模式，教师授课方式开始变得灵活多样，教学模式也日益丰富。近年来，将互联网技术和传统教学结合起来形成的“线上+线下”混合式教学模式备受推崇。所谓混合式教学模式，即是利用信息化技术工具，把传统教学方式和互联网在线学习有机结合，并协同发挥二者优势，以达到优化教学资源、提升课堂趣味性、激发学生学习热情，最终提高教学效果的目的。

（一）Mentimeter 软件

教学的精髓在于了解学生已知什么、未知什么，并据此进行教与学。所以，教师要通过频繁、有效的互动，密切关注学生的即时状态，即上课讲授的知识学生是否理解、理解到何种程度。课堂即时反馈系统——Mentimeter 为教师和学生之间的实时互动提供了平台。Mentimeter 是一个实时互动投票工具，可用于 Workshop 和工作会议，亦可用于课堂教学。在课堂上，当教师设置好投票选项后，就可以让学生登录网址、输入密码参加投票，投票结果可以采用柱状图、饼图、圆点图、比例图、文字云等多种形式呈现。另外，Mentimeter 可设置开放性问题，学生只需在自己的移动电子设备上输入答案，即可实时显示在屏幕上。在实际教学过程中，教师可针对正讲授的知识，通过 Mentimeter 向学生发起提问，学生则可以通过手机、平板和其他网络链接设备回应，以获取实时的教学反馈，实现有效的教学互动。相比于传统的课堂提问形式，借助 Mentimeter 发起的问题和互动至少有两大优势：给班级更多乃至全体学生同等参与机会、缓解学生单独回答的紧张和焦虑。以下以“统计分析软件运用”课程为例，展示该软件主要操作步骤。

（1）教师首先打开浏览器进入 Mentimeter 网站（www. menti. com），注册并登录账户后，设置问题选项，如“根据统计分析软件应用课程安排，你最想学习哪一部分知识？”如图 1 所示。

图 1　Mentimeter 课堂反馈——问题设置

（2）学生使用移动设备，登录 Mentimeter 网站，输入密码（code），如 117593，即可回答教师设置的问题（见图 2），回答以匿名形式进行，学生可依据真实想法无顾虑地填写，教师也不会针对某个学生个体进行分析，只会基于全体学生的反馈做整体分析。

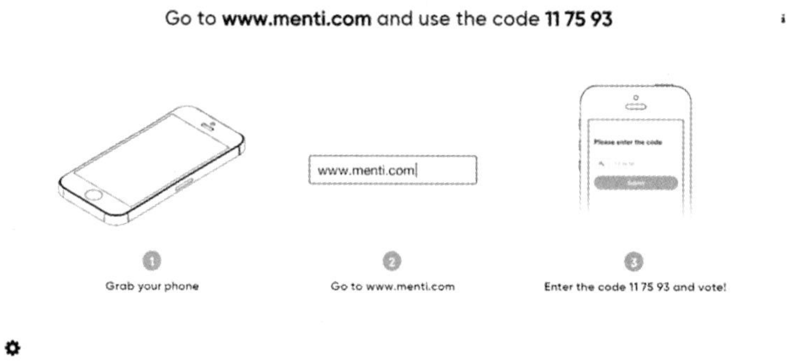

图 2　Mentimeter 课堂反馈——学生登录

（3）学生的答案最终以活泼的形式实时呈现在屏幕上（见图 3）。

图 3 Mentimeter 课堂反馈——答案呈现

通过 Mentimeter 互动，教师将有效、全面地收集学生的反馈信息，及时、充分地了解学生的学习需求，从而有针对性地设计、调整课程，真正做到以学生为中心，由传统的教师单向讲授向教师与学生之间的双向沟通逐步过渡。

（二）雨课堂

“雨课堂”是学堂在线与清华大学共同研发的一款网络智能教学终端，集微信与办公软件中的 PowerPoint 于一体。“雨课堂”融合了线上教育与实体课堂的双重优势，可全程服务课前、课上、课后三个环节，例如，教师课前推送预习课件，课上学生扫码签到、实时答题、弹幕互动，课后教师推送作业和习题等，实现了师生课堂全过程的高效互动，提升了课堂教学成效和课前、课后的自学效率[3]。

“雨课堂”可实时、客观、全面地展示教学状态。课前，教师通过“雨课堂”给学生推送预习课件，预习课件可以是传统的 PPT，也可以配以语音讲解或者插入视频及慕课，学生预习后如有不懂的地方随时加以标记。学生提前预习课件，带着问题来上课，更为重要的是，教师在上课之前可以获悉学生预习情况，对授课内容进行有针对性的准备。课堂上，“雨课堂”可以将教师授课过程中使用的课件实时推送给学生手机端，学生仔细浏览课件的每一页，若发现不懂或难懂的知识点，可直接在“雨课堂”界面上点击“不懂”，一方面，有助于学生针对不懂的知识点进行重点学习；另一方面，教师也可以清楚地知道，对学生而言，本次授课的难点为何，充分了解学生对知识点的掌握程度，并且可对较多学生不懂的难点进行复述和澄清。此外，教师还可以向学生即时推送习题，要求学生在规定时间内作答并提交答案，通过“雨课堂”，学生不仅可以知道自己这道题是否做对，也能了解其他同学的答题情况，起到参照激励的作用。与传统的黑板答题和纸笔答题相比，“雨课堂”的运用充分调动全班同学参与的积极性，也有效避免“搭便车”和“事不关己”等现象的出现。在课后，教师可以通过“雨课堂”发布复习题检测，同时可以发布下次课堂教学预习课件，以便开展下次教学。

“雨课堂”操作比较容易，减轻了教师对科技教学的恐惧感，只需会使用 PPT 和微信，就可以玩转“雨课堂”。具体而言，下载安装“雨课堂”软件后，“雨课堂”将内置在 PPT 中，以插件形式存在，使用者打开 PPT，即可在顶部菜单栏中找到“雨课堂”；点击微信扫一扫，扫描二维码登录“雨课堂”后便能够使用。“雨课堂”的好处是，没有给老师增加过多额外工作量，课件不需要重新做，每次把旧的 PPT 打开，扫描二维码登录雨课堂后，可根据需要在里面添加想要的内容，比如随堂习题等。具体使用方法和步骤，此处依旧以“统计分析软件运用”为例。

（1）准备工作。教师准备一台电脑（Windows XP SP3 及以上版本），电脑上需要安装 Office2010 及以上版本的 PowerPoint 办公软件，为实现双向沟通和互动，教师和学生均需要配备安装了微信客户端的智能电话。

（2）使用“雨课堂”授课（见图 4）。教师打开准备好的 PPT，开启雨课堂授课；创建课程和班级；在不对原有 PPT 做任何补充的情况下，可以直接开启雨课堂授课，实现扫码签到、弹幕互动、PPT 同步到学生手机、随机点名等功能；学生扫码，输入课程暗号（如 6TS55），加入本次课程，开始上课。

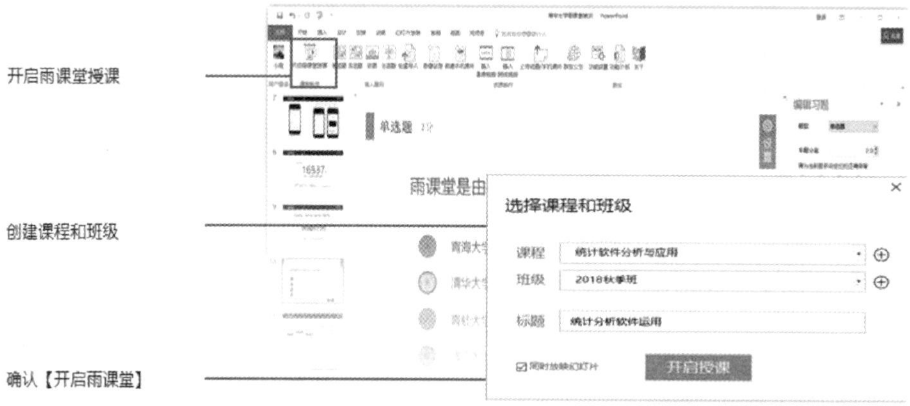

图 4 使用“雨课堂”授课

（3）课上玩转“雨课堂”。课堂上可以随堂练习，选择习题题型，包括单选题、多选题、主观题、填空题等多种形式，也可以设置分值，标记正确答案。教师发送习题后，手机端实时出现学生答题情况。比如课堂讲授完“数据的处理与转换”知识点之后，可以添加单选题目，发送给学生（见图 5）。学生答题后，教师可以以 Excel 表格的形式导出参与练习同学的成绩，以此检验学生对知识点的掌握情况。当然，课堂上，教师也可根据需要随时调出课堂二维码或进行随机点名，也可以开启弹幕功能，与学生展开新颖有趣的课堂互动。

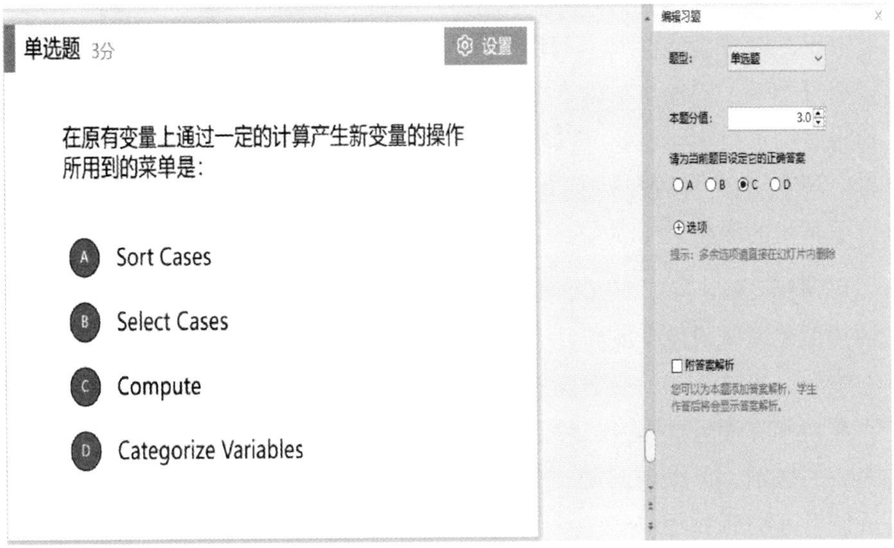

图 5 “雨课堂”随堂练习

（4）课后习题推送。课后教师若有发布相应习题以检测学生对知识掌握情况的需要，可以采用“批量导入”和“新建试题”的形式（见图 6），并设置一定的完成时间（如 40~60 分钟，具体情况可根据习题的难度做相应的调整）。例如，当“统计分析软件运用”课程完成“描述性统计分析”讲授以后，可将设计好的题目发送给学生，学生在规定时间内完成即可。学生完成后，可下载数据，得到有关成绩和答案方面的反馈。

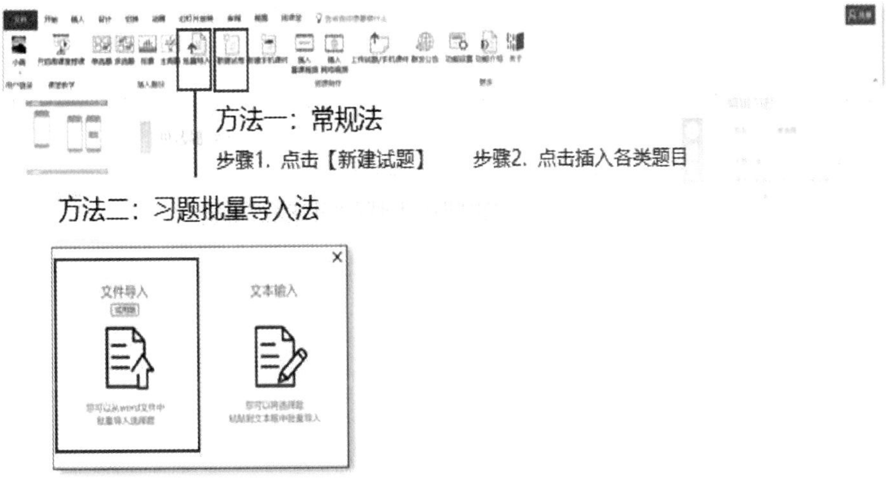

图 6 “雨课堂”课后习题推送

“雨课堂”有助于实现高效课堂互动的优势，可以应用在课堂教学中，亦可以应用在小组汇报中。若采用传统的汇报形式，每个小组只能逐一播放提前准备好的 PPT，常常出现台上学生报告、台下学生置身事外的尴尬现象。而借助“雨课堂”，每个小组可以将要汇报的内容提前置入“雨课堂”。其他同学不仅可以提前浏览到别组的 PPT，甚至可以通过弹幕，实现与报告者的互动。在传统的互动模式中，需要打断演讲者的演讲、汇报者的汇报，而现在可以通过弹幕用简短的语言表达自己的看法。而且，弹幕非常符合现在年轻人的使用习惯，相信学生会更积极、更乐意参与到互动中来，无形中提升了学生的课堂关注。

（三）微信

微信是在我国使用最广泛的社交软件之一，2011 年由腾讯推出后，它的发展异常迅猛，据统计，2018 年微信每月活跃用户约为 10.82 亿，平均每天共计发送 450 亿条信息[4]。在教师和学生群体中，微信几乎成为一种手机必备的安装软件，并且它没有在线和离线的区别，可以随时随地保持连通性。由于微信的普及性和便利性等特点，可以有效借助其构建教师和学生之间的沟通桥梁，并适时将其运用在课堂教学之中。根据“统计分析软件运用”的课程特点，在教学过程中亦可利用微信平台实现有效教学，具体可借鉴操作如下：

（1）第一次课程，利用微信的“面对面建群”功能，创建“‘统计软件分析运用’课程群”，并且要求学生以“姓名+联系方式”命名自己的群昵称。

（2）每次上课前在微信群里以文件形式发送下节课的教学安排和内容，并提醒学生收藏，方便提前预习、理解教学的重难点，同时学生也可在日后有需要时（如复习期间）随时查看。

（3）在微信群里发送与课程相关的软件安装信息、链接、文档及相关指引，一些与统计分析软件和技术相关的中英文文献也可以及时推送。

（4）课外时间教师和学生通过微信群组一起就具体研究问题进行探讨，学生在课下学习过程中有任何问题可以在微信群里@老师或求助同班同学，实现科研互助模式，使得教师与学生可以保持密切联系、获得及时的沟通反馈，从而实现教师与学生之间、学生与学生之间的高效互动。

三、结语

在传统的“统计分析软件运用”课堂中，教师仍然是课堂的主体，在“教师讲、学生听”这种教学模式下，学生经常被动地参与整个过程，同学之间、师生之间的互动甚少。但是在信息技术工具的帮助下，学生愿意参与课堂互动，让教学变得更加有趣，更符合年轻人的行为习惯，比如前文提到的“雨课堂”多元化互动、弹幕功能等。这种教学模式充分利用学生对现代信息技术的好奇心，实现学生和学生之间、学生和教师之间的全通道交流，为学生学习的自主性和积极性创造了良好的条件。这不仅给学生营造了轻松的学习环境，还真正发挥了学生在学习上的主体作用，实现了从以教师为主体到以学生为中心的课堂转变。

在教育信息化时代，信息技术工具在课堂教学中的应用，改变了传统的教学方法和学习方法，可以有效地调节课堂气氛，创设良好的学习情境，激发学生的学习兴趣、独立性和创造性。在未来的教学过程中，不仅要把课堂教学内容的内在规律、基础知识讲清楚，更要善于利用信息化技术工具创新教学方法，让课堂教学既有知识性和学术性，又充满互动的乐趣，进一步加深学生对知识的理解，改善和提高教学效果，进而培养学生的思维能力、创新意识和解决问题的能力[5]。

综上所述，作为新时代教师，要与时俱进，不断改进教学模式、优化教学结构，尝试将现代信息技术工具合理有效地融入教学内容和教学方法中，实现数据驱动的教学，做到科学教学和教学科学。

参考文献

[1] 中共中央 国务院关于全面深化新时代教师队伍建设改革的意见 [J]. 人民教育，2018 (Z1)：7-13.

[2] 李玉顺. 教育信息化 2.0 时代的互联网学习 [J]. 现代教育，2018 (6)：1.

[3] 陈曦. 基于雨课堂的高等数学混合式教学模式思考 [J]. 现代经济信息，2017 (8)：431.

[4] Bianews. WeChat Released the WeChat Data Annual Report in 2018. WeChat Open Course 2019 [EB/OL]. http：//www. sohu. com/a/287693662_ 115060，2019-04-13.

[5] 孙晶，赵莹，王婷婷，魏舒，李晓，林咨舍. 互联网+高效教学模式的研究 [J]. 科学咨询（教育科研），2019 (8)：41.

用环环相扣的例题和习题主导“概率论与数理统计”的教学

陈 苍
（深圳大学管理学院管理科学系）

【摘要】本文介绍了笔者通过多年教学实践总结出来的一套用环环相扣的例题主导概率统计教学过程的方法：用浅显的例题导入定义、公式与定理，用层层递进的例题加深对理论的理解及提高解题技能，用巧妙关联的例题串起各章节的密切联系，用统计学和多元统计分析补充数理统计方面的内容，在授课中着重强调逻辑推理和学以致用，用各种形式的练习强化概率统计的教学。此外，还讲述了笔者用电子绘画板进行板书授课的一些独特的心得体会。

【关键词】例题与习题；概率统计；电子绘画板

众所周知，“概率论与数理统计”（以下简称“概率统计”）是大学非数学专业学生所学的三大数学课程之一，其定义众多、公式杂陈、定理繁复，是不太容易讲授和学习的课程。笔者通过多年教学的摸索，总结出一套用环环相扣的例题主导概率统计教学过程的方法，可以使信息管理和电子商务专业学生授课收到较好的教学效果。

一、用浅显的例题导入定义、公式与定理

很多学生一进大学就要学习“高等数学”，接着学“线性代数”和“概率论与数理统计”。据笔者多年的了解和经验，绝大部分大学生这几门课的学习效果都不是很好。这与学生们在中学只学会了考试技巧而未能形成良好的数学思维有关，也与大学课程难度和数量增加令学生难以应对相关，当然也与招生的质量和选择专业的生源分布不无关系。这种全国性的普遍现象，要在短时间内明显改观不太现实，笔者也只能竭尽所能，做到尽职尽责了。

一般的大学数学教科书，讲究的是认真严谨，具体呈现出来的内容却未免过于严肃枯燥。概率统计的第一章，各种定义、公式、定理扑面而来，实在不太好讲解，学生理解起来也比较困难。笔者设计了“袋里取红黑小球”“抛匀称硬币”等例题，通俗地引入了随机试验、样本空间和样本点、古典概率的概念，用具体的简单公式表达和计算很快把学生导引进课程之中。概率统计教科书中袋里取球、抛硬币等内容倒是很常见，但为编写简洁起见，书里的例题一般不会太简单，且一般遵循讲完概念公式

定理再讲例题的套路。笔者只能专门设计极简的例题来引入理论，这种思路得益于长期面对基础薄弱的学生而逐渐形成深入浅出教学模式的探索和实践。

条件概率部分也是定义公式较为集中的内容，笔者通过容易理解和计算的抽签问题，自然而然地引入条件概率的概念，后面又陆续带出乘法原理、全概率公式等。关于全概率公式，一般的书籍都是安排在条件概率中去描述，而笔者在解题过程中有意多次讲解，告诉学生它是拆分一个事件的概率的好方法，体现把“全”拆细成“分”的思路，并不依靠条件概率。要让学生按数学专业的严格教学来学习肯定不现实，但在很多细节中努力展现数学的严谨细致还是可以做到的。

在讲述连续型随机变量的概念时，笔者借助求解等车时间的分布问题，对分布函数、概率密度的定义和两者的关系公式逐一进行描述，难度不大但构思精巧，各种关系由一道例题就能说得清楚。像这种从例题中自然过渡到定义、公式、定理的讲解，在各章节的讲解中都占主导地位，它要求重新安排教学内容的顺序，还要做到逻辑严密，设计巧妙，讲授后这个或这套例题就与理论牢牢地绑定在一起了，使学生对教学内容的来龙去脉有更深刻的认识。

二、用层层递进的例题加深对理论的理解及提高解题技能

数学教科书中，虽然也考虑到难易次序的安排，但由于篇幅的限制，往往给出的例题有一定的难度，有试图一步到位、一劳永逸的特点。这样一来，学习能力较强的学生云集的班级问题不大，但程度参差不齐的众多信管电商学生理解起来就会有相当的难度。笔者尽量把一些比较典型的例题拆分成层层递进、逐步加深难度的一套例题，与教学内容的推进过程紧密结合在一起。

如抛硬币问题就可以由浅入深来讨论，从抛一个匀称硬币一次考察其正反面出现的情况，到抛硬币两次、多次，甚至把硬币改成非匀称的，于是贝努里试验、二项概率公式等概念就出来了。如果把每次只有两个结果的抛硬币试验改为一群人搭乘三部以上的电梯问题或彩票的抽奖问题，还可以谈及 N 次独立随机试验这个更一般化的情形。

还有从一个口袋里取两种颜色的球这种例题，可以把球的个数从较少改成稍多些，球的颜色从两种调整为三种以上，口袋也可变成两个，在解题演示中处处体现灵活机动和层层递进的数学之美，让那些学习数学不得法、经常机械式做题的学生感到“原来数学还可以这样玩”，增强他们学习数学的自信心。

在讲到随机变量的独立性时，离散型随机变量相对简单一些，对两个随机变量要独立讨论并不难。难点在于连续型随机变量不相互独立的情形，这恰好也是很多教科书解题的盲区。笔者设计了几道难易适中的题目，并通过多种途径揭示如何细致入微地分析这类貌似容易实则棘手的问题。

几何分布，也是一类有趣的概率问题。多次投掷篮球，最后才能投中，这就是几

何分布。这种模型虽然简单，但意义重大，它能描述人生各个阶段的奋斗状况。还可把问题改成两人投篮竞技，增大解决问题的挑战性。在讲解其他例题时，也可随时调整各种数字和难易要求，从一道例题衍生出一系列的问题，在丰富多彩的演化中让学生加深对所学知识点的认识。

三、用巧妙关联的例题串起各章节的密切联系

概率统计中，概率论部分的各章节都是环环相扣、密切关联的。一般的教科书在设计配套例题时都是各举各例，只有少数例题关联性较大，可能着眼在多举点例子诠释理论这方面上。而笔者的做法是用例题引出各种定义、公式、定理，此时有几道贯穿几个章节的例题就能起到穿针引线的作用。

抛硬币一次或多次的问题，既可以用来导入概率的基本概念，也可用于两点分布、二项分布的讨论，还可构成二维随机变量，在数学期望、方差、协方差等理论的引入上也能用得很好。由于简单，所以百搭。

等车时间问题引入了连续型随机变量和均匀分布，由于计算简单，又经常出现在二维随机变量的联合分布和随机变量的独立性讨论中，在讲解数学期望、方差等数字特征时也少不了它。

很多服从泊松分布、几何分布、指数分布、正态分布和其他分布的随机变量以及相关的例题都能适用于各个章节。不论是在首次讲解、中间强化教学，还是在最后复习阶段，这些例题都能串起各章节之间的密切联系，使知识的连贯性、整体性得到充分的强调。实际上，在很多教科书的习题中都可以看到贯穿好几个章节的题目，只不过我们在例题中更突出展示而已。

四、用统计学和多元统计分析补充数理统计方面的内容

在讲数理统计的内容之前，我一般先把大数定律、中心极限定理仔细讲一讲，这些是从概率论过渡到数理统计的重要理论，也是数理统计赖以存在的基础。社会上就因很多人不重视这些理论而错误使用抽样调查等统计方法，得出很多耸人听闻的调查分析结果。在讲课时，我力图给学生们强调正确进行抽样调查的重要性，并指出国内很多媒体在写作中经常违背抽样调查规律的情况，告诫学生们不要做自欺欺人的违反科学和诚信的事情。

以前信管电商专业只上“概率论”课程，数理统计方面交由“统计学”这门课负责。现在这两个专业的“统计学”与“概率论”课程合并为“概率论与数理统计”。在上概率统计这门课时，笔者把一些统计学方面的简单实用的原理穿插其中讲授，如比率的介绍和运用，某些统计公式和模型，结合实际，收效还是不错的。对于统计调查、人口普查和工业普查方面的常识和案例，也可以很好地讲述。同时，笔者也在数理统计中适当补充多元统计分析方面的知识，介绍常用的分析软件，使授课内容与时俱进。

五、在授课中着重强调逻辑推理和学以致用

大学生的数学基础较差，原因有很多，其中一个就是长期以来只是把数学当成一个考试工具，读大学以后又把数学课当成解决其他学科问题的辅助学科，某些教材也基本上都放弃了理论推导，实际上这更增加了理解的难度。很多大学生最巅峰的数学体验都在已经远去的中学阶段，进入大学后，他们对数学课程的学习就连最基本的要求都难以达到，可能这也是应试教育用过即弃的负面效应开始显现了。这是一个严峻的全国性的问题，在短时间内还不可能有很大改善。

在学习概率统计之前，学生们都学过“高等数学”，且收效奇差。这些学生本来以为把高数的教材扔掉，从此就不用经历苦学微积分的窘境了，没想到在概率统计课程中，又不得不面对微积分。现状是不乐观的，按照从零开始的要求来安排教学是必需的，这也使本文的这种通俗的教学方式显得十分必要。

当然，数学课再怎么简化也很难降低难度，笔者一直在尽量精简的系列例题中灌输逻辑思维的思想，让学生在层层递进、环环相扣的实例中体验以前最缺乏的数学推理，感受到比生硬记忆更好的理论推导。在讲到数学期望的存在性时，笔者还特意举出离散型、连续型随机变量数学期望不存在的反例。引入或诠释理论而精妙设计的例子，使其在课程中随处可见，对各种知识点间的讲述尽力做到巧妙切换、循规推进。

概率论并不只是数理统计的基础，概率方面的各种例子紧贴生活和社会现实，本身就是最容易付诸实用的数学知识。笔者除了讲清各种概率模型的原理外，还用生动活泼的描述揭示它们与日常生活的紧密关联。笔者曾经用学生放学时教学楼瞬间出现的楼道拥挤、饭堂打饭的密集排队情形、大街上下班高峰的交通堵塞状况等来例证泊松分布的应用，也分析过二项分布与经济社会中经常出现的“二分法”的关联。结合实际的讲解在一定程度上降低了数学课的枯燥乏味，甚至还能营造出妙趣横生的场景。

六、用各种形式的练习强化概率统计的教学

数学课程最难的地方不是讲课，而是让学生彻底弄懂，真正学会，这是目前大学数学课最难解决的困局。笔者每当在讲一个新的知识点时，总会增加与例题相配套的额外的例题，先让学生按前面的范例想一想，做一做，再解题给学生看。这种半例题半习题的题目在每次教学中几乎都有，有时稍微修改一点条件，又形成一道新的题目，这样就能围绕某种内容讲解一整套题目。这就是讲课与编书不同的地方，编书要简约、干脆利落，讲课却需重复、不厌其烦。边讲课边让学生学完即用，像唱卡拉 OK 那样，现学现卖，强化效果良好。

有时这种“唱卡拉 OK”，还不只是为了解答一道题，而是像笔者讲课的风格一样，通过做练习题，归纳提升到定义、公式、定理等理论。这是更具挑战性的要求，它针对的是学生们以前学习数学的一大缺点：对理论一直不熟悉，还要生搬硬套地运用理

论。由习题回溯到理论更难，但如果操练得好，可以让学生真正理解各种原理，摒弃做完一题扔一题的狗熊掰棒子做法。

笔者经常让学生做课堂测验，事先印好测验题目，把前面讲过的知识点挑一些来当堂测验，它比讲课时穿插的随意练习更正规些，尽量不让学生翻书或找笔记本。有时还提高题目的难度，使所给的例子横跨多个章节，使学生在测验中串起各种理论之间的联系，让知识学得更扎实牢靠，充满推理色彩。

让学生上讲台讲一讲对某些知识点的学习心得和解题技巧，也是笔者喜欢采用的练习方法。大部分学生在数学课上往往尽量往后排坐，轻易不敢发表意见，因为数学太难学会了，怕露怯。笔者大力鼓励引导学生们说出自己的观点，这也往往能激发学生的好胜心理，促使大家赶紧熟悉所学内容，才能胜任在同学们面前的尽情表达。

以上是笔者在概率统计教学中尝试的一些方法。在具体实施时，还有一些地方颇有特色。按笔者的观点，PPT 课件在数学课中最好少用，有时简单几页就行，把一些理论要点交代一下就可以了，或者直接用更简单的图形代替 PPT。数学课更需要的是现场的板书，因为要演示解题过程给学生看，还要根据情况随机应变。为此笔者买来了电脑绘画板，在 Photoshop 软件上板书。目前为止，笔者已经用过好几块绘画板，这种电子产品价格越来越实惠且性能越来越好，通过绘画板在电脑上解题并投影，效果跟我们用普通笔在纸上写字一样，比用粉笔板书便捷了许多。书写时字体在 Photoshop 上显示得很清晰，笔画可以调整粗细，还能放大、缩小、挪动所写内容，甚至引用现成的图形资料，图形编辑具有与文本编辑类似的特点，甚至比后者更方便随意。有时一道例题讲解完了，复制、粘贴，略微修改一小部分内容，就可形成另一道题目，真正做到环环相扣，使教学过程如虎添翼。将板书的内容在电脑上贮存成一个个的图形文件，再发送到 Blackboard 上，可供学生们复习参考。用绘画板板书还有个好处，就是一直面向学生，低头写字的幅度也较小，边写边讲更顺畅，不像用粉笔写板书时身体扭动的幅度那样大。但绘画板是电子产品，在使用时偶尔也会由于软硬件的原因出现一些故障，这可能也是这种方法不易推广的原因。好在笔者还比较喜欢摸索这些新型工具，对电脑的各种突发问题也能及时解决，因而保证了教学过程的顺利进行。

熟悉内容灵活机动、环环相扣循循善诱、胆大心细巧用工具，这就是笔者数年来从事概率统计教学工作的一点心得体会。

关于“物流供应链管理”课程多元化教学方法的思考与实践

熊　轶

（深圳大学管理学院工商管理系）

【摘要】“物流供应链管理”课程作为运营管理理论的扩展，是管理学院一门重要的专业课。本文在教学实践的基础上，提出了在教学理念、教材使用及教学内容等方面的思考，并重点提出关于该课程多元化教学方法的应用，以期为物流供应链管理教学模式的创新提供一定的参考，为国家培养出合格的高素质人才，促进我国经济管理领域的不断发展。

【关键词】物流供应链管理；课程；多元化；教学方法

一、引言

通过“物流供应链管理”课程的教学，希望学生从战略、计划到运作，从理论、方法到手段，了解供应链与物流设计、规划、运作的战略意义，理解物流供应链绩效的主要战略驱动因素，以及如何应用这些驱动因素改善业绩，并学习供应链与物流的解析方法与工具。同时，该课程是一门对物流供应链进行系统分析的课程，具有很强的系统性和逻辑性，因此希望学生通过课程理论、案例以及定量分析计算的学习，能结合理论与实践，培养分析与解决问题的能力，特别是培养思维方式的系统性和逻辑性。

二、“物流供应链管理”课程教学现状

物流供应链管理课程理论性比较强，因此教师很容易侧重于理论的讲解，学生往往缺乏实际运用的机会。而且该课程由于学科交叉覆盖的知识面较广，如果要面面俱到地了解物流供应链的相关理论，即使有60课时也很难深入讲授，容易让讲授过程流于形式，导致学生不能真正掌握“物流供应链管理”的方法和理论精髓。在实际的“物流供应链管理”课程教学过程中，学生普遍反映这门课程理论性太强，脱离学生的实际生活经验，单一的理论讲授教学模式使学生处于被动接受的地位，导致学生缺乏学习兴趣。因此，如何打破“填鸭式”的满堂灌注入式教学，结合学生的生活经验，加强教学的生动性和实践性，并培养学生主动思考和创造性的学习能力，是笔者一直在教学实践中思考的问题。经过学习摸索与教学实践，笔者总结了一些改进“物流供

应链管理”课程教学方法的若干思路。

三、课程教材和教学内容的选择

“物流供应链管理”的教材繁多，每种教材的侧重点不同，有的侧重于系统的理论介绍，有的侧重于案例的实践应用，还有的侧重于定量的分析计算；教材难度也有区别。针对本校工商管理专业学生文科考生居多的特点，因此在教材的选择方面，笔者将机械工业出版社出版的《供应链物流管理》作为主要教材，此书由唐纳德 · J. 鲍尔索克斯（Donald J. Bowersox）、戴维 · J. 克劳斯（David J. Closs）、比克斯比 · 库珀（M. Bixby Cooper）著，马士华等译，作者和译者均是学界的资深教授，极具权威性，而且，此书对供应链的历史、理论框架做了清晰的讲解，可以视为一部优秀的物流供应链综述，特别适合作为物流供应链管理的入门教材。但是本书没有过多涉及定量的计算问题，案例也不是特别丰富，因此笔者选择了另外两本经典教材作为参考，在主要教材的框架基础上，根据课时情况和需要选择章节插入具体内容。一本辅助教材是中国人民大学出版社出版的《供应链设计与管理——概念、战略与案例研究》，该教材由（美）大卫 · 辛奇 · 利维等著，季建华等译，相比主要教材更具备深度和广度，并配以经典的案例分析，因此在实际教学中将本书的经典案例分析插入相关章节。另一本辅助教材是苏尼尔 · 乔普拉著的《供应链管理》，此书曾荣获美国工业工程师学会颁发的“年度图书奖”，以供应链绩效的六个驱动因素作为主线，将供应链的设计、规划和运作统一考虑。该书介绍了很多定量分析工具和解析方法，因此笔者在介绍定量方法时，将此书作为主要参考。

在教学内容的选择上，笔者也从最初比较全面的理论知识覆盖面进行了缩减，将物流涉及操作层面的运输基础设施、仓储、包装和物料处理等内容进行了删除，还将本课程可能与运筹学和运营管理课程存在重合的知识也进行了缩减，并延伸了运营管理的相关理论知识。

四、课程教学方法的运用

教学方法是实现教学目标的有效渠道，也是提高学生学习兴趣的关键。传统的管理学科课程教学模式以课堂讲授为主，讲授法的优点是教师容易控制教学进程，学生在较短时间内能获得大量系统的理论知识和基本原理。但如果讲授法运用不好，会影响学生学习的主动性，不易发挥学生学习的积极性，出现教师满堂灌、学生被动听的局面。由于物流供应链管理是一门综合性很强的学科，因此，为了使学生学会用管理的理论和基本原理指导管理实践，体会管理实践的特点及其艺术性，需要对传统的管理学科教学模式进行尝试性改革，在教学过程中强调教学方法的多样性，注重营造轻松活跃的课堂气氛，给学生提供参与管理实践的机会，突出培养学生积极、自主思考的能力与创新思维。

（一）启发式教学

启发式教学有助于教学重心从“教”转移到“学”，从而提高学生的分析能力，培养学生的创造性思维。具体如下：

（1）关于概念性内容的讲述，使用“概念辨析”的方法帮助学生在概念理解上去伪存真。例如关于物流的概念了解，学生普遍还停留在快递和配送的环节，通过让学生思考“你穿的衣服来自哪里，你吃的大米怎么来的”，引出物流不仅通过运输解决生产和消费距离不一致的问题，还能通过库存解决生产和消费时间不一致的问题，再进一步通过视频教学法，播放“深圳盐田港物流中心”的宣传片，让学生了解物流服务所涵括的更多内容，物流服务贯穿在整个供应链服务的过程中，最后让同学思考供应链管理和物流管理概念的异同。

（2）关于技术性内容的简述，通过“积极设问”的办法引导学生思考和参与。例如，在讲授客户服务的层次时，提问学生“对朋友的定义是什么”“能成为普通朋友、好朋友和最好朋友或男女朋友的标准有什么不一致”。通过学生的回答，将朋友的层次标准总结为三个层次，这正和物流服务的三个层次“客户服务”“客户满意”和“客户成功”类似，大家讨论出的能成为朋友的标准基本可以概括为三个衡量指标：朋友需要你的时候是否能来、来得快不快以及是否每次都能来，出现问题怎么和朋友沟通解释，提供的帮助是否和朋友的需求一致。这其实就类似于物流服务基本标准的三个指标：可得性、运作绩效（包括速度、一致性、柔性和故障的解决）以及服务的可靠性。关于最好朋友的讨论，大家觉得就是价值观一致，彼此能够共同成长，在实现对方价值的同时也体现了作为朋友的价值，而这正是“客户成功”的内涵。之所以能类比，是因为目的都是想保持一种合作关系。这种通过提问和类比的方式，让学生将自己的生活经验与相关企业的实践经验相联系，生活经验和企业实践在逻辑上具有相通性，有助于学生掌握相关理论知识点。

（3）关于方法性内容的讲述，通过“方法+举例”的办法帮助学生通过实例进行理解和掌握。例如，在讲授物流客户的分类管理时，让学生理解分类管理的理论基础来自帕累托原则，即在资源有限时，帕累托原则可以解决“关键的少数”和“次要的多数”问题。所以在面临对象众多且资源有限的情形时，都可以运用分类管理思想，例如供应商的分类、库存产品的分类。生活实际中，时间的管理、个人目标的管理都可以运用同样的方法。通过“方法+举例”方式，让学生了解方法的原理，对方法的理解和运用会更深刻。

（4）关于综合性内容的讲述，通过“方案解决”的办法使学生在寻找整体解决方案时实现融会贯通。例如在讲授大规模定制的延迟策略时，举的例子是HP公司在企业实践中遇到的打印机的供应链设计问题，引导学生随着案例的深入探究解决方案，并鼓励同学触类旁通、举一反三，列举更多延迟策略的实例，活跃课堂气氛。课后还有学生将解决方案做进一步的设计和改善，提高了学生的分析能力和思考能力。

实践证明，将启发式教学方法运用于物流供应链管理的课堂中，不但能加强学生对理论的理解，还有利于培养学生的综合素质和分析能力，并且能够进一步提高学生探索性学习的积极性。

（二）案例教学法

案例教学法起源于20世纪20年代，由美国哈佛商学院所倡导，案例来自商业管理的真实情境或事件，此种方式有助于培养和发展学生主动参与课堂讨论。1986年，美国卡内基小组在《准备就绪的国家：二十一世纪的教师》的报告书中，特别推荐案例教学法在师资培育课程中的价值，并将其视为一种相当有效的教学模式。案例教学法的主要作用表现在：为学生提供一些生动具体的案例，学生犹如“当事人”一样，身临其境，处理问题，分辨是非，提出方案，因而能有效地提高学生分析问题和解决问题的能力。

在物流供应链管理课程中，笔者始终将案例教学贯穿在知识点中，取得了较好的教学效果。在案例的选取上，笔者注重生活化和企业实践案例的联系、新案例和经典案例的综合，以及小案例和大案例的结合。具体来说，选择新案例主要是利用一些热点事件来吸引学生的注意力。例如，在第一节课介绍物流供应链概论时，就将一档受欢迎的电视综艺节目《中餐厅》作为导入案例来引导学生思考餐厅的物流实物，并通过同年最火的一部纪录片《美国工厂》引导学生思考福耀玻璃为什么在美国建厂，从而在吸引学生兴趣的同时也让学生了解物流供应链课程的重要性。在经典案例的选择上，注重通过相似案例的比较，加深学生对某一理论的理解，例如通过比较全球三大服装零售连锁企业Zara、H&M和GAP的供应链物流的共性和区别，引导学生思考供应链的设计思路。通过同为直销模式的DELL（戴尔）公司和WebVan（网上零售）公司一个成功一个失败案例的比较，引导学生思考物流网络架构可否复制，经过案例分析，学生得出物流管理需要有正确的战略指导，即需要建立供应链管理的指导思想的结论。最后，关于小案例和大案例的结合，通过在每章的知识点中植入小案例让学生加深对知识点的印象，并建立理论和实践的联系。大案例的运用主要是通过小组讨论分析、教师综合总结的方式将更多的知识点综合起来，增强学生理论联系实践的能力，培养学生分析与解决问题的能力，特别是培养学生思维方式的系统性和逻辑性。例如在介绍美国WebVan（网上零售）公司的失败案例后，引导同学提前思考是否遇到过成功的生鲜零售案例，并在完成四章相关物流供应链的理论讲授后，将学生希望了解的中国生鲜零售企业“每日优鲜”作为大案例进行分析，提前一周将案例资料发给学生，让学生结合供应链和企业战略理论，运用SWOT分析、PEST分析以及供应链设计、供应链客户服务、采购和库存等相关理论与工具，分析“每日优鲜”能够在生鲜行业中独霸一方的原因，归纳与总结其成功经验，分析其成功的主要因素及其独特性。通过本案例的分析和讨论，启发学生理解与掌握相关理论知识。

总之，通过案例教学可以实现教学的双向交流和互动，有效调动学生学习的主动性和积极性，提高学生应对供应链管理任务的综合分析和解决能力。需要注意的是，教师在案例教学中要把握好教与学的关系，鼓励学生畅所欲言，营造良好的课堂互动氛围。另外，教师的点评和总结过程非常重要，学生在案例分析中往往分析出的是零散的知识点，或分析不够深入，需要教师提前预测学生的讨论结果，并在总结过程中将不同小组的分析结果归纳总结成知识点，从而更好地提高教学效果和质量。

（三）**游戏教学**

美国心理学家、哈佛大学教授布鲁纳在其所著的《教育过程》关于“学习动机”的论述中认为，“学习的最好刺激，是对所学材料的兴趣”。他主张不宜过分强调外来动机，而应努力使外来动机转化为内在动机。游戏教学是最能激发学生这种内在兴趣的方法之一。对于任何年龄段的学生来说，游戏都能够充分调动学生的积极性，因此通过游戏教学法，能将“游戏”和“教学”两者巧妙地结合在一起，让学生在生动活泼的学习气氛中掌握教材内容，引发学生思考或模拟解决实际问题的方法，从而在掌握理论知识的同时提高实践能力和培养创新精神。

20 世纪 60 年代初，美国麻省理工学院斯隆管理学院的系统动力学研究小组在研究企业动力学的过程中，创造了一个“产品分销游戏”来研究企业的产销链，基于美国人对啤酒的热情，这个产品以啤酒的分销为背景，因此又叫“啤酒游戏”。全世界不同背景的参与者多次参与这个著名的策略游戏，都会出现同样的现象，即物流供应链管理中提到的“牛鞭效应”。1990 年，彼得·圣吉教授在专著《第五项修炼——学习型组织的艺术与实务》第一部分“从啤酒游戏看系统思考”的文章中也专门论述了啤酒游戏。目前，该游戏也一直是麻省理工学院斯隆管理学院研究生跨入校门的重要一课。

“啤酒游戏”目前有两种模拟方式，分别是手工沙盘模拟和电子沙盘模拟。两种沙盘各有优缺点。电子沙盘模拟利用软件进行模拟经营，操作流程上手容易，数据的计算均由计算机替代，运算时间得到了较好的保证。缺点在于计算机完全替代计算，学生对供应链中的数据信息关系的掌控能力比较差。手工沙盘模拟可以让学生更直观地把控产、存、销之间的数据，通过配合 Excel 表格的使用，提高学生相关软件的使用能力。缺点在于道具制作烦琐，流程比较复杂，教师指导工作量比较大。笔者综合考虑场地和学生的情况，认为在本课程的游戏教学环节中，选择手工沙盘模拟的方法更加有利于参与者体会供应链各环节的运行状态与决策过程，增强游戏体验。同时，为了弥补手工沙盘的缺点，笔者通过对沙盘等道具提前进行形象化的制作来增强道具的使用感。在游戏开始前，提前设置啤酒游戏的场景，提供有关信息以及游戏的任务，安排学生利用课余时间完成基础理论的准备。在游戏的实施过程中，通过游戏视频让学生了解游戏规则，通过启发式提问提醒学生关注游戏结果和意义。并对游戏的角色进行设置，分派每个角色的具体任务，然后讲解游戏操作的具体步骤，说明注意事项。在游戏开始后，指导监督供应链中各个角色的工作情况，并记录游戏过程中学生的具体表现。游戏结束后，要求进行组内与组间讨论并写出心得体会。在下一周的课程中，对学生的游戏总结报告进行分析，并引出“牛鞭效应”等理论。事实证明，该游戏对于学生从供应链的角度理解信息共享的重要性具有很好的启发作用，学生们能够深刻感受到“啤酒游戏”所验证的“牛鞭效应、信息的价值、生产延迟、信息延迟、物流延迟”等重要的理论价值。

总之，通过角色扮演的游戏教学法调动了学生学习的主动性和积极性，提高了学生的理论认知程度，增强了学习兴趣，产生了很好的学习效果，有利于学生在掌握理论知识的同时具备较强的实践能力和一定的创新精神。

（四）小结

除以上常用的几种教学方法，笔者还在教学过程中结合课程内容采取了“视频教学法”，使学员在视觉、听觉上形成多方位的“感受”，让学生带着问题观看视频，并引导学生进行分析和思考。

总之，多种教学方法的使用有利于对传统的管理学科教学模式进行尝试性的改革，让学生在了解知识理论的同时，也能够参与管理实践，进而有效地将理论知识运用于管理实践，从而加深对管理学科知识的理解和体验。

五、结束语

物流供应链管理课程的理论体系庞大而繁杂，有些知识体系之间缺乏清晰的逻辑关系，学习内容也比较零散，定性和定量理论结合，学习难度很大。作为教师，如何帮助学生树立学习信心，找到正确的学习方法是笔者一直在思考的问题。深圳大学管理学院工商管理专业学生的数理基础比较薄弱，涉及逻辑思考和定量计算时，学生经常表现出畏难的情绪。笔者在教学中一直给学生灌输的理念是不要给自己设置任何限制。看到数学就害怕的心理上的退缩会导致学生害怕触碰与数学相关的知识，这种设限会阻碍自己的进步，只要弄清原理和方法，文科生也能学好与数学有关的知识。另外，学习重点在思维逻辑和学习能力的培养，让学生学会找到事物和知识内在的联系，就能快速提高学习能力。并且要鼓励学生在学习中学会积极主动，学会质疑。

总之，随着素质教育以及课程改革的不断深化，新时期高校物流供应链管理课程也应当从教学理念、教学方法等方面进行不断的教学改革，从而适应不断变化的市场经济环境以及社会环境，为国家培养出合格的高素质人才，促进我国经济管理的不断发展。

参考文献

[1] 彼得·圣吉. 第五项修炼 [M]. 上海：上海三联出版社，1998.

[2] 丁磊. 应用型本科课程教学方法初探——基于工业工程专业《供应链与物流管理》实证研究 [J]. 课程教育研究，2016（7）：236.

[3] 金辉，王冬梅．面向独立思考能力培养的供应链管理教学改革［J］．新课程（下旬刊），2015（5）：15.

[4] 罗永华，文亚青，万勇，等．“供应链管理”课程的多元化教学方法［J］．长春师范大学学报（人文社会科学版），2015，34（6）：114-116.

[5] 李贺军．基于物流管理专业的供应链管理课程教学方法改革［J］．中国市场，2017（3）.

[6] 汤晓丹．《供应链管理》课程教学方法研究——以内蒙古财经大学为例［J］．物流科技，2014（10）：130-132.

[7] 朱文娟．基于应用型人才培养的供应链管理课程教学改革［J］．物流技术，2019，38（3）：152-155.

深圳大学

第三编

课程体系改革

漫谈工商管理本科选修课程模块化体系的构建*

陈　雪　崔世娟　马建华
（深圳大学管理学院工商管理系）

【摘要】 在深圳建设国际化创新型城市及中国特色社会主义先行示范区的时代使命召唤下，一批优势产业如高端服务业（商务咨询）、IT与互联网、金融业、制造业等的发展亟须大量具有扎实管理理论知识基础、开阔的国际视野、优秀的人文素质与创新精神的工商管理人才。深圳大学工商管理专业课程体系改革中，围绕专业核心课，设立了创新与战略、运营与决策、金融与投资、国际商务与管理咨询四个选修模块课程对学生的综合素质进行全面培养，统筹发展学生的理论与实践能力，兼顾发展学生的创新思维、思辨能力等。本文对工商管理本科选修课程模块化体系的构建理论与实践动机及实施进行了介绍，为商科专业建设选修课程模块化体系提供借鉴和思考。

【关键词】 工商管理；课程体系建设；模块化

一、引言

深圳，是中国四大一线城市之一，深圳经济特区作为我国改革开放的重要窗口，已发展成为有一定影响力的现代化国际化大都市，创造了举世瞩目的“深圳速度”，在当前深圳建设国际化创新型城市及中国特色社会主义先行示范区的时代使命召唤下，一批优势产业如高端服务业（商务咨询）、IT与互联网、金融业、制造业等的发展亟须大量具有扎实管理理论知识基础、开阔的国际视野、优秀的人文素质与创新精神的工商管理人才。这对当前本科商科人才培养提出了崭新的要求，不仅要让学生在本科阶段对于知识进行广泛的涉猎，还要适应产业发展需要，打造具有复合型、多样性、灵活力的核心竞争力。

2017年，中国青年报社社会调查中心联合问卷网对1988名18~35岁青年进行了调查，结果显示52.3%的受访青年确认身边有“斜杠青年”。“斜杠青年”已成为一种新型的求职、就业模式。“斜杠青年”最大的意义，就在于他们能够在多个维度上不断精进，发展自己。针对大学的主修专业，学有所长，是社会分工发展的需要，然而仅仅

---

* 本文获广东高校省级重点平台和重大科研项目—特色创新类项目（教育科研）（2017GXJK153）和2018年度深圳大学教学改革研究项目（JG2018022）的支持。

学好本专业的所有课程对于知识体系的建设还有一定的局限性。为了适应当今社会对于人才的要求，在某个领域里做到突出，然后再结合其他领域进行跨界，成为青年人从平庸走向卓越的最佳策略。为了打造多维度的竞争力，针对大学的主修专业，倡导学生对知识进行模块化学习，努力成为一专多能的 T 型乃至是多专多能的“十”字型人才。“00 后”的本科生群体思维活跃，对知识的诉求充分体现个性化的原则，在基本课程模块的基础上，保证学生根据兴趣特点强化某一或者某几个课程模块的学习，也符合社会对于大学本科培养教育的现实需求。

二、构建模块化课程体系的理论动因

模块化最早是作为一种工艺设计方法被运用于钟表业，之后逐渐被机械制造、计算机制造、国防等产业采用。模块是半自律性的子系统，它可以和其他子系统按照一定规则构成更加复杂的系统或过程。模块化理论已经上升到方法论的高度，其主要思想观点为一些复杂系统按照一定的架构规则可以分解成具有相对独立性的一系列功能模块。

而模块化教学（Modules of Employable Skills，简称 MES）是 20 世纪 70 年代初由国际劳工组织研究开发的一种教学模式，最早应用于德国职业教育中，现已在欧洲学士、硕士教育中普遍运用。模块化课程体系是按照模块化教学构想来设计的课程体系，将教学内容按照不同的主题分成若干相对独立的模块，学生按照自己的发展需求选择合适的模块来完成课程学习。若能把一个复杂、相互交叉的课程结构分成若干个基本教学模块，把相互渗透的教学内容组成一系列相关的知识模块，则可以实现教学课程系统综合、整体优化。

具体来看，这种优化方式具备以下四个特点：在教学观念上，全部教学过程以能力培养为主线，各模块能力与专业培养目标紧密结合。一个模块（module）是为了帮助学生达到一些明确规定的学习目标而设计的一个包含一系列学习活动的自我控制的、独立的单元。

在教学内容上，一个模块围绕一两个特定的主题，并不包含全部的学科内容，具有单独的教学目标、教学评价、学习资源的课程子系统。是建立一种与长周期课程体系相比规模更小的、内部相对独立、能力要求鲜明的专题性课程模块，每个模块有自己的评价标准，且学习评估只与特定的学习任务或实践任务有关。

在教学方法上，倡导学生深层次参与，培养个体自主学习意识。教学过程由学生自己来做选择和决定，发挥学生的主体性，安排自己的学习进度、学习内容、学习方式，教师不再掌握教学的过程。

在教学手段上，同一模块内的知识需要比较系统的规划设计，内容连贯，学生易于掌握。任一模块的基础理论与实际应用均贯穿于该模块的教学全过程，并且直接与实践相结合，学生能明显感受到“学以致用”，大大提高了学习兴趣。理论与实际有机结合，可产生主动、有效的学习效果。学生根据模块图直观地了解学习过程、培养目标和最终可达到的综合能力，使学生理解得更透彻，学习目的更明确。

三、工商管理模块化选修课体系建设的基本思路

深圳大学工商管理专业是国家级高等学校特色专业，统筹发展学生的理论与实践能力，兼顾发展学生的创新思维、思辨能力，致力于打造具有商科精英意识的π型人才。π型人才体现在“知识”+“能力”两个方面。首先，鼓励学生牢固掌握经济学基础知识和管理学系统理论知识；其次，培养学生的创造力（Creativity）、沟通力（Communication）、批判力（Critical Thinking）；掌握量化与技术分析技能（Quantitative and Technical Skills）及分析与解决问题的技能（Analysis and Problem-solving Skills）。工商管理专业本科生的培养采用文理并重、实践导向的教学模式，以微观管理为主，重视扎实的理论教育和基础训练，注重素质教育和商务实际运作；致力于为深圳社会主义先行示范区、粤港澳大湾区以及其他经济发达区域培养具备国际化视野和扎实的理论基础、熟悉国际惯例和企业实际运作，适应全球化发展的管理人才。

然而，通过多次就教学效果评价进行的师生交流会发现，学生对所学课程在知识体系中的作用和意义还比较费解，在选课过程中如何结合学习兴趣设计学习计划还有一定难度，需要和教师或者家长深入沟通。课程体系进行模块化的分界和架构的搭建，可以让学生理解每学期开设的课程与前后课程的联系，不仅能够保证学生学习兴趣的延续性，而且有助于在工商管理通识教育的基础上为培养专才创造基本条件。

建设工商管理模块化选修课体系的基本思路是以推出面向学生的个性化课程模块为载体，进行课程教学团队的组合提升，在教与学中渐进式地调整模块内容，保证模块课程的动态灵活性。具体而言，需达到以下三方面的成效：

（1）设计个性化的课程模块，提高学生知识获取的主动性。学生在大学一年级确定专业后，就可以向相关老师了解不同模块的授课内容，根据自己的兴趣选择核心模块进行重点学习，并兼顾其他模块课程的学习。在保证完成知识体系教学的前提下，应充分尊重个人的兴趣选择。

（2）优化现有的教学内容，形成教学团队。教师在授课过程中，可以探索尝试进行团队化教学，由多名教师共同担任模块课程中几门课程的教学任务，有利于教师对授课内容的沟通与衔接，并且增强授课过程的团队感，教师之间可以增进学术交流，提高教学水平。

（3）建立客观合理的评价体系，增强课程的吸引力。由于课程进行了模块化区分，若根据教学或者实践需要增减模块课程时，由课程模块的团队进行协商讨论，在保证课程和教师工作量合理分配的前提下，进行持续性的课程优化。并且不同模块之间课程形成的弱竞争关系，也促使教学团队不断努力提高模块课程的吸引力。

四、工商管理本科开展模块化选修课体系建设的实施举措

管理学院工商管理专业于 1983 年由中国人民大学周惠兴、汪洋两位教授牵头组建。依托深圳改革沃土，毗邻港澳，培养了大量建设特区经济的“素质强（个人）、基础好（专业）、上手快（业务能力）”的管理骨干，2005 年获批“广东省名牌专业”；2008 年获批教育部“国家特色专业”，致力于培养职业型、创业型和研究型三类人才。在培养方案优化改革之际，工商管理专业根据培养目标和人才定位对现有及可能新增的课程进行了模块化建设设计。具体举措分为以下五步：

（1）根据管理学院就业指导中心统计的近五年的就业数据进行详尽的分析，以深圳及粤港澳大湾区的产业调整下的人才去向为事实依据。工商管理专业本科毕业生规模约为 200 人/年（具体为：2014 年 205 名毕业生，2015 年 171 名毕业生，2016 年 204 名毕业生，2017 年 210 名毕业生，2018 年 230 名毕业生）。除去 20%~30%的毕业生选择继续攻读研究生外，工商管理专业本科毕业生的就业去向集中在以下几个领域：一是银行、证券公司等各类金融机构；二是商务咨询公司、会计师事务所等；三是深圳本地特色企业，如腾讯、华为、中兴等科技创新型公司；四是传统行业的公司，如制造业、房地产业等。另外，有部分毕业生在各级政府、企业的管理部门就业，还有少部分学生自主创业。并且每年在深圳市就业的人数在 70%左右，在广东省内就业的人数在 85%~90%。

（2）进行校外访谈获得对现有课程体系的一手反馈意见。校外访谈主要分为两部分，第一是通过电话、微信等方式，访问近 5 年的优秀毕业生，搜集毕业生就工作中对教学课程体系的认可及补充完善的改进意见与建议，特别是结合当前的工作岗位对知识能力的需求，畅谈对本科阶段还希望加强哪方面课程的学习。第二是走访深圳当地优秀企业的企业家或者招聘专员，着重了解用人单位在人才需求上对知识与能力两方面的具体要求，为模块设计及课程选择提供具体的参考。

（3）进行教师意见征询并形成灵活的教学团队。首先，按照目前的课程设计，对现有课程进行初步归类，并结合前两步骤获得的中观行业及微观企业的需求数据对现有模块的名称及内涵进行设计。其次，将现有的选修课程按照课程难易程度、内容的内在逻辑关系进行调整，查找模块体系中的空白点，进行新课的增加。

（4）形成具体的选修课模块，包括战略与创新、运营与决策、金融与投资和国际商务与管理咨询四大选修课程模块。

第一个模块是战略与创新模块。包含的选修课有创新思维、商业模式、公司治理、创业法律法规、创业学、创业决策模拟、新业态创业模式设计与研讨等。创新与战略模块旨在增强学生创新创业意识、加强学生对于公司治理的认识，在“大众创业、万众创新”的大背景下，尤其对于创新和创业之都的深圳市，创新与战略方向具有巨大的市场需求。

第二个模块是运营与决策模块。包含的选修课有物流与供应链管理、管理系统建模技术与应用、服务创新管理、项目管理、质量管理等。运营与决策模块以定量分析为主、定性分析为辅，旨在培养学生的逻辑思维能力和科学决策能力，对于生产制造、库存管理、物流与供应链管理、医疗管理等诸多领域的科学管理。

第三个模块是金融与投资模块。包含的选修课有金融学、技术经济与项目评价、资本投资学、财务报表分析、证券投资学、公司估值。侧重于让学生了解企业融资与投资决策的基本方法和工具。金融与投资模块所培养的学生能有效满足金融业等高端服务业的人才需求。

第四个模块是国际商务与管理咨询模块。包含的选修课有跨国公司管理、商务英语、商法、商品学、国际商务、商业数据分析与挖掘、管理沟通、SPSS 应用、社会科学方法论等。这些课程是商科的基础课程，旨在提高学生商科知识的厚度和深度。培养学生的国际视野与国际业务能力，在当下国际化程度日益提高的深圳更显实用优势。

（5）进行意见反馈并适当修正。任课教师、毕业生代表及外部专家进行咨询，获得课程调整意见及学生选课的具体要求，并进行再一次的讨论。对课程内涵、分值及修读要求达成一致意见后，纳入培养方案的选修课程模块设计中。每年根据实际选课及学生反馈情况再进行部分动态调整，保证模块课程的灵活性。

五、总结与展望

深圳大学工商管理专业课程体系改革中，推出面向学生的个性化选修课程模块，围绕专业核心课，设立了创新与战略、运营与决策、金融与投资、国际商务与管理咨询四大选修模块课程，是对商科教学中进行模块化课程设计的一次有意义的尝试，这不仅符合深圳“先行示范区”建设中对金融业、高科技产业以及零售行业、房地产行业、咨询服务业管理人才培养提出的复合型素质要求，也为在教学中如何建立工商管理多细分学科的底层逻辑，促进课程模块交叉融合，为课程内容增加新内涵，提出了有价值的探索性挑战。

参考文献

[1] 曹虹剑，贺正楚，熊勇清．模块化、产业标准与创新驱动发展——基于战略性新兴产业的研究 [J]. 管理科学学报，2016，19（10）：16-33.

[2] 付强，徐继存．模块化教学及其对我国高中课程改革的启示 [J]. 课程·教材·教法，2011（12）：93-97.

[3] 侯继红，蔡敬民．德国高校模块化教学对应用型德语专业建设的启示 [J]. 中国大学教学，2011（2）：95-96.

[4] 李巨光，李晓静．模块化教学在本科院校高职教育中的应用与探讨 [J]. 中国高教研

究，2001（7）：91-92.

［5］刘瀚，刘俊，高春颖，等．工科院校《大学计算机基础》模块化教学研究［J］．计算机工程与科学，2016（A01）：186-189.

［6］武建龙，王宏起，WU Jian-long，等．战略性新兴产业突破性技术创新路径研究——基于模块化视角［J］．科学学研究，2014，32（4）：508-518.

［7］袁暋，许强，王晓峰，等．基于应用型人才培养的模块化教学改革研究——借鉴德国FH成功经验［J］．合肥学院学报（自然科学版），2011，21（4）：56-60.

大学为什么要开设写作通识课

曾锡环

（深圳大学管理学院人力资源管理系）

【摘要】写作通识课是高校面向全体学生开设的基础性必需课程。哈佛、普林斯顿、剑桥等世界名校，均开设类似“写作与沟通”“写作与交流”这样名称的写作通识课，而且写作通识课有规范的质量体系要求。我国清华大学等一批名校，探索性开设“写作通识课”①，并逐步要求全体本科生修读。为什么国内外名校均开设写作通识课？本文从四个方面分析开设写作通识课的原因：一是写作性课程有助于提升大学生的综合素养与应用能力；二是通过写作课改变当下大学生写作能力堪忧现状；三是写作课的“构思特质”具有改善人类思维能力、沟通能力与表达能力的功能；四是写作课教学规范体系改革探索是教育质量提升的重要组成部分。

【关键词】写作；写作通识课；批判性思维；逻辑思维；表达沟通能力

写作课是训练学生“批判性思维”“表达能力”“沟通能力”的重要通道，世界一流大学非常看重学生是否具备“批判性思维”“表达沟通能力”素养，采取的重要途径之一，就是通过写作课的形式进行训练与培养。哈佛、普林斯顿、剑桥等世界名校均开设了写作通识课，而且有规范的教学质量体系要求；哈佛大学甚至将写作课列为全校唯一的通识必修课。2018 年 5 月，清华大学校长邱勇在首场“清华名师教学讲坛”上宣布，将在秋季入学的 2018 级新生中开设“写作与沟通”必修课，并将“写作与沟通”列为清华本科生必修的通识课。这一消息被各大主流媒体纷纷报道，网友讨论非常热烈，几乎成为网络热点事件。5 月 21 日，新华社官方公众微信号在头条位置发布消息，标题为：“继会游泳才能毕业后，清华又发一大招！网友：赶紧在全国推广吧”。清华在本科生中开设写作通识课的做法，被国内一些大学效仿，高校的有关领导似乎意识到写作课的重要性，写作通识课开始在中国大学“蔓延”。那么，写作通识课是怎样的课程？大学为什么要开设写作通识课？本文拟结合写作课教学经验及阅读思考，谈谈个人体会。

一、什么是写作通识课

什么是写作通识课？应该先弄清楚“通识写作”的概念内涵。通识写作，笔者将

① 从高校信息摘编获悉，开始在一年级本科学生中开设“写作通识课”的高校有西安交通大学、中国科学院大学、南方科技大学和浙江农林大学。

其分为两大类：

一是分析性写作，也可以说是说理性写作。例如，平时看一本书，能够把书中的思路、结论提炼出来，并能够清楚、明确表达出来；看一部电影或纪录片，能够有条理地陈述，能够恰如其分地评价；遇到一个社会事件，能够客观陈述过程，剖析事件焦点，准确分析矛盾，写出比较好的评论。通过文字，可以给人以启迪，可以传达情感，可以说服人，可以引发别人的共鸣或共情，正如清华大学彭刚教授所言，“将自己独立思考后得出的观点和想法，清晰地、有逻辑地表达出来，能够对自己的目标读者有足够的说服力。更进一步，是做到优雅地表达”。①

二是应用性写作。能写好通知、通告、请示、函、报告、会议纪要、述职报告、调查报告、总结、计划、讲话稿等日常应用类文章。这类文章常被称为“公文”（公务文书的简称），无论在政府、学校，还是企业、社团，常常要用，常常要写，是人们工作交流与沟通的基本工具。

上述两大类写作，是普通“知识人”应该具备的“技能”或“知识”，不是“专业人”单独掌握的“专门知识或技能”，所以称为“通识写作”，大学一般是面向全校不同专业开设此课程，因此称作“写作通识课”。

“通识写作”区别于“专业写作”，“专业写作”可分为文学写作与学术写作两大类。如小说、散文、剧本等文学性的审美作品写作，是文学写作，是小说家、散文家等专业作家做的事，可以成为一种职业，普通人可以不做，或不从事该“职业”；学术写作主要是指不同专业的学术论文、实验报告写作，是一种基于扎实材料与科学方法的系统性论证分析与探索性研究，是从事专业研究的专业人士该做的事，是专业研究人员的“职业写作”。其实，从某种意义上看，“专业写作”可以理解为“职业写作”。

讲授“通识写作”知识的课程，即为“写作通识课”；当然，写作通识课也可以理解为高校面向全体学生开设的基础性写作课，或者说是学生必须修读的写作能力训练课。前者侧重于课程知识内容，后者侧重于课程教学形式。

写作通识课，不同的大学有不同的课程名称，有的称为“写作与沟通”，有的称为“写作与交流”，也有的称为“大学基础写作”，等等，不一而足。这里应该特别说明——通识写作课是大学各专业学生需要学会的写作性能力知识；文学写作，是学习如小说、诗歌等文学作品写作理论的“专业课程”，不能混淆“通识写作课”与“文学写作课”的内容性差异。

通识写作知识，是每个“知识人”必须具备的知识或技能。所以，大学通过开设“写作通识课”，提升每个接受高等教育学子的通识写作能力，是一个既必要又重要的选择。

---

① 灿烂 JC. 清华的这门新课，何以引发全网热议？[EB/OL]. https://www.tsinghua.edu.cn/publish/thunews/9654/2018/20180523160257760610100/20180523160257760610100_.html，2018-05-29.

——如果一个人只埋头研究自己的专业，不了解写作的思维，写作思路混沌，思考局限，那么他的眼界将会狭窄，目光也会短浅。但是，如果他试图学习写作，领会写作思维，那么他的思维就清晰了，思考就广阔了，他将超越专业局限、惯性束缚。

——如果一个人有写作意识、具备写作技巧，那么他的所思所想，哪怕只是一闪而过的念头，也可以通过写作形成作品，让问题共思，让思想共享。因为他的写作将产生传播力与影响力，产生知识分享的美好价值。分享的价值是人类许多创造创新的开始。

——一个在行政机关工作的人，平时需要给领导写讲话稿、年终需要写工作总结、年初需要写活动方案，遇到重大事件还需要拟写情况报告。如果学习并领会了应用文书的模式化写作、掌握了金字塔原理的逻辑表达原则，那么他写出的文章至少可以做到旨意明确、清晰规范，领导或许因此而赏识他的文字能力，同事们也会因此而赞赏与认同他，部门间的沟通也许就顺畅多了。因此，他也许就成了单位的“笔杆子”。

——一个做国际贸易的人，恰逢贸易战，如果他将贸易过程中遇到的点滴收集起来并逻辑性地加以分析，那么也许他会写就类似《我的贸易历险记》的书。这是一种普通人底层的写作冲动表达，或将这种底层思维或思想的表达或将启迪贸易同行，给社会万花筒增添色彩。①

开设“写作通识课”是为了提升大学生思维与思考能力，提升其沟通表达能力，提升其写作与表达能力，是当下大学教育中应重点解决的知识学习基础性问题。了解了“写作通识课”的课程性质，你就不难理解，哈佛大学、斯坦福大学、普林斯顿大学、清华大学等世界一流大学，在本科阶段开设写作必修课程的初衷与良苦用心了。

二、大学生写作能力堪忧

上文提到，包含“分析性写作”和“应用性写作”在内的通识写作知识，是普通大学生需要掌握的“普通”本领，不是“一部分文笔好的人”的“特殊知识资本”和“高级专业能力”。现实中很多大学生没有或基本没有掌握这一基本技能，一般大学生难以写出一篇规范、清晰、旨意明确的文章。

通过如下三种途径，你会真切了解“当代大学生的写作能力状况”——如果你是教师，你会从阅读评改论文作业中了解到；如果你经常浏览新闻，你会从消息中留意到；如果你有幸看到高校教学状况调查，你会了解到大学生提升语言表达与写作能力的迫切需求。

当代大学生写作能力堪忧的状况，大体表现在如下方面：

一是写作表达能力普遍较弱。“不遵从学术论文规范”“论文摘要写不好”“论文病句满篇”，等等，这些属于写作表达能力的问题。还有一种与写作表达能力紧密相关

---

① 黄国晟．深圳梦［M］．北京：九州出版社，2014．

的特殊现象——中国青年报社会调查中心联合问卷网在2018年10月，对2002名大学生进行调查，结果显示，76.4%的受访者周围存在抄袭课程论文的情况。这种现象虽然是学术不端行为，但超过半数的受访者表示：这是缺乏论文写作知识积累和写作研究能力的表现。同时，调查结果中的一个数据更值得教育者关注——88%的受访者认为大学应该开设论文写作课程。①

刘霞是一位知名媒体的编辑。最近几年，她发现，即便是国内名校新闻专业出身的实习生，也会经常出现“写作功底越来越差”“采写稿件经常逻辑不清、层次不分”“出现语病、错字”等问题。”②

不仅本科生如此，从本科生而来的博士生的语言表达能力也令人担忧。早在2016年，某校一篇词不达意、随便堆砌的博士论文，让作为教育部博士论文抽检评审专家的南京师范大学教授陈吉德“恼怒”，直接在网上“开炮”：“论文里有这样一个标题‘综合近年来奥斯卡最佳摄影奖来分析这《拆弹部队》和《阿凡达》两部作品代表性的强的电影以及奥斯卡对数字时代电影摄影的审美倾向’。这是我迄今见到的前无古人，估计也后无来者的雷人标题。此标题不但奇长无比，而且语病多多。可以看出，学生和导师都极不认真，极不负责。”③

从本科生到博士生的典型案例看，我国高校学生的写作表达规范与表达能力，确实有强化学习与改善提高的必要。

二是逻辑与思辨能力普遍不高。写作表达能力低下后面隐含的是逻辑思维和批判性思维能力不足。2017年11月初，权威的中外专家对清华大学本科教学进行评估，走进106节次课堂，深度访谈196人次，抽查31门课程的4269份试卷、38个专业的1163份毕业论文，在进行细致认真的调研后，专家组给予清华本科教育高度评价，但指出，学生作业中存在“无法表达出自己想表达的意思”“论文缺少逻辑”“不会总结”等现象，这些现象后面隐含的是清华大学学生逻辑与思辨能力的问题——“写作沟通能力已经成了清华人才培养中公认的短板”。④

进入清华的学生确实很优秀，但是，不少同学对于如何清晰流畅、准确得体、逻辑严密地用文字表达自己的思想，还往往不得其门而入。

“写作与沟通”缘何成为清华本科新生的必修课？学校有关领导正是发现学生的写作表达及其思辨能力存在缺陷，才开始有针对性地进行“短板补齐”。“我们致力于培

---

① 王品芝，顾凌文．大学生不会写论文，怎么破？［EB/OL］．http：//news.cyol.com/yuanchuang/2018-11/01/content_17741750.htm，2018-11-01.

② 邓晖，祁琳．语病不断缺逻辑　大学生写作短板亟须补齐［EB/OL］．http：//www.xinhuanet.com//politics/2018-05/21/c_1122861507.htm，2018-05-21.

③ 教育部专家吐槽雷人博士论文标题：前无古人后无来者［EB/OL］．http：//k.sina.com.cn/article_1653603955_628ffe73020008csn.html，2018-05-21.

④ 灿烂JC．清华的这门新课，何以引发全网热议？［EB/OL］．https：//www.tsinghua.edu.cn/publish/thunews/9654/2018/20180523160257760610100/20180523160257760610100_.html，2018-05-29.

养面向未来的领导者，而写作、沟通、表达能力正是领导者的必备素质之一。”时任副教务长的彭刚教授，在记者采访时表示：“写作与沟通”课程定位为非文学写作，偏向于逻辑性写作或说理写作，以期通过高挑战度的小班训练，显著提升学生的写作表达能力，提高沟通交流能力，培养逻辑思维和批判性思维的能力。①

三是交流与沟通能力普遍较低。彭刚教授在担任清华大学副教务长、教务处处长时，也担任历史系课程教学，他认为学生们的写作、沟通能力实在是需要训练与加强，“邮件不会写”“你和您不分”已经不是个别现象了。老师给一位有疑问的同学写了很长的邮件解释一个问题，得到的回应是两个字母：“OK”。“学生在微信上让老师帮忙修改材料，连自我介绍都没有，一个文档甩过来，就没下文了。”

因此，“写作沟通能力已成为清华人才培养中公认的短板！”“很多校友回校交流时，谈起亲身体会，都认为训练学生的沟通表达能力很有必要。”② 开设“写作与沟通”这门通识课程，正当其时，清华大学顺应了这个时代要求。

综上所述，被高考作文历练过的学生进入大学之后，写作与表达能力成为被一致诟病的“痛点”——“不会批判性阅读”“逻辑思维混乱”“完全不懂学术论文写作规范”“连论文摘要都写不好”“规范语言不会用，网络口语满篇皆是”……高校学生的上述缺点，概而言之就是三个问题：一是写作表达能力普遍较弱；二是逻辑与思辨能力普遍不高；三是交流与沟通能力普遍较低。

上述典型案例反映的典型现象，你便可以理解：国内外诸多名校开设写作通识课，完全必要，绝不多余。

三、写作可提升综合素养

写作能带给人类比较直观的技能与好处，这可能是诸多世界一流大学开设写作通识课的原因——写作课在美国等大多发达国家是通识课程之一，也就是说无论你是什么专业，你都可以选修写作课作为一门必修课程；更为特别的例子是哈佛大学——写作课是全校学生唯一的必修课，即是说，在哈佛大学，每个学生除了自己专业的必修课外，必须额外选上一门写作课作为必修基础课。

世界一流大学重视开设写作通识课，从写作的课程性质看，主要有如下四点原因：

一是通过写作培养并提升逻辑与批判思维能力。逻辑思考能力，对于一个人的成长和进步具有决定性作用。思考能力强的人，他的思考深度自然要深，他的思考广度自然要广。锻炼逻辑思考能力，首推写作。因为他写作时的思考结果一览无遗地落在纸面上，他可以清楚地知道自己的哪些思考是好的，哪些思考是欠缺的。写作可使思

---

① 邓晖，祁琳．语病不断缺逻辑　大学生写作短板亟须补齐［EB/OL］. http：//www. xinhuanet. com//politics/2018-05/21/c_ 1122861507. htm，2018-05-21.

② 灿烂 JC. 清华的这门新课，何以引发全网热议？［EB/OL］. https：//www. tsinghua. edu. cn/publish/thunews/9654/2018/20180523160257760610100/20180523160257760610100_ . html，2018-05-29.

维变得更有逻辑，同时这也是发达国家推崇的批判思维。有了逻辑思维，就不会用“我觉得”“应该是”逻辑不严谨的表达，而是有理有据地表达自己的观点，比如用一些已知的实例或调查数据来证明自己的观点。

哈佛大学写作系主任、人类学家 James Herron 博士认为，美式教育的核心目标是培养具有批判性思维的人，而完善的写作训练是最有效的方式。1940 年，美国人类学家兼语言学家萨丕尔和他的学生沃尔夫，经过长期的实验观察，提出著名的“萨丕尔—沃尔夫假说”，这一假说的简单结论就是“语言决定思维”，使用不同语言的人，其思维方式也存在差异。

此外，芝加哥大学 Andrew Abbott 教授在题为《大学教育的目的》演讲中，着重提到：“在学术界，批判性思维，分析能力，写作，独立性和自学都是被鼓励的，而且都非常重要”。①

写作通过逻辑思维而提升思考能力。写作中作者根据思考来组织文章，如作者常常要站在读者的角度思考，考虑读者的需求是什么，设想读者浏览后的反应是什么，猜测读者可能会有哪些不明白的地方。站在别人角度思考是一种能力，即换位思考能力；针对问题思考解决方案，是解决问题的逻辑与批判思维能力——在写作过程中，换位思考以及逻辑与批判思维能力无疑得到了训练，所以说，写作能锻炼逻辑与批判思维能力，并能提升一个人的综合素养。

二是通过写作培养并提升思维组织能力。说话前，既要思考讲话顺序和重点，也要思考别人若是有疑问，要怎么应对解释；别人若是质疑，要怎么论证说明自己观点的正确性。以上这些，每个人都可以通过写作来训练。

清华大学经济与管理学院前院长钱颖一教授在谈论当代大学生的写作能力提升问题时，重点提及：“为什么写作重要？因为它是通过逻辑思维构思布局、组织思想，通过搜集证据取舍素材，通过准确的语言加以表达，并通过提炼观点展示结论。这不是一般意义上的写作过程，而是一种思想和论据的组织过程。”②

无论是写作本身的“生产过程”，还是有丰富写作经验的学者，均认为写作可以培养并提升人类大脑的思维组织能力。

三是通过写作培养并提升表达和沟通能力。关于写作，有一个十分重要的定义：写作就是在自言自语，当你在自言自语时，其实是在锻炼你的语言表达能力。许多作者都承认自己有时会自言自语，比如青年作家李尚龙说过自己经常在路上自言自语，然后路人投之以同情的目光。再比如畅销书李笑来、古典等人都说过自己经常会自言自语。最简单地讲，当你写作时，你就把内心想说的话，通通写出来。在写作时，你就在锻炼自己的语言表达能力。

---

① Andrew Abbott，田晓丽．大学教育的目的［J］．开放时代，2005（5）：30-44.

② 邓晖，祁琳．大学生写作短板亟须补齐［N］．光明日报，2018-05-21.

与此同时，常常还可以观察到这样的现象：工作中，遇到跟其他同事或者上级沟通时，一般会提前在脑海里想好怎么讲，然后自己再讲一遍，设想一下对方会问什么问题，然后要怎么回答。这样做的好处是可以稍微简单、清晰地把自己想要讲的话在大脑、眼睛、耳朵过一遍，以让自己的表达能力越来越好。这一切，都可以通过写作来锻炼，因为写作就是在自言自语，写作就是在锻炼自己的语言表达能力。

事实上，一个人一旦具备了明确的目的、步骤、计划与逻辑思维，表达自己观点时会更加顺畅、更有条理性，也更容易说服他人，可提升与别人沟通的效率，改进与同事或上司的关系，提高解决问题的成功率。而一个人私底下的写作，是一种“提前表达与沟通的预演”，所以，写作可以培养与提升一个人的表达和沟通能力。

四是通过写作培养并改进人的知识网络结构。从信息点的组织角度看，写作是把信息点通过逻辑连接或串联的过程，有人将它比喻为“将珍珠串成美丽项链”的过程。

具有写作经历的人，大概都有这样的体会：写作是通过网状的思考，做成树状结构，用线性语言“串联”表达出来——写作初始，脑海里的思路比较模糊，“信息点”或“思路线”如蜘蛛网，纵横交错缠绕。随着写作的深入，写作者就需要把这些缠绕的“思路线”分条列项地梳理清楚。就好比一个蜘蛛网，梳理出一张鱼骨图或树干图，分清楚总论点（树冠）是什么、分论点（树枝）是什么。最后根据这个结构，用简洁清晰的语言表达出来。

写作可以将我们头脑中的知识信息变得更为结构化、逻辑化、体系化。常见的一个现象是：学习英语文章写作，一个单词容易忘记，而通过写作，把这个单词和其他许多单词联系在一起，各个单词就不再是一个个的“孤岛”，而是一个有序的紧密关联的知识网络，更加便于记忆。

上述四点概而言之，可以将写作课程的功能理解为三个“有利于”——有利于提升学生独立思考和逻辑思维能力；有利于提升学生文字写作和语言表达能力；有利于提升学生情感传递和文化理解能力。

四、探索建设课程教学规范体系

纵观世界一流大学，都把“批判性思维、表达沟通能力”的养成与获得作为大学期间的基本责任。哈佛、普林斯顿、剑桥都开设有体系完整的写作课，哈佛大学甚至将写作课列为全校唯一的通识必修课。国内清华大学率先提出要将“写作与沟通”课程列为本科生的必修课，2020 年实现全校覆盖。世界一流大学的行动表明：写作很重要，它不仅是“一门技巧”，更是一种思维能力、表达能力与沟通能力综合获得的“载体”。

我国高校本科生中也开设写作课，一般称“大学语文”，主要由文学院系的中文教师主讲，从实践效果看，思维力、表达力与沟通力的提升效果并不理想。原因大概有如下几个方面：

第一个原因与教学内容有关。主讲教师多出自文学院系，专业偏好所至，教师一般偏重讲文学史，讲语法，讲文句构成，就写作谈写作，没有从写作隐含的思维能力角度去讲授，很少或没有从“分析写作、说理写作、应用写作”这些更为“实用”“管用”的角度去讲解。自然，除了文学院系的学生外，其他院系专业的学生兴趣不大，选课目的上感觉“没用”。

第二个原因与大学生当下的语言交流环境有关。现在的大学生，几乎都是伴随网络、QQ、微信而成长，习惯网上沟通，习惯网络语言，体现在论文写作或学习工作中的公文表达，常常会出现网络语言、口语化语言，书面规范语言运用非常陌生。书面规范语言的表达有一定要求，其优点是能较准确、清晰地陈述事实，大学生不懂书面规范语言表达，将不利于其学术深造、社会沟通与工作交流。

第三个原因与大学生阅读方式有关。当下的大学生每天离不开手机，在网络阅读中生活，网络阅读影响思维方式与思维能力，表现是：选择性阅读，只挑自己感兴趣的文章看，挑生动易懂的看，挑容易的看，对于深刻的有逻辑性的文章，兴趣不大。于是乎，完成课堂论文或研究报告作业，或者不会做，或者抄袭，或者容易遇难不上，尽量躲避、退缩与“绕道前进”。

第四个原因是与大学的观念有关。高校对写作通识课的认识存在偏颇。众多大学的培养计划里，开设“写作与沟通”“写作与交流”类似写作通识课程的学校数量寥寥，有的学校从实用出发，仅开设“应用写作”或“公文写作”类课程。一方面，高校长期没有开设写作通识课，导致大学生在大学阶段接受不到类似训练；另一方面，大学生没有通过写作训练思维与沟通能力的意识，不重视写作课修读，即便所在高校某院系尝试开设写作通识课，学生也没有正确认识——以“混个学分”的态度选课听课。写作通识课的开设，在高校似乎成为一件“尴尬的事”。

上述原因及其表现表明：我国高校开设写作通识课及其教学规范体系建设，非常必要且迫切。清华大学 2018 年秋季率先开始写作通识课教学规范体系建设，诸多高校效仿清华大学，已经开始在本科生中开设写作通识课，并探索教学规范体系的建设。借鉴国外名校经验，我国高校写作通识课教学规范体系的建设探索，其着力点可考虑如下方面：

一是建立写作课教学规范体系，严格教学标准。国外不少名校的写作课，作为教育体系的关键内容，有严格规范的教学标准与要求。一项针对 900 多所美国高校的调查显示，96%的四年制高校开设了写作项目。针对不同专业的学生，写作课的要求也不尽相同，有些文科专业的学生甚至被要求连上三学期写作课，课程要求也比较严苛①。

二是重视思维启发与过程辅导，杜绝功利目的。写作教学应该重视思维启发与过程辅导，如美国高校的写作中心，其功能就是规范大学的写作教学行为，为来自不同

① 王小芳，邓耿．美国大学写作课项目调研及借鉴——以普林斯顿大学为例［J］．高等理科教育，2019（3）．

学科领域和处于不同学习阶段的学生提供写作方面的指导与反馈，尤其关注规范学生的学术论文写作。教学过程中，要尊重学习者的“主体写作过程”，以课堂写作任务为依托，采取多种多样、有针对性的辅导模式。坚决杜绝写作教学的功利导向，教学不能“只问有没有用”，不能走传统的“唯分数成绩论”教学评价模式，教师不能停留在批改作文的单向信息输出阶段，应致力于营造双向多元的批判式阅读与评改的教学氛围，在互动教学过程中让学生学习知识，改善思维模式，提升写作与表达能力。

三是推行能力导向的教学设计，反对空泛的概念灌输。大学开设写作通识课，不能是全校完全步调一致，而是在有一个基本规范框架的基础上，鼓励不同院系针对其专业特点，通过有目的的教学设计，培养学生的逻辑思维能力、语言表达能力，以及公共沟通能力——是一个“能力导向的共性学习模式”。这一点，美国斯坦福大学2013年开始实施新的通识教育方案，充分体现了这个特点①，该方案包括思维与行为方法、有效思考、写作与修辞、语言等四类必修课，打破了人文学科、社会科学、自然科学等三大学科领域，要求不同专业的学生均应培养四种能力——深度阅读、熟练写作、有效交流与批判思维的能力。在教学中，学生能够以能力为主轴来建立不同学科领域之间的知识联系。美国的这个“能力导向的共性学习模式”非常值得我们借鉴。

参考文献

[1]［美］马克·克雷默．哈佛非虚构写作课：怎样讲好一个故事［M］．北京：中国文史出版社，2015.

[2]［美］约翰·麦克菲．写作这门手艺——普林斯顿大学写作课［M］．长沙：湖南文艺出版社，2018.

[3]［美］芭芭拉·明托．金字塔原理：思考、表达和解决问题的逻辑（第3版）［M］．海口：南海出版公司，2019.

[4] 王小芳，邓耿．美国大学写作课项目调研及借鉴——以普林斯顿大学为例［J］．高等理科教育，2019（3）.

[5] 陈乐．写作研讨：普林斯顿本科生的“前学术训练”［J］．教育发展研究，2018，38（17）：56-62+76.

[6]［德］马多米尼克·穆特勒．清晰表达的艺术［M］．北京：九州出版社，2016.

[7] 李忠秋，刘晨，张玮．结构化写作［M］．北京：人民邮电出版社，2017.

[8] 吴婕，姚晓菊，李昱．有效沟通与实用写作教程［M］．北京：中国人民大学出版社，2011.

[9] 马正平．高等写作思维训练教程（第2版）［M］．北京：中国人民大学出版社，2010.

[10] 徐贲．明亮的对话：公共说理十八讲［M］．北京：中信出版社，2014.

---

① 陈乐．写作研讨：普林斯顿本科生的“前学术训练”［J］．教育发展研究，2018，38（17）：56-62+76.

教研结合的决策理论与方法课程教学探讨*

符 阳

（深圳大学管理学院行政管理系）

【摘要】本文依托深圳市哲学社会科学“十三五”规划课题“深圳市生态和低碳新城转型路径与可持续治理研究”，将具体的研究课题应用于决策理论与方法课程教学实践，进行了面向学生应用能力提升的教学改革探索。决策理论与方法的核心是在不同条件约束下的决策优化。深入理解公共政策决策理论，掌握科学的决策方法，是公共管理领域中重要的基本课题，也是行政管理专业本科教学的重要组成部分。目前，针对公共管理领域的决策理论与方法探讨尚不充分，如何基于公共决策特点，系统性介绍公共决策理论，提升学生使用适当的决策方法解决公共管理问题，是本课程教学的重点和难点。课程依托具体的生态城市发展与建设问题，引导学生从理论层面分析生态与低碳政策的制定过程。并运用多种决策方法，评估生态与低碳城市发展过程中的公共决策。这些探索为进一步优化面向行政管理专业的决策理论与方法课程设置与教学方式改革进行了有益尝试。

【关键词】生态城市；环境效率；决策理论与方法；本科教学；应用能力

一、引言

美国著名管理学者 Herbert Simon 认为管理的本质就是决策（徐南荣、钟伟俊，1995），足见决策在管理科学中的重要地位。科学有效地运用决策理论与方法，是提升管理效率与质量的重要手段。当前，决策科学被广泛应用于经济、工程管理与公共管理等部门。决策方法也融合了博弈论、运筹学、投票与系统仿真等多种方法体系。掌握必要的决策理论知识与决策方法，是各领域管理人才的必备技能，也为本科生将来走向工作岗位或升学深造打下坚实基础。

决策理论与方法课程是管理类专业的重要专业课程，目前已成为国内高校经济管理、管理科学与工程专业的主流课程。虽然目前有少部分教材从公共部门出发分析决策问题，但对于具体决策方法技术大多泛泛而谈，缺乏实质分析，不利于提升本科生决策方法的应用能力。而通用的教材均主要面向管理科学与工程专业和经济管理专业。

* 本项目由 2019 年度深圳市哲学社会科学“十三五”规划课题（项目编号：SZ2019C009）资助。

知识体系主要集中于运筹学、优化和系统仿真等领域。这些教材的内容往往针对私有部门的经济活动，极少涉及公共部门和公共管理中的决策实践，选用的决策方法也并不都适用于公共决策领域。由于公共部门决策中的价值导向与私有部门有较大差异，决策过程与机制也往往不同。因此，亟待开拓针对公共管理实践的决策理论与方法课程教学探索。

在教学过程中，作者通过具体分析中国生态新城和低碳新城的发展政策，评价城市发展的环境绩效，引导学生将生态低碳新城发展与公共决策理论方法相结合。这种应用导向的教学探索，弥补了当前针对行政管理专业的决策理论与方法课程的不足，为进一步优化行政管理专业课程体系，增强学生的方法应用能力，进行了有益尝试。

二、决策理论与方法课程现状

（一）决策理论与方法课程教材与行政管理专业脱节

目前全国的主要相关教材中，契合行政管理的决策方法教材较少。现行教材主要分为两类，一类是面向工程管理类或工商管理类教材，其教材内容在公共管理领域应用性不高，且涉及较多数学分析，不适宜直接作为本专业的教学内容。另一类是面向公共管理的决策理论与方法教材，其教材内容又往往对具体方法应用一带而过，缺乏具有实操过程的教学案例，且方法单一，很多新兴的决策方法并未纳入（吴佩瑶，2018）。

决策理论与方法涉及公共政策制定与公共管理的全过程。在教学单元，各种理论与方法条块分割，泾渭分明。多种决策方法分区块顺序逐个讲解。但在实际应用过程中，多种决策方法往往是相互嵌套、结合应用的（王坚强，2008）。因此，有必要进行教学研究改革，鼓励学生在发现问题、解决问题的过程中发挥主观能动性，从综合的视角运用多种所学方法解决实际问题。

（二）无法针对性提高学生的方法应用能力

管理科学与工程的教材从运筹学角度出发，介绍随机性决策、多属性决策、动态决策和模糊决策等内容，有很多公式的推导与论证。教材主要是各种数学公式的堆叠。行政管理专业的学生主体为文科生，线性代数等数学基础较弱，这些教材与授课方式对该专业本科生来说接受度较低，显然无法通过此种教学方式培养学生的方法应用能力（陈晓红，2017）。经济管理类的教材相对更易于被公共管理专业本科生接受，但是这类教材的编写和课堂授课多遵循企业生产和获利等私营部门案例，与行政管理专业本身贴合性不强，也很难引导学生在将来的研究或实践中恰当地使用这些决策方法（岳超源，2003）。此外，公共部门常常涉及的决策方法，如投票、仿真模拟、博弈论、谈判法、战略决策和德尔菲法等方法则往往被忽略，课程内容与专业背景脱节，进一步阻碍了学生对于公共部门决策方法应用的掌握（宋海风，2018）。

（三）公共决策理论探讨匮乏

目前主要的决策理论与方法课程大都集中讨论具体决策方法，对于公共部门中哪些因素影响决策，决策形成机制和不同议题的决策机制鲜有系统论述。事实上，目前学界对于公共政策的形成已经有了广泛深入研究。包括古典的理性决策模型；有限理性决策模型；渐进式决策模型；针对城市发展领域的城市增长机器、城市增长联盟；环境领域的间断平衡理论；治理领域的多元治理理论；还有其他领域中的垃圾桶决策理论和目前较为流行的政策学系与政策迁移理论等（卓晓宁、周海生，2010）。有必要在本科课程阶段系统地将决策机制的理论模型介绍给学生，让学生理解决策理论与公共政策实践之间的关系，并能在研究中应用这些公共决策理论。

（四）课程考核方式与教学目的脱节

决策理论与方法作为一门方法课程，其核心目的是增强学生对于各种决策理论与方法的理解，并且能熟练选择恰当的决策方法来解决公共决策中遇到的实际问题。但在目前的主流教材设置中，偏重于对方法的讲解和课后习题的练习，少有机会让学生主动运用所学的决策理论与方法解决公共管理中的实际问题（张克，2017）。学生们普遍反映，即使学会了某些决策方法，也不知道如何运用在研究之中，只会做题，却无法解决实际问题。单一考试与论文也难以综合考察学生对于方法的应用能力。

鉴于以上决策理论与方法课程教学中存在的突出问题，作者在教学中依托科研课题，引导学生选择恰当的公共决策理论分析环境和城市发展政策。并通过所学的决策方法，对城市环境效能进行评估优化。这种基于实际问题应用的教研过程，能够更好地引导学生发现问题，并有针对性地解决问题。

三、面向行政管理专业的决策理论与方法课程设置

结合公共部门的决策特征和实际教学要求，作者在讲授决策理论与方法课程时针对教材内容、课程模块和课程考察方式进行了系统性的整合。

首先，由于目前主流教材与公共部门决策的错配，笔者在面向行政管理专业讲授决策理论与方法课程时系统性地整合了教学内容，将课程主体定位为公共决策理论与方法两个部分。同时剔除了与公共部门决策相关度较低的决策方法，增加了公共部门决策经常使用的决策方法。具体的课程模块设置如下表所示：

表　决策理论与方法课程设置

课程模块	具体内容
公共决策理论导论	介绍主流的决策理论模型，包括理性选择（Rational Choice Theory）、有限理性（Bounded Rational Choice Theory）、渐进决策（Incrementalism）、综合扫描（Mixed-scanning）等通用理论模型，亦包括常用于特别领域的间断平衡理论（Punctuated Equilibrium）、多元决策、城市增长机器等
专家咨询法	介绍专家咨询法（Delphi 法）在公共评价和预测中的应用
战略决策与规划	介绍常见战略决策方法及其在公共议题中的应用和评价

续表

课程模块	具体内容
投票理论与方法	投票的基本定义、投票的原则、投票的决策成本函数与外部成本函数、常见的投票方法与投票制度
多目标决策	常见的多目标决策方法，如决策树法、层次分析法（AHP）、数据包络分析法（DEA）。着重介绍公共政策领域这些评价方法的应用
仿真决策	仿真决策中的系统动力学方法，主要包括因果回路图构建和流图系统构建，让学生通过仿真模拟分析公共政策的影响
博弈论	公共管理中突出的“公地悲剧”，博弈论基本原理，静态完全信息博弈、动态完全信息博弈和静态不完全信息博弈

在具体的课程模块设置中，作者充分考虑了公共决策理论和决策方法的平衡。在课程一开始首先系统性地介绍了常用的公共决策理论模型，并通过引入一些特定领域中的模型，引导学生运用理论来分析现实中的公共政策过程，鼓励学生将理论分析与方法应用相结合，通过某个特定的理论模型和决策方法，解决公共决策中的实际问题。

在决策方法部分，课程充分考量了在公共决策中最常用的方法，且根据行政管理专业的学生特点，平衡选取了定性与定量研究互补的决策方法模块。定性决策方法为专家咨询法和战略决策方法；定量决策方法主要包括多目标决策和博弈论。同时还引入了一些诸如系统动力学和投票决策等定性和定量相结合的公共决策方法。在介绍这些研究方法时，教师紧密贴合公共决策案例实际，鼓励学生创造性地将多种研究方法相结合来解决现实问题。

四、基于应用能力提升的教研融合改革初探

为了提升行政管理专业学生对于决策理论与方法的应用能力，作者在授课过程中将实际的公共决策研究科研课题引入课堂，通过结合理论分析、案例讲解、小组讨论和期末作业让学生全面、系统、灵活地运用课程所学内容。

该课题为生态低碳新城的转型路径研究，具体涉及公共决策中的环境政策与城市可持续发展政策。科研项目的整体内容与所有课程模块紧密融合。具体而言：

（1）在决策理论部分，通过间断平衡理论分析中国环境政策转变的原因。探讨环境保护成为国家基本政策的决策过程与路径。运用渐进式决策、城市增长机器和多元决策等理论模型分析生态城市建设过程中的土地征收、拆迁和安置、招商引资和环境冲突等问题。

（2）在专家咨询法部分，介绍常见的生态新城和低碳新城评价方法。通过德尔菲法建立针对环境效能、环境指数和生态指数的评价体系，运用专家咨询法对生态和低碳城市发展进行预测和评价。引导学生尝试制作针对环境评价的专家征询表。

（3）在战略决策与规划部分，引入生态新城和低碳新城战略发展规划和政策过程案例，鼓励学生通过运用战略决策方法来分析具体的环境和城市发展议题。

（4）在多目标决策模块，引导学生对于生态和低碳新城的环境效能进行分析。有两部分具体内容：首先，将层次分析法（AHP）与德尔菲专家咨询法相结合，向学生示范如何构建环境绩效的评价体系。其次，结合数据包络分析（DEA）方法，引导学生分析在一定条件约束下，多要素投入和多目标产出的优化问题。通过分析我国多个生态和低碳新城（以及粤港澳大湾区城市群）的经济要素投入和环境排放，对多个城市进行生态效能分析和评价。

（5）在博弈论模块，主要运用博弈论的基本知识来解析公共池塘资源（Common-poolresources），尤其是环境资源利用过程中的突出问题。结合奥斯特罗姆（Ostrom）的新制度主义理论，分析如何解决公共资源的滥用问题。鼓励学生探索发现城镇化发展过程中可持续治理体系构建的关键要素（柴盈、曾云敏，2009）。

（6）在仿真决策过程中，引导学生运用系统动力学因果回路图和流图，模拟不同要素投入下，生态与低碳新城环境绩效的变化——此部分内容结合（4）中环境绩效评价的结果深入展开。仿真不同要素投入和政策匹配情境下的环境绩效，优化政策和要素配置。

为了完整考察学生们对于决策理论与方法应用的掌握，课程考核方式也进行相应的改革。决策理论与方法课程为过程考核型课程，着重评估学生在课程学习全过程不同阶段的表现以及方法应用能力。对于基础知识的理解和运用通过每个模块多次的随堂测验考察，占整体分数的 20%；对于理论应用的案例分析占整体分数的 10%，生态低碳新城的环境绩效评价作业占整体分数的 20%，综合运用课堂所授决策理论与方法解决实际问题为考察核心内容，包括小组研究方案展示占整体分数的 10%和最终小组研究报告占整体分数的 30%。课堂表现与出勤占整体分数的 10%。这种过程型考核方式有助于学生在课程全过程的积极参与并将前后所学知识串联应用。

五、结论

综上所述，在面向行政管理专业本科生讲授决策理论与方法课程时，需要整合授课内容，紧贴公共决策的热点问题。通过教学与研究相结合，在授课过程中引入低碳和生态城市发展的研究案例，全面提升学生对于公共决策理论与方法的应用能力。课程的考核方式也应当做出相应的配套改革。这些思考仅仅是针对决策理论与方法课程教学优化的初步探索，还有待在未来的教学实践中进一步丰富和完善。

参考文献

[1] 徐南荣，钟伟俊．科学决策理论与方法［M］．南京：东南大学出版社，1995.

[2] 吴佩瑶．领导科学决策的行为方法探究［J］．学理论，2018，784（10）：73-74.

[3] 岳超源．决策理论与方法［M］．北京：科学出版社，2003.

［4］宋海风．公共决策制度构建阶段公众参与问题探究［J］．理论导刊，2018（1）．

［5］卓晓宁，周海生．西方公共政策理论模型及方法论演进述评［J］．南京社会科学，2010（7）．

［6］张克．西方公共政策创新扩散：理论谱系与方法演进［J］．国外理论动态，2017（4）：39-48.

［7］王坚强．模糊多准则决策方法研究综述［J］．控制与决策，2008，23（6）：601-606.

［8］陈晓红．决策与决策支持系统［J］．科学观察，2017（12）：43.

［9］柴盈，曾云敏．奥斯特罗姆对经济理论与方法论的贡献［J］．经济学动态，2009（12）．

关于高校非统计学专业统计学课程教学的思考*

王丽艳
（深圳大学管理学院行政管理系）

【摘要】 随着大数据时代的来临，数据分析在各个领域变得越发重要，而统计学被誉为数据金字塔的"基础之基础"。本文具体介绍了高校非统计学专业统计学课程教学中的现状和问题，以及非统计学专业学生对于统计学课程的认知，并据此提出了相应的对策建议。

【关键词】 非统计学专业；统计学；课程教学

一、引言

统计学是关于认识客观现象总体数量特征和数量关系的科学。它是通过搜集、整理、分析统计资料，认识客观现象数量规律性的方法论科学。因此，统计学的定量研究具备客观性、准确性和可检验性，被广泛应用于各个领域，小到个人的衣食住行，中到家庭、企业、政府管理，大到社会经济等。

统计学对于高校人才的培养具有重要的现实意义，现阶段，我国国内很多院校均开设了统计学课程，尤其是经济管理类专业，已将统计学列入必修课的教学课程中。随着大数据时代的到来以及信息技术的快速发展，社会对统计学提出了更高的要求，也对本科统计学教学提出了更多的挑战。但是，当前中国非统计学专业统计学教学过程中还存在许多问题，从授课内容、教授模式到教学方式，都存在改进和提升的空间。因此，如何紧跟时代的发展，使学生不仅掌握好统计学理论知识，增强其应用实践能力，是统计学教学工作者需要重点考虑的问题。

二、国内统计学课程教学现状

（一）统计学教学内容过于陈旧，不能与时俱进

国内统计学课程教学内容主要涵盖了数据定义与收集、数据可视化、描述统计、概率分布、参数估计以及假设检验、方差分析、线性回归分析等部分，然而随着大数据时代的到来，仅学习书本上的理论知识远远不够。

---

* 本研究得到深圳市教育规划课题（项目编号：zdzz19006）的立项资助。

首先，教材强调公式，忽视统计学意义。现有的教材主要还是以公式推导和计算过程为主，课后练习也主要是以计算题为主，片面强调计算过程本身，而忽视对统计方法的选择和理解以及对统计结果的解释。

其次，教材缺乏实践应用。既无法将统计学与其他学科紧密联系起来，也不利于学生将理论学习和现实实践结合起来，与大数据时代脱节（张莹，2019）。教学内容枯燥、实践环节较少（鄂慧芳，2019；王坤和刘鹤飞，2018）。

最后，教学内容缺乏针对性。面对不同专业不同年级的授课对象，教学内容缺乏针对性，使得学生无法将统计学理论方法与本专业更好地结合起来，发挥统计学的工具作用（翁世洲，2018）。

（二）非统计学专业学生基础知识储备不足，学习兴趣不高

对于经管类专业的学生，有极大部分是文科专业，数学基础相对较弱，甚至有部分学生在高中并没有学习过排列组合，因此，对于这部分学生而言，统计学如同“天书”，对于统计学课程兴趣不大。甚至有部分学生将统计学等同于高等数学，同时也无法意识到统计学课程的重要性（孙国华，2019），认为学习一堆公式对于未来的就业没有多大用处，学习缺乏兴趣和积极性。对于部分专业的学生，课程培养设计并不合理，在学习统计学之前，并没有学习与之相关的基础课程，如概率论，这对于理解古典概率以及概率分布非常重要。

（三）教学方法依旧以传统授课方式为主

传统教学方法主要是以“教”为中心，是一种填鸭式的教学模式，主要是教师在台上讲解，学生在下面听和记笔记。在师生关系中，教师是知识的传授者，学生是被动学习者，师生互动较少，学生也没有充分参与到课堂当中，课堂氛围一般比较沉闷，学生主要以“考试通过”为目标导向，为了考试而考试，考完之后所有知识都抛之脑后。

尽管这种授课方式讲解重点突出、教学内容直观，有助于学生对于基础概念的掌握，但缺点也很明显，由于统计学内容相对其他课程枯燥乏味，因此填鸭式的教学方式不能保证授课质量，此外，这种授课模式传递的信息量有限。

（四）课程考核方式较单一

统计学课程考核方式主要是以闭卷考试为主，侧重于考察学生对基础知识的掌握情况。而对于学生的实践能力方面的考察欠缺，例如考察学生对于如何将现实问题转化为统计学问题的能力。很多学生学完统计学课程，空有理论知识却不知道如何有效应用，面临现实经济管理问题，尤其是专业领域问题的时候，缺乏定量分析的意识，很难将定性问题准确地转化成定量问题。

三、非统计学专业学生对统计学课程的认知情况调查

为了更深入地了解非统计学专业学生对于统计学课程的认知，我们对正在学习统

计学的部分学生进行了调查，调查内容主要包括学习统计学的必要性、学习统计学必要的基础、统计学的难点、统计学对个人专业能力的提升、统计学教学方式、统计学课程考核方式等方面。问卷通过问卷星平台进行了发布，共收回 92 份问卷，样本量比较大，具有统计学意义。

针对收回的问卷，其中女生占比为 67.74%，男生占比为 32.26%，有 72.04%的学生是行政管理专业，其他文科类专业占比约为 28%。被调查对象主要是正在学习统计学的大二学生，占比为 84%。本文对于这部分非统计专业本科生所填的问卷结果进行了分析，主要包括以下几个方面：

（1）学习统计学的必要性。

第一个问题，统计学课程是否符合本专业培养目标，其中有 27%的学生认为很符合，57%的学生认为比较符合，15%的学生认为基本符合，大部分学生认为学习统计学对于专业培养有帮助。

第二个问题，统计学对于以后专业学习的帮助，有 27%的学生认为统计学对于以后专业学习有所帮助，40%的学生认为基本有用，33%的学生认为可能有用。大部分学生对于统计学与相关专业课程之间的关系认识得并不是很清楚。

第三个问题，哪些统计学内容对将来有帮助，有将近 83%的学生选择了统计调查方法，相关分析和假设检验选择的人数也在 70%左右，回归分析和参数估计人数占比在 60%左右。

（2）对于统计学的认知情况。

第一个问题，统计学课程的特点，有 55%的学生认为统计学是属于基础使用，有 14%的学生认为统计学比较抽象难懂，19%的学生认为统计学是重理论多于实践，12%的学生认为统计学比较全面系统。

第二个问题，学好统计学的关键，被调查的学生认为先后顺序应该是逻辑思维能力、综合能力、计算能力和记忆能力。被调查学生普遍认为逻辑思维是学好统计学的关键。

第三个问题，与统计学紧密联系的课程，大部分学生认为与统计学联系最紧密的是概率论，综合得分为 3.41，并且有超过一半的同学认为学习统计学之前非常有必要学习概率论。其次是高等数学，综合得分为 2.14，经济学得分为 1.85。

第四个问题，统计学中哪些部分难以理解，有 66.67%的学生认为回归分析比较难以理解，54%的学生认为相关分析比较难理解，43%的学生认为参数估计与假设检验比较难理解。

第五个问题，对于统计学课程的总体压力，有 56%的学生感觉到有些压力，8.6%的学生感觉到很大压力，45%的学生觉得压力一般或者没有压力，总体来说对于非统计学专业的学生还是存在一定压力。

第六个问题，统计学应该注重理论还是实践，有 73%以上的学生认为理论和实践同时重要，有将近76%的学生认为统计学学习过程中应该参加统计实践，而被调查者当中有86%以上学生以前没有参加过统计学实践。

（3）统计学的教学方式。

有62%的学生希望通过统计调查或者案例分析的方式进行学习，有51%的学生更能接受传统课堂教学，主要是以教师讲解为主，有55%的学生选择师生互动多一点，只有30%的学生选择小组讨论，从调查结果来看，更多的学生希望通过亲身参与的方式来学习统计学知识。

（4）统计学的考核方式。

有55%的学生希望课程考核方式可以由平时表现、实践能力、期末考试三部分综合来考核，27%的学生希望由平时表现、期末考试两部分来考核，17%的学生希望通过平时表现、实践能力两方面来考核。

在最后一个开放性问题中，有的学生希望每上完一个章节后能对所学知识进行梳理，希望课程能更加通俗易懂。

通过对当前统计学课程现状分析以及学生对于统计学认知的调查，下文对于当前非统计学专业统计学教学改革提出了一些对策建议。

四、教学改革的策略

（一）教学内容的改革

1. 结合学生的实际情况

首先，针对不同专业的学生，可以结合其专业特点，选择与其专业相关的实际问题作为切入点，比如，行政管理专业，教师可以就影响地方官员晋升的因素进行分析，要求学生通过收集地方官员的相关数据资料，进行整理和分析，最终得出分析结论，从而形成调查报告，让学生体会到学习统计学的重要价值，激发其学习的兴趣。另外，也可以使用更加贴近他们生活、让他们感觉更相关的例子作为课堂展示，比如在讲泊松分布时，可以用坐校车排队、食堂打饭排队来进行课堂展示，不仅能让学生带着好奇心主动思考，而且让学生觉得所学的内容真的有用。

其次，针对不同阶段的学生，侧重方向可以有所不同。如果授课对象是低年级的学生，由于他们是刚刚进入这个专业领域的新生，最重要的是建立他们对于本专业的方向认同感，需要更多地科普与专业相关的知识点。而对于高年级的学生，专业已经基本了解，对未来有具体规划，更加渴望获得新知识，对于他们应该多传授一些“硬货”、给他们更多的挑战。比如随着大数据时代的来临，可以鼓励高年级的学生对本专业热点问题展开大数据分析，拓展关于 Python 等热门软件的相关知识。

2. 建立不同专业的统计案例库

单纯的统计学理论知识很容易使学生感觉枯燥无味，而案例教学是理论与实践相结合的纽带，可以针对不同的专业制作不同的统计案例库。

（二）教学模式的改革

改变传统的教学模式，充分发挥学生的学习自主性。教授模式要由传统的以“教”为主转化为以“学生”为中心，可以通过抛出问题的方式引入所要讲解的主题，向学生多提“Why”“How”。首先要求学生讨论可能的解决方案，当其发现所学知识不能解决问题时，自然而然地就会对新的知识产生兴趣。比如，给出一堆文字来描述周杰伦新歌《说好不哭》的发行量和一张印有周杰伦照片的图片以及一个销售数字来问学生哪种广告方式更能吸引顾客？直观上让学生自然而然地明白图片所起的作用。

引入翻转课堂等新的教学模式，金春和孟芳（2019）发现翻转课堂教学在统计学中是非常有必要的，并且学生对于该种教学方式满意度较高。

（三）教学方法的改革

1. 改变讲授为主的单一教学方法，结合案例法以及比较法

要改变传统的侧重于理论知识的讲解，应该更加注重统计学的应用，弱化统计学的数理公式的推导，重点讲述统计学分析方法的应用，加大对案例的分析和讲解，尤其是与本专业相关的统计学案例，加深学生对于知识点的理解，明确学习的动机，激发其学习的兴趣。但是，统计学课程并非所有内容都适合采用案例教学方法，有些需要讲授和案例法相结合。比如在第一章导论部分，了解统计学的发展历史，使用讲授的方式更能直观地让学生了解。在讲假设检验时，可以通过案例的方式引入，使学生对相关概念的理解更容易。案例教学法一般分为基础知识掌握、分小组讨论、课堂分享、课后总结四个阶段。案例教学要求教师具有掌控全局的能力以及学生具有查找资料、分析总结的自主学习能力。

比较法是利用教学内容的相互联系和区别，促使学生掌握和巩固所学内容，达到教学目的的方法，使得学生触类旁通，温故知新，加深对相关概念的理解（韦新星，2016）。

2. 以赛促学、以赛促教

在教学的过程中，可以向学生科普与统计学相关的竞赛知识，鼓励学生积极参与相关的竞赛活动，如中国公共政策案例分析大赛、全国大学生市场调查与分析大赛等，通过竞赛来促进专业学习，同时也培养了学生的社会实践能力，有利于学生将统计学知识与相关专业知识相结合，做到学以致用，促进实践成果转化。

（四）考核方式的改革

考核方式多样化，除了采用闭卷考试方法外，还可以采用课堂小组讨论、小论文的方式进行考核。例如可以对理论、实践以及平时赋予不同的权重综合进行考核，具

体地，如理论知识的掌握（基本理论、数据处理、软件分析等）、实践能力（主要以小组方式考核，将现实问题转化为统计学问题的能力）、平时表现（出勤率、资料阅读等），其中理论知识的权重为 0.5396、实践环节权重为 0.297、平时表现权重为 0.1634。

五、结论

综上所述，在统计学的教学过程中，不仅要从学生的实际情况出发，同时也要紧跟时代的发展需要，借助新的教学方法和手段，在提升教师自身素质的同时，积极培养学生的统计分析能力以及综合实践能力，真正实现统计学的工具作用。

参考文献

[1] 金春，孟芳．统计学课程翻转课堂教学效果调查研究 [J]．教育现代化，2019 (24)．

[2] 韦新星．比较法和案例教学法在《统计学原理》课程教学中的应用 [J]．数学学习与研究，2016 (19)．

[3] 孙国华．高校非统计学专业统计学课程教学改革探究 [J]．西部素质教育，2019 (12)．

[4] 张莹．大数据时代经管类专业统计学课程教学研究 [J]．当代教育实践与教学研究，2018 (8)．

[5] 鄂慧芳．财经类高校本科生统计学课程教学问题初探 [J]．中国乡镇企业会计，2018 (5)．

[6] 王坤，刘鹤飞．统计学课程教学探索 [J]．高教学刊，2018 (8)．

[7] 翁世洲．地方本科院校经管类专业统计学课程教学改革实践与探索——以广西民族师范学院为例 [J]．教育现代化，2018 (6)．

一个流程管理游戏及其在"物流与供应链管理"课程教学中的应用*

马利军
（深圳大学管理学院管理科学系）

【摘要】物流与供应链管理是管理类专业的必修课程，从课程性质来看，"物流与供应链管理"具有较强的实践性和应用性，因而课程教学要注重理论与实践并重，尤其要突出实践教学。然而，目前"物流与供应链管理"的教学依然沿用传统的教学模式，即以教师课堂讲授为主、以理论教学为主。为改变这种状况，不少教师在教学过程中进行了以理论教学为主、辅之以案例教学和实践教学（如实验、参观考察、实习等）的探索，但是仍然存在诸多问题。为了使教学过程更加充满趣味性，笔者将流程管理的一个游戏引入教学。教学实践证明，将游戏引入物流与供应链管理课程教学是教学的创新，它不仅能够充分调动学生的主动性，而且能够培养学生参与管理实践的能力，值得推广。

【关键词】物流与供应链管理；双语课程；流程管理游戏；教学改革

一、引言

目前，管理学成为我国高等教育中发展最快的学科门类之一，管理类本科专业的招生规模和在校生规模占比高达26%和24.7%，其专业布点数达到8125个，普通本科高校大多设置管理类专业，理、工、农、医类专业也大多开设有管理类课程。"物流与供应链管理"是管理类专业的核心专业课程。从课程性质来看，"物流与供应链管理"具有较强的实践性和应用性，因而课程教学要注重理论与实践并重，尤其要突出实践教学。然而，目前"物流与供应链管理"的教学依然沿用传统的教学模式，即以教师课堂讲授为主、以理论教学为主。为改变这种状况，不少教师在教学过程中进行了以理论教学为主、辅之以案例教学和实践教学（如实验、参观考察、实习等）的探索，但是仍然存在诸多问题。

理论教学的长短之处都在于"灌输"，"灌输"有利于知识的系统积累，但会限制

---

* 本研究由深圳大学教务部教学改革研究项目（JG2018018）资助。

学生自主学习能力和实际操作能力的提高；案例研讨的特色在于“模拟”，“模拟”有利于培养和形成创造性思维，提高学生的逻辑分析能力和演绎推理能力，但并不能让学生真正接触现实；企业（社会）调研的核心在于“体验”，“体验”有利于培养学生的实际操作能力，提高学生发现问题和解决问题的综合能力。而实验教学则是寓教于乐，是老少皆宜的接受知识的有效教学方法。通过实验教学可以迅速实现管理类课程的教学目标。

深圳大学管理科学系率先在全国开设电子商务专业，并拥有管理科学与工程一级学科硕士学位授予点。深圳大学管理学院在管理科学方面凝聚了一批从事供应物流管理的学者，相关学者在顾客行为下的库存控制、环境友好下的供应链物流管理等方面做出了大量的研究，赢得了国内外同行的尊重。

尽管如此，在物流供应链产业迅速发展的今天，虽然课程在一些知识点引入了实验教学，但是大部分知识点的教学还是以理论教学为主。因此，本文立足国内面向国际，在创新教育和全球化视角下深入开展研究，在“流程管理”知识点设计游戏教学环节。这将有助于增强知识点的趣味性，使学生在学习时更加形象直观地掌握相关知识，为供应链物流类课程教学实验提供值得借鉴的环节和模式，有力地推动我国供应链物流类课程教学质量的提高和优秀物流人才的培养。

物流与供应链管理是一门有效整合供应商、制造商、配送商以及零售商的学科，其理论基础源自运筹学，其目的在于生产的产品可以在合适的时间按照合适的产量交付给合适的消费者。物流与供应链管理在全球化的营商环境中起着非常重要的作用。有效的物流与供应链管理可以显著地减少系统成本，同时可以维持比较高的顾客服务水平，物流与供应链管理极大地增强了企业的竞争能力。本课程介绍物流与供应链管理的基本概念与管理方法，具体内容包括供应链网络、库存管理、供应链流程管理、供应链协调、风险分担、信息扭曲以及牛鞭效应、供应链配送与运输以及 IT 在供应链管理中的应用。课程着重数学模型与分析工具的使用。然而，该课程开设在第六学期，学生的数学基础往往会有脱节，单纯的讲授式及案例式的授课效果不够理想。针对以上问题，结合课下对学生的调研，笔者决定在教学过程中引入游戏教学，活跃课堂氛围。游戏教学是指在教师创设的管理情景和模拟的管理环境下，利用模拟设备，将参与的学生按照团队分成若干个“竞争企业”，通过学生模拟一系列的企业管理经营活动，使学生提高运用所学知识解决实际问题的能力。本课程特将流程管理分析案例开发成一个游戏，探讨物流与供应链管理中流程管理的方法与技术，力求使学生在游戏中学会相关的管理方法，体会相关的管理技术。教学实践表明游戏教学效果良好。

二、流程管理游戏介绍

本游戏主要模拟公司内部业务部门办理具体业务的波动性，从而得出运作管理中效率提升的根本在于运作的速度越快，运作的波动越小，进而可以将其中的道理引申到物流与供应链管理的具体管理中。

（一）游戏背景

某公司信贷业务主要是为该公司售出的计算机、软件和其他服务提供资金融通，即为客户购买该公司产品提供贷款。该公司信贷业务内部流程如图 1 所示。

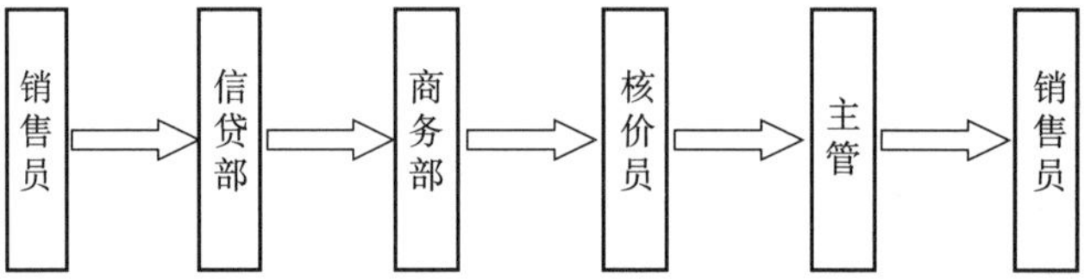

图 1　某信贷公司业务流程

（1）公司现场销售员在接到客户贷款请求后向公司信贷部发送贷款申请。

（2）信贷部工作人员核查提出贷款请求的顾客的信用情况，并把查询的结果转送下一个部门——商务惯例部（商务部）。

（3）商务部根据顾客的实际要求，修订标准贷款合同。商务部在完成合同修订之后会把各项条款附于贷款申请表格，将贷款申请表格转送核价员。

（4）核价员的工作是计算出适当的贷款利率，然后连同其他文件一起转送行政主管（主管）。

（5）行政主管把所有信息汇总，写成报价信，发给现场销售员。

各部门处理业务的平均速度一样，但实际工作效率不同（有波动），导致业务在各部门通过“速度”不一样。

（二）游戏步骤

本游戏模拟整个系统处理业务的流程如下：

（1）每天，每个部门完成一定数量的业务，并将其交给下一个部门。

（2）各部门当日工作速度——“能力”，由掷骰子结果随机决定。

（3）各部门当日完成业务的数量不得超过该部门手头现有的业务数。同时，一个部门完成业务的数量不得超过该部门的处理能力。

具体的游戏步骤如下：

在初始阶段，信贷部、商务部、核价员、主管每个部门手头有 3 个筹码（3 笔待处理业务）。销售员负责接收客户请求，假设有足够多的业务可以满足其工作能力。

（1）第一步：第 1 天开始，五个部门同时掷骰子，决定其当天工作能力，并处理相应数量的业务，处理完的业务放在“已处理”位置。

例如销售员掷到“3”，从“待处理”取出 3 个筹码放到“已处理”；信贷部掷到“2”，从“待处理”取出 2 个筹码放到“已处理”；商务部掷到“5”，从“待处理”取出 3 个筹码放到“已处理”；核价员掷到“1”，从“待处理”取出 1 个筹码放到“已处理”；主管掷到“6”，从“待处理”取出 3 个筹码放到“已完成”。最后传递的这 3 个筹码，代表有 3 笔业务最终处理完成。

（2）第二步：第 1 天结束，各个部门同时将已处理的业务传递给下一个部门，加入下一个部门的未处理业务。

（3）第三步：各个部门要记录自已部门当天的数据：

信贷部——传出筹码数：2；现有筹码数量（待处理）：4

商务部——传出筹码数：3；现有筹码数量（待处理）：2

核价员——传出筹码数：1；现有筹码数量（待处理）：5

主　管——传出筹码数：3；现有筹码数量（待处理）：1

销售员记录传入、传出系统的筹码数和系统内总筹码数，包括以下内容：

传入系统筹码数：3；传出系统筹码数：3；系统内总筹码数（待处理）：12。

其中，系统内总筹码数=前一天结束时系统内总筹码数+当天传入系统筹码数-当天传出系统筹码数。

（4）第 2 天开始。

第一步：掷骰子，决定当天工作能力。

（5）第 2 天结束。

第二步：将已处理的业务传递给下一个部门，加入下一个部门的未处理业务。

第三步：记录自已当天的数据。

……

销售员负责记录系统。

处理量等于“能力”与“待处理”的最小值。

三、流程管理游戏在物流与供应链管理课程中的应用

本次游戏教学的目的在于通过流程管理游戏熟悉流程管理效率提升的根本，即流程运作的速度及流程运作的波动性。

通过该游戏使学生认识到以下几点：①系统处理速度与个体处理速度成正比；②系统处理速度与系统处理的波动性成反比；③系统处理的“木桶原理”，即系统效率取决于效率最小的个体。

在游戏进行之前，教师首先设置游戏的场景，然后向学生提供流程管理游戏的有关信息以及游戏的任务。同时，准备游戏的记录单。具体游戏记录单见下页表。

表　流程管理游戏记录单

组名		角色		姓名	
日期	待处理	已处理	日期	待处理	已处理
1			11		
2			12		
3			13		
4			14		
5			15		
6			16		
7			17		
8			18		
9			19		
10			20		

流程管理游戏对激发学生主动学习的兴趣以及提高学习效率无疑会起到积极作用。在物流与供应链流程管理这一章节的讲解中，教师会提及流程管理效率的决定性因素。因此，我们在物流与供应链流程管理这一章节，顺利地引入了流程管理游戏进行游戏教学。

四、流程管理游戏的应用效果

我们将流程管理游戏引入物流与供应链管理教学，可以使用具体生动的场景激发学生主动学习的兴趣并提高了学习效率。通过流程管理游戏的教学实践，我们发现学生参与游戏的积极性与热情都很高，对游戏教学的效果也比较满意；游戏教学的方式对学生理论的掌握有很大的帮助，有利于培养团队协作能力。总结流程管理游戏教学的得失，可以发现流程管理游戏教学的应用效果有以下几个方面：

（1）极大地培养了学生的学习能力。物流与供应链管理课程的目的就是培养学生发现问题、分析问题、解决问题的能力。流程管理游戏作为一种全过程的教学方式，从理论学习至游戏准备、游戏操作以及最后阶段的总结和分析都是学生参与的过程。在此过程中，都是以学生为主体，教师仅负责组织、指导、监督和效果评定。这种新型的教学方式极大地培养了学生的学习能力。

（2）充分调动了学生学习的主动性，激发了学生的创造力。流程管理游戏改变了以往枯燥的输入式课堂教学方式，突破实际工作情景中时间与空间的限制而又有很强的真实感，且富有竞争性、趣味性和生动性。在整个流程管理游戏的过程中，充分地激发了学生的兴趣和想象力，进而引发了学生的思考，实现在玩中学的主动性学习。

（3）解决了实践教学环节上存在的问题，培养了学生的动手能力。在流程管理游戏过程中，学生在决策过程中会面临很多切合实际的管理矛盾，决策成功或失败的可能性都同时存在，需要运用有关的知识、决策能力与判断能力对游戏中所碰到的种种问题进行分析研究，采取必要而又有效的办法解决问题，以争取游戏的胜利。

在游戏过程中，我们发现传统教学方式下学到的知识，学生很难有效运用到游戏实践中去。这也说明传统教学模式对于供应链管理教学的不足，它不能培养学生解决实际问题的各种应变能力。而流程管理游戏的引入使学生置身于模拟的现实环境中，培养了学生在实践中解决各类具体问题的能力。

本次流程管理游戏的教学对于深圳大学物流与供应链管理类课程教学来说，还是一种新的教学尝试，因此在教学过程中难免会出现一些问题。例如，从本次游戏教学来看，教师及学生对游戏过程中可能出现的问题和困难事先估计和准备不充分，学生在游戏过程中操作的出错率比较高、团队协作意识不够强、学生对于如何将理论应用于实践思考得不够充分等。但从总体说来，本次游戏教学还是取得了较为满意的效果。

五、结论及建议

从本次游戏教学的实践来看，游戏教学和传统的教学方式相比，对教师和学生的能力要求更高。基于游戏教学的经验，我们发现需要着重注意以下方面：①对于游戏的设计不能过于复杂，要便于学生理解；②在游戏教学前，要给学生留有充足的时间去理解游戏和准备游戏，并思考如何将所学的理论知识应用到游戏实践中去；③游戏开始前，要详细地做好游戏中的角色分工，以免出现游戏不能协调运作的情况；④游戏进行的初期，教师要对整个游戏运作过程进行监控，保证学生正确进行游戏操作；⑤游戏结束后，要布置一些相关的思考题，并及时进行讲解和总结，以便学生加深对游戏的理解。该游戏可以推广到市场营销、运营管理以及运筹学等相关课程特定知识点的教学。

参考文献

[1] 詹姆斯·A. 菲茨西蒙斯，莫娜·J. 菲茨西蒙斯. 服务管理：运作、战略与信息技术（第5版）[M]. 张金成，范秀成，译. 北京：机械工业出版社，2007.

[2] 马克·戴维斯，贾内尔·海内克. 服务管理：利用技术创造价值 [M]. 王成慧，等，译. 北京：人民邮电出版社，2006.

[3] C. Loveloch，J. Wirtz. 服务营销 [M]. 范秀成，译. 北京：中国人民大学出版社，2007.

[4] G. Cachon，C. Terwiesch. Matching Supply with Demand：An Introduction to Operations Management [M]. New York：McGraw-Hill，Int’l edition，2006.

[5] D. Simchi-Levi，et al. Designing and Managing the Supply Chain [M]. New York：McGraw-Hill，3nd edition，2007.

[6] 候玉梅，许良，马利军. 物流工程 [M]. 北京：清华大学出版社，2011.

[7] R. Johnston，G. Clark. Service Operations Management（Third Edition）[M]. 北京：中国人民大学出版社，2010.

并行式教学模式浅析

——以“服务系统”课程为例*

杨 辰 刘婷婷 王 红

（深圳大学管理学院管理科学系）

【摘要】“服务系统”课程教学的终极目标是学生能在了解并掌握服务系统的原理与定理后，灵活应用相关技能和方法为管理决策服务。然而，本科学生群体在学习过程中仍然面临无法将服务系统方法与实际应用场景相结合的问题。问题发生的主要原因是教学脱离实际应用情境，学生群体难以置身于真情真景中，应全面考虑可能出现的各种问题及其解决措施。基于此，本文认为“服务系统”的教学可以基于CDIO工程教学理念，通过与第三方（企业、政府、高校等）组织建立合作，引进实际服务项目，并以教师引导学生在教学周期内完成项目任务的方式提升学生的实践能力。本文就项目与课堂并行式新型教学模式进行介绍和分析。

【关键词】CDIO 项目教学；课堂教学

服务系统是一种社会化的技术系统，由自然系统与制造系统复合而成。其通过特定的技术或组织实现网络化配置，并提供服务以满足顾客的需求和期望。在服务系统中，服务的提供者与服务的需求者按照特定的协议、通过交互以满足特定顾客的请求，彼此之间形成协作生产关系。良好的服务系统使得那些没有经验的服务提供者能够快速准确地完成复杂的服务任务。因此，掌握服务系统原理、规律和应用对管理学院的学生而言具有重要意义。

管理学院希望通过开设“服务系统”课程，使学生群体能了解服务的基本原理和内在规律，并熟悉服务型企业的战略技术。但值得强调的是，“服务系统”课程更关注学生能否灵活地将服务系统应用于管理，从而为管理决策服务。尽管教师在以往的“服务系统”课堂教学过程中，采用了经典案例着重分析的教学方式，但项目的文字描述和教师的口头讲解往往容易使得学生思维受限，独立思考量不足，导致课后应用能力提升不显著。一方面，学生无法将服务系统理论、方法与实际应用场景相结合。另一方面，学生又难以全方位考虑服务系统在设计与应用中可能出现的各种情境要素。从教学方法上反思，当下的“服务系统”教学仍是一种虚拟的、设想的、静态的教学，

---

* 2019年度深圳大学教学改革研究项目（JG2019073）。

脱离了实际应用情境导致学生无法置身于真情真景中，应全面考虑可能出现的各种问题并设计解决措施。

对于信息科技发达的21世纪而言，服务系统已经不再是一门单纯的学科，俨然发展成了管理运营与信息技术交叉的创新性学科。这对本科学生群体提出了更高的学习要求。他们不仅要掌握基础理论知识与职业技能，还要求能根据应用场景灵活发挥，以便更好地应对服务行业的迅猛发展和不断涌现的特殊需求。为实现“服务系统”的实践教学目标，本文基于CDIO工程教育理念，提出项目与课堂并行式的新型教学模式，以期全面提升学生的实践能力，改善教学质量。

一、“服务系统”课程的教学要求

服务运营管理是一门涵盖所有服务行业原理及内在规律的学科。自1987年决策科学学会（DSI）于波士顿会议上首次明确了服务运营管理的学术地位后，其重要性逐渐引起高校教育研究人员的重视。根据深圳大学管理学院目前使用的教材，服务系统的教学理论分为“了解服务”“构建服务型企业”“服务运营管理”和“服务管理定量模型”四个部分[1]。这意味着，“服务系统”课程的教学目标是使学生了解服务在经济中的角色、功能和作用，掌握构建服务型企业以支持竞争战略的各项技术。为应对服务过程中出现的各种实际问题，学生需要学会处理日常运营中的服务供需匹配和收益管理，并掌握服务系统中的定量模型。

从教材设置上看，书中各章节都以著名的案例作为开篇，又以一到多个应用案例作为结尾，所以“服务系统”课程教学应注重服务应用的实际过程。目前，“服务系统”的教学以教师的理论讲授和学生的项目分析为主。本文认为，“纸上得来终觉浅，绝知此事要躬行”，教师引导学生剖析经典案例固然有其教学优势，但从文字描述中构建的服务应用认知过于表面化，思考深度不足。因此，需要探索新型教学模式以实现“服务系统”知识灵活应用的目标。

二、项目与课堂并行模式简介

（一）模式介绍

本文提出的项目与课堂并行式教学的理念基础是CDIO。CDIO，即构思（Conceive）、设计（Design）、实现（Implement）和运作（Operate），是2001年美国麻省理工学院联合瑞典的查尔姆斯技术大学、林克平大学以及皇家技术学院等3所高校，共同开发的一种全新工程教育理念和实施体系[2]。以CDIO理念和标准为基础的项目与课堂并行式教学目的是让学生以主动的、实践的、课程之间具有有机联系的方式学习和获取专业素质与职业技能[3]。其教学的主要目的是使学生置身于一个完整的、真实的、可遇的问题背景中，产生学习的需要，并通过合作学习或个人主动学习，亲身体验从识别目标到提出和达到目标的全过程。CDIO教学模式改变了传统的教学理念，突出了以学生为主体的教学新思路，强调让学习者到现实世界的真实环境中去感受、去体验，而不是仅仅聆听他人（如教师）关于这种经验的介绍和讲解。

基于CDIO理念，本文提出的项目与课堂并行式教学提倡将第三方项目例如企业、政府、高校等组织的实际现行项目引入服务系统的教学课堂。学生参与到现行项目中，并以小组形式于课堂实际讨论和处理项目中的各种问题。对第三方而言，大学生是可发展、有潜力和有创意的群体，也是高昂热情的代表群体，对项目的成功解决帮助较大。而对大学生群体而言，纯粹理论教学虽然能帮助其构建服务系统的全局逻辑，但对提高其场景应用的实践能力并无益处。本文认为，学生以小组的形式参与到真实环境的应用项目中，对接服务的提供方与供应方，使设计双方都能以接受的服务项目解决方案，将最终显著提升其实践能力。

本文认为，开发项目与课堂并行教学新模式可以摒弃以往多以理论考试确定成绩的应试教育考核模式，从理论知识单方面考核向理论知识、独立思考、团队协作和场景应用四方面考核转变，保证理论知识掌握的同时，以培养能“学”善“用”的学生为最终目标。教师的作用也从理论讲解转移到项目引导上，全力帮助学生在合作中独立建构系统思维，学会沟通与协作创新。这不仅是提升学生全方位思考能力和实践能力的一种途径，而且是其他类似学科或者课程可借鉴的新型教学思路和方法。可通过设计和整理，提出一套适用于高等教育项目实践教学，以培养学生服务系统理论知识场景化应用为目标的教学思路和具体策略。

（二）实施方法

项目与课堂并行式新型教学模式与传统教学模式相比，强调突出学生的主体性，要求教师竭尽全力引导学生将知识转化为实践操作的能力。本文针对目前“服务系统”课堂实践教学的现状及不足，提出关于教学设计的重点和项目实施的方法。

（1）教学设计重点。

本文提出的教学模式较以往“服务系统”课程的教学最大的区别是强调项目与课程教学的并行性。故任课教师在设计课程教学计划时应当着重考虑以下三个关键环节。

第一，课程教学大纲依据CDIO标准重新编排。课程教学大纲应随着项目实施的进展适时适度地着重讲解与项目高度相关的基础知识和理论。对于不相关及不重要的理论，于课堂教学中删减，交由学生课后阅读。教学大纲重新编排可将理论从独立讲授走向理论与项目的有机融合，并实现以项目的形式深入贯彻理论知识和培养职业素质的目标。

第二，基于实际项目调整课程教学的方法。教师应促进以CDIO要求的主动学习与经验学习。以第三方项目为基础，鼓励学生小组主动思考、协作创新、共同完成项目的实现过程。本文提出的项目与课堂并行式教学法要求以项目和任务驱动学生脱离教师的思维，进行自主性和创新性思考，推动“教—学—用”一体化。具体教学方法将在后文细述。

第三，多元化、全面化和系统化的教学考核方式。第三方项目与课堂并行式教学考核注重考核的全方位和过程性。其中，重点考核学生知识掌握、独立思考、团队协作和场景应用四项能力。在教学过程中，教师除了负责引导学生顺利完成项目实践外，一个重要的任务是完整收集学生能力表现的证据。收集数据的方式为期末笔试（知识掌握）、课堂提问（独立思考）、团队汇报（团队协作）和项目成效（场景应用）等。

（2）项目实施方法。

由于第三方项目需与课堂并行进行，故课程设计可围绕理论知识讲解、项目背景介绍、小组项目解决和项目结题汇报四个单元展开。各单元课时按照项目实施安排进行合理分配。理论知识讲解围绕第三方项目进行，以充分激发学生的实践兴趣。在项目背景介绍阶段，教师充当需求方，详细描述服务项目的特点和难点，以便学生自主组队参与项目。在小组项目解决阶段，教师应当尊重学生的主体性，由学生掌握项目的主导权，基于项目的应用场景展开全方位的服务系统设计，并完成项目。在项目结题汇报阶段，学生小组在课堂上分享项目实施的过程和最终成效，并回答其他小组的问题。

本部分讨论的项目实施方法是教师引导学生有效参与实践项目的方法。首先，课堂教学过程中，学生容易受到教师权威的影响，削弱自身的批判精神和创造力。而头脑风暴法[4]鼓励学生群体打破常规，积极思考，畅所欲言，充分发表看法，既能提高学生独立思考的能力，又能打破课堂教学的严肃气氛。其次，角色体验法[5]是本项目实施项目教学的特殊方法，可增强课堂教学的趣味性，并使学生的思维能力、想象能力、语言表达能力、组织能力和协作能力得到训练和提高。具体而言，在项目解决过程中，由学生先后扮演服务系统设计人员和需求人员，就项目展开换位思考，从而提升他们全方位思考问题的能力。最后，当项目汇报过程中出现意见冲突时，可进行项目小组之间的自由辩论，使双方思维产生激烈碰撞，加深对项目的理解。

三、项目与课堂并行教学的优势和可行性

传统的课堂教学主要由教师进行理论讲解和案例分析，学生的主体性得不到重视，应用能力也得不到提升。而本文提出的项目与课堂并行式教学模式在贯彻 CDIO 理念的基础上，通过引进第三方项目，让学生参与到完整的、真实的和可遇的项目中，增强服务系统理论知识和技能的场景应用能力。

实际上，新教学模式改变了知识记忆的环境（理论向应用场景的转变），使学生对相关理论的理解更加透彻，确保他们能掌握专业基础知识。而通过设身处地思考和分析政府、企业及高校环境，构建系统思维，也使他们的独立思考与应用能力得到提升。此外，新教学模式鼓励小组合作。思维的碰撞与融合是创新的源泉。无论是在小组项目中与队友沟通还是在项目结题汇报时与其他项目组成员进行辩论，都将提升团队整体对项目的认识和协作创新能力。

本文提出的方法在以往项目式导向教学的基础上追加了一个新教学诉求，即强调项目与课堂的并行性。在广泛阅读了关于项目式和CDIO理念的教学模式文献[6-9]后，本文认为将项目与课堂并行式教学模式应用于“服务系统”的课程教学中，其可行性较大。首先，相关先例较多。CDIO理念自20世纪末提出以来，已经被全球众多高校（麻省理工学院、查尔姆斯技术大学、北京邮电大学、云南大学等）教师运用到理工学科课程教学中，其先进性和示范性有目共睹。而项目式教学法也因其能使学生辨别应用场景、独立识别问题、提出问题、解决问题，成为文、理、工三类学科热衷的教学模式。其次，从教师的角度出发，中国始终坚持深化教学改革，努力探索更适合时代特征和学生的教学模式，故对教师而言，试行新型教学模式接受度高。从学生的角度出发，大多数的学生已经意识到，纯粹掌握理论知识是应试教育的不良成果，而这显然使得自身就业或升学的竞争力大大减弱。如何从课程中掌握除理论知识以外的思考、协作和应用能力，提升竞争力已成为学生的自我要求。显然，本文提出的项目与课堂并行式教学实施可行性较高。

四、小结

针对当前“服务系统”的三个亟待调整的教学问题：①如何贯彻项目教学法，使学生从“被动”学习、“机械”套用，转向“主动”思考、“灵活”应用？②如何将教学模式由传统的理论灌输转变成融合基础理论和场景应用的项目教学？③如何摒弃单一的理论笔试考核，实施多方位能力和素质的综合考评？本文提出了CDIO理念下的项目与课堂并行式教学的新模式。该模式认为，问题的解决涉及预先激发学生的学习兴趣、有机融合理论与项目和辨析应用场景的差异三个核心。在涉及项目的讲授、设计和讨论时，教师充当主持人（调动教学氛围、引导学生学习和把控教学进度）角色。也就是说，无论是头脑风暴式的项目讨论，还是团队间基于项目的自由辩论，都应当发挥学生的主体性。此外，期末考核在单纯的理论笔试基础上，新增课堂提问、团队汇报和项目成效三方面考核。突出学生的主动思考、协作创新和实践运用能力。本文希望，通过不断探索新型教学模式，为教师提供教学思路和策略参考，让学生收获的不仅是“知识”，更是“智慧”。

参考文献

[1] 詹姆斯·A. 菲茨西蒙斯，莫娜·J. 菲茨西蒙斯. 服务管理：运作、战略与信息技术（第5版）[M]. 北京：机械工业出版社，2007.

[2] 王硕旺，洪成文. CDIO：美国麻省理工学院工程教育的经典模式——基于对CDIO课程大纲的解读[J]. 设计艺术研究，2009，28（4）：116-119.

[3] 方媛，冯为民，袁华. 基于CDIO的工程管理专业硕士课程体系设计[J]. 高等建筑教

育，2018（1）：23-27.

［4］水志国．头脑风暴法简介［J］．学位与研究生教育，2003（1）：44.

［5］何颖．基于 CDIO 理念的《管理沟通》课堂情景式实践教学改革研究［J］．技术与市场，2016，23（6）：283-284.

［6］张文宣．CDIO 理念与应用型人才培养模式改革——以会展经济与管理专业为例［J］．高等财经教育研究，2019，22（2）：7-10+24.

［7］赵蓉英，王旭，亓永康，魏绪秋．CDIO 理念下的知识管理课程教学模式与实践［J］．图书馆，2019（3）：75-79.

［8］林海华，金英．基于 CDIO 理念的开放教育管理类课程教学模式创新研究［J］．内蒙古电大学刊，2018（6）：97-102.

［9］张英芝，王晓峰，包昊菁．项目驱动式教学法在《项目管理》课程中的探究与实践［J］．教育教学论坛，2018（25）：119-120.

基于学习分析的“电子商务概论”课程建设思考*

于素敏　张雪扬

（深圳大学管理学院管理科学系）

【摘要】 近年来，各类课堂管理工具及教育平台为教学活动提供了极大的便利，与传统的教学模式相比，使用教学平台的教学过程具有明显更加吸引学生且被学生接受的教学效果，但教学过程中产生的具有重大意义的教育数据尚未引起重视。“电子商务概论”是电子商务专业的核心课程，电子商务涉及多门学科，应用范围又极其广泛，教学内容与实际问题联系紧密，师生互动交流较多。本文将基于学习分析方法对“电子商务概论”教学过程进行分析，以期借助教学过程中的数据循序渐进地改革“电子商务概论”教学过程，为高等教育教学改革提供可行的借鉴。

【关键词】 学习分析；课程建设；教学改革

一、引言

《国家中长期教育改革和发展规划纲要》中明确指出改革创新是教育发展的强大动力，改革教学内容、方法、手段有助于解决经济社会发展对高质量多样化人才需要与教育培养能力不足的矛盾。高等教育教学过程中，师生直接互动或利用教学设备互动过程中产生大量的各种类型的教学数据。然而，大数据驱动高等教育教学改革发展的研究尚处于起步阶段，教育大数据的价值仍有待进一步开发与应用，推进大数据等信息技术与教育教学深度融合在理论与现实上均具有重要意义。

2011 年，首届学习分析与知识国际会议对学习分析这一概念进行了界定，认为测量、收集、分析和报告关于学习者及其学习情景的数据，以期了解和优化学习和学习发生的情境即为学习分析。此后，学习分析技术开始应用于教育领域，用于处理各类教育大数据问题。众多学者从不同角度对学习分析的概念、理论模型及应用步骤进行了深入的研究。

在概念方面，有学者认为学习分析是指分析学生的学习行为，进而评估学生的学术进展，预测未来的表现，及时发现问题，促进学生反思。也有学者认为学习分析是

* 基金项目：广东省高等教育学会“十三五”规划高校青年教师高等教育学研究课题：大数据视角下基于学习分析的高等教育教学改革发展研究。

利用松散耦合的数据收集工具和一些大数据分析技术，对学生学习参与、学习表现和学习过程的相关数据进行分析研究，进而教师或授课者可实时修正教学和评价。从上述定义来看，与传统教学结束进行总结评价不同，学习分析更注重学习过程中产生的数据，根据这些数据在学习过程中及时进行针对性的调整与改进，可优化学习过程，为教育活动提供决策支持，进而改进教学活动。

在理论模型方面，Siemens 将学习者数据和智能数据作为学习分析的数据，综合利用两部分数据进行分析、预测，进而提供个性化的干预。Elias 根据学习分析过程中的数据收集、信息加工及知识应用三个阶段提出了学习分析的持续改进环模型，重在将结果分享给数据收集者。Greller 和 Drachsler 认为基于目标、数据、受益者、工具、内容限制和外部限制六个基本要素，提出了学习分析的要素模型，及时反馈和预测学习效果，使教师与学生共同受益。Clow 认为学习分析涉及的数据包括学习者的基本信息、学习信息以及评价数据，学习者、数据、测量和干预四个环节不断循环，构成学习分析的循环模型。

在应用步骤方面，Chatti 等认为学习分析的步骤包括数据采集与预处理、数据分析与行动、后续处理，进而构造了数据与环境、技术、利益相关者、目标四个维度组成的学习分析参考模型。武法提（2016）对学习者个性化分析模型进行研究，基于有相应数据库支持的学习内容、学习活动、学习方式、学习评价四个维度构建了基于大数据的学生个性化分析模型。马婧、韩锡斌等利用清华教育在线网络教学综合平台，对教师备课行为、学生阅读行为、教学指导行为、学生反馈行为、师生交互的相关关系进行了假设与验证，对师生的行为关系模型进行了实证研究。

深圳大学管理学院的电子商务专业为广东省重点建设专业，致力于培养在企事业单位等组织从事网络化商务活动的规划、实施与管理等工作中能够灵活运用电子商务应用和管理的理论、方法与技术的应用型专业人才。“电子商务概论”是电子商务专业的核心课程之一，课程系统地介绍了电子商务的基本理论、基础技术以及应用等内容，是涉及多门学科，应用范围又极其广泛的课程。在教学过程中，不仅要讲授与电子商务相关的基本概念和理论基础，而且需要注重联系现有电子商务领域发展现状，通过现实案例的讨论与分析，启迪学生思维，提高学生解决实际问题的能力。由此，如何利用学习分析技术了解学生对理论知识的掌握情况以及透过案例看到的问题和产生的思考是十分必要且势在必行的。

学习分析是教育信息化与教学互动“深度融合”的重要推手，基于此，建设本科教学课程，改革高等教育教学，不仅有利于培养创新应用人才，而且有助于实现高等教育教学改革发展。

二、基于学习分析的“电子商务概论”课程建设思路及实践

（一）教学思路

学习分析是教育信息化的新浪潮，是教育大数据的主要应用领域。学习分析包括学习测量、学习数据收集和分析、学习评估预测与优化等环节的理论和技术。利用学习分析技术，教师可针对性地采集学习者的知识基础、兴趣偏好、能力倾向和未来职业发展预期，分析学生的学习规律，调整教学内容，及时了解学生对教学难点和关键知识点的掌握情况，为学生提供个性化教学支持服务和教学资源，实现个性化学习。因此，可借助“课堂派”“学习通”等现有的在线课堂管理平台和知识传播分享平台，利用问卷或在线测评工具挖掘学生的学习情况，及时了解学生对电子商务概论各章节的掌握程度，构建出教学评价及干预体系，并依据此体系预测学生学习效果，及时调整教学活动，进而改革传统教学过程。

（二）教学安排

“电子商务概论”课程按照大纲要求及教材内容进行课时分配。其中，第一部分“电子商务与网络市场”占 4 课时，第二部分“电子商务应用”占 10 课时，第三部分“新兴的电子商务平台”占 6 课时，第四部分“电子商务支持系统”占 4 课时，第五部分“电子商务战略与实施”占 4 课时。“案例分析”占 6 课时，“课程问题解答”占 2 课时。下表为详细教学内容及学时分配。

表　详细教学内容及学时分配

主要教学部分	章节	详细教学内容	课时
电子商务与网络市场	1	电子商务导论：了解各个章节之间的逻辑结构，理解电子商务的定义、内容、分类及发展简史	2
	2	电子商务技术、基础设施及工具：理解电子商品目录、搜索引擎、购物车、网上竞价、网络拍卖、虚拟世界及 Web 2.0 等电子商务技术	2
电子商务应用	3	零售业电子商务：了解网络旅游、网络就业市场、在线房地产市场、保险市场、股票交易市场以及网络银行	3
	4	B2B 电子商务：理解 B2B 电子商务的概念、特征和经营模式，理解卖方市场以及买方市场的特征和经营模式	3
	5	电子商务创新：理解电子政务、远程教育、虚拟大学、在线培训及电子图书，理解电子商务的知识管理和传播	4
新兴的电子商务平台	6	社交商务、社交营销和广告：理解社交商务的范围、驱动力以及社交商务的优势与局限性，理解社交购物	3
	7	社交企业以及其他社交商务问题：理解社交企业的概念及其变化形式，了解众包及其在社交商务中的应用	3
电子商务支持系统	8	电子商务中的广告及营销活动：理解消费者网上行为的主要影响因素，理解企业通过分析消费者行为以提供个性化服务的过程，理解网络广告的特点及常用的广告方法	4

续表

主要教学部分	章节	详细教学内容	课时
电子商务战略与实施	9	电子商务战略：理解电子商务竞争和战略的重要性，了解电子商务战略的准备、规划、执行以及评价过程	2
	10	电子商务系统实施：了解电子商务评价和论证的难点	1
	11	电子商务的监管、道德及社会环境：了解电子商务法律和道德问题	1
案例分析	12	以小组为单位进行实际案例分析	6
课程问题解答	13	答疑	2

（三）教学过程设计

“电子商务概论”课程教学内容较多，也常常听到学生反映涉及概念太多。为了解决这些问题，在保留电子商务知识点大框架的基础上，应适当压缩一些旧知识点，同时，结合电子商务的发展趋势，增加社交商务等热点知识点。

查阅学习分析相关文献，整理文献中学习分析的指标与关键因素，分别构建出教学评价及干预体系。根据各个主要教学部分的教学内容设计课前、课中及课后调查问卷。利用课前问卷了解学生对上节课的知识点熟悉度以及遗留问题。利用课中问卷增加与学生的互动深度，吸引学生的注意力，提高学生的课堂参与度。利用课后问卷及时了解学生存在的疑问或者感兴趣的地方，以便下次上课时及时进行讲解。

在完成基础教学内容后，以小组为单位进行案例分析是十分必要的。此活动既有助于学生试着运用电子商务相关知识解决现实问题，又可提高学生课堂汇报能力。学生进行案例分析后，教师给出自己的意见和建议，与学生进行互动讨论，及时纠正学生不正当的策略建议，尤其注意涉及电子商务法律及道德方面的策略，针对可行的策略，可进一步深入讨论，师生共同拓展思路。

在整个教学过程中，会产生大量原始课堂教学数据，利用这些数据和决策分析技术以及学习分析相关教学评价体系可对学生学习效果、收获等相关方面进行评价，进而综合预测学生对课程的整体掌握情况。基于此，教师可基于评价结果及时调整教学活动，对学习过程进行干预处理。在完整教学活动进行中，利用问卷调查及时收集教学干预产生的新的教学数据，以此进行新的教学评价，教学评价与教学干预交互进行，可构建出完整的学习分析模型。

三、“电子商务概论”课程建设思考

（一）紧跟时代步伐，利用课堂管理平台

教学过程中，师生互动不仅能提高学生学习的积极性，也有利于学生掌握所学内容。在各种课堂管理平台层出不穷时，应善于利用这些工具辅助课堂教学，而不同互动阶段产生的数据更值得收集整理分析。这些数据蕴含较大的研究价值与应用价值，但目前基于各种教育大数据及学习分析技术研究课程教学改革的研究较少，仍处于探

索阶段。引入学习分析技术后，注重教学内容的同时又可关注师生互动数据以及学生的学习效果，且可进行针对性的干预处理，全过程参与课堂教学，进而推动课程教学改革，亦能为高等教育教学改革发展提供新思路。

（二）注重师生互动，提升学生主体地位

“互联网+教育”形态出现后，传统教育行业发生了翻天覆地的变化，师生之间的互动频率日益提升，各类互联网教育平台在课堂中的使用逐渐增多，这为课程改革研究提供了可行的基础条件。以往教师是教学主体，引入平台后，师生互动更加便利，学生的主体地位也进一步加强，教师收集学生反馈的问题不再局限于课堂之中，课前与课后的时间也可以利用起来，这样既可增强师生之间的黏性，也可变原有的被动学习为主动学习，激发学生的学习兴趣，帮助学生理解巩固基本理论知识。借助互联网教育平台，通过学生的提问思考、课堂学习、讨论争辩等方式让学生作为学习主体反复进行“思考—学习—提高”到再“思考—学习—提高”的良性循环，使学生不断理解消化和吸收“电子商务概论”的基本理论知识，更能理清基本概念及基本理论知识点，达到较好的效果。

（三）合理设计课前、课中及课后问卷

问卷的合理性是教学改革是否成功的一个关键因素，问卷中涉及的问题需同时考虑教学内容以及学习分析的评价指标。利用课堂管理平台发布问卷，可以将实体课堂与线上学习工具进行结合，以支持更好的教学和学习。在教师备课阶段，可对问卷做出预设计，对先前知识点进行测评与理解，掌握难点与疑点，了解学生对即将开展的教学章节知识点熟悉以及理解程度。在问卷使用过程中，注意与学生及时沟通，问卷中的问题是否能够覆盖学生的问题，学生关心的问题是什么，这些沟通有助于及时修改完善问卷。课后问卷可及时了解学生对已进行的教学内容产生的疑问，及时线上解答。课前、课中及课后问卷不是完全独立存在的，课后问卷中的问题可能会再次出现在课前问卷中，三个问卷相互补充，相互支撑。合理的问卷需要大量的电子商务课程及学习分析文献的支撑，同时需要教师与学生共同设计，这样的问卷才能更具有针对性，辅助完成教学改革。

四、总结与展望

目前，我国正在快速迈向高等教育普及化，高等教育教学改革一直是教育领域的热点问题。随着我国经济转型的深入，原来粗放型经营管理模式无法满足快节奏、高效率、高质量的市场需求，企业越来越重视和需要实践能力较强的人才。为了适应新时代管理实践型人才培养的需要，如何培养应用型的管理实践人才，构建切合实际的电子商务知识体系，真正做到人才适应社会，课程内容的与时俱进，课程体系的系统性及知识的应用性，是课程教学改革面临的问题。

我国高等教育信息化水平不断提升，各类教学辅助平台产生出大量教学数据，大数据驱动的高等教育教学改革势在必行。学习分析是大数据在教育领域的典型应用，探索学习分析与高等教育教学全方位深度融合机制及路径有利于科学改进高等教育教学模式，更有助于培养个性化、创新型人才，为教育部及领导人开展高等教育改革提供科学依据。

参考文献

[1] 谭伟，顾小清．面向开放教育的混合式教学模式及效果评估指标研究［J］．中国电化教育，2019（2）：19.

[2] 魏顺平．学习分析技术：挖掘大数据时代下教育数据的价值［J］．现代教育技术，2013，23（2）：5-11.

[3] Slade S.，Prinsloo P. Learning analytics：Ethical issues and dilemmas［J］. American Behavioral Scientist，2013，57（10）：1510-1529.

[4] Siemens G. What are learning analytics［J］. Retrieved March，2010（10）：2011.

[5] Elias T. Learning analytics［J］. Learning，2011：1-22.

[6] Greller W.，Drachsler H. Translating Learning into Numbers：A Generic Framework for Learning Analytics［J］. Educational Technology & Society，2012，15（3）：42-57.

[7] 马婧，韩锡斌，周潜，等．基于学习分析的高校师生在线教学群体行为的实证研究［J］．电化教育研究，2014（2）：4.

[8] 武法提，牟智佳．基于学习者个性行为分析的学习结果预测框架设计研究［J］．中国电化教育，2016（1）：41-48.

[9] 王良周，于卫红．大数据视角下的学习分析综述［J］．中国远程教育，2015（3）：31-37.

[10] 张魁元，尚俊杰．非核心教学社会化："互联网+"时代的教学组织结构变革［J］．开放教育研究，2018，24（6）：29-38.

[11] 黄沁．基于学习分析的数字化课堂互动优化研究［D］．华东师范大学，2017.

[12] 马晓玲，邢万里，冯翔，等．学习分析系统构建研究［J］．华东师范大学学报（自然科学版），2014（2）：1-19+39.

“金融营销”课程改革与探析

杨翮翮[1]　**高　云**[2]

（1. 深圳大学管理学院市场营销系；2. 深圳大学管理学院 2019 级市场营销系研究生）

【摘要】“金融营销”是一门金融学和市场营销交叉的课程。本文围绕“金融营销”课程的教学现状，结合当前金融行业形势，在明确“金融营销”的教授重点的前提下，总结该课程在本科教学上存在的一些问题，并针对这些问题提出开放性教学模式以及情境模拟教学法，以提升其教学质量。

【关键词】金融营销；教学现状；课程建设

“金融营销”是金融和营销交叉的课程，是营销基本原理与理论在金融领域的运用。金融营销主要阐述金融企业以金融市场为核心，利用多种营销手段向客户提供金融产品和服务，满足客户对金融产品和服务的需求和欲望的过程。目前，大部分金融从业人员的工作主要围绕营销活动展开，具体包括金融产品定位、金融市场调查、寻找客户、推销、管理沟通等具体的营销工作。因此，金融专业的学生需要了解基本的营销理论和相关技巧。同时，对于有志于从事金融行业的营销学子而言，掌握基本的金融知识，理解营销知识在金融领域的具体运用极为重要。因此，“金融营销”这门课有助于有志从事金融行业的学生了解金融活动运行的基本规律，帮助其提升就业竞争力。

然而，“金融营销”并不是简单地将基本的营销知识运用到金融领域。事实上，金融行业是极为特殊的一个行业，有其独特的行业背景，学生需要对基本的金融规律、金融知识有所了解和掌握。因此，教师在教授这门课的过程中，需要体现金融行业的独特性，让学生理解金融行业，了解金融活动运行的基本规律，明白如何运用整体营销等营销手段满足顾客对金融产品和服务的需求。

一、传统“金融营销”教学过程中存在的问题

（一）教材过于强调营销知识

目前，市场上通用的金融营销教材不多。大部分金融营销教材都以科特勒提出的基本营销理论为框架，将营销理论拓展到金融学领域。具体而言，这些金融学教材中主要采用服务营销 7C 理论框架，并详细阐述了金融营销中的战略与策略问题，理论体

系完整，脉络清晰，内容完整，然而实践应用性不够。课本中缺乏实际的金融营销案例，学生对如何开展金融营销活动缺乏感性认识。此外，管理学院市场营销专业的学生已经系统地掌握了基本的营销理论知识，容易对教材内容失去新鲜感。

（二）授课教师缺乏必要的金融知识和相关实践经验

“金融营销”结合了金融学和市场营销的基本理论和知识。通常，教授市场营销课程的教师不具备金融学和应用经济学的知识和相关理论背景；同时，教授金融课程的教师不具备与营销和销售管理相关的知识和背景。因此，“金融营销”这门课对授课教师的知识储备和相关能力提出了极高的要求。另外，授课教师一般在博士毕业后回到学校开始授课，极少有教师具备从事金融销售的相关经验。因为缺少金融相关的知识储备和金融销售实践经验，教师很难形成深切的感悟和体会。教师授课过程不够生动、有趣，导致学生缺乏学习兴趣。

（三）管理学院学生金融知识欠缺

选修这门课的营销方向的学生，缺乏最基本的金融学基本概念和知识。例如，学生不知道我国的银行体系结构，不清楚证券和股票的关系，不了解杠杆收购、高送转、资产证券化等耳熟能详的金融术语。其主要原因是营销专业的本科培养计划中缺乏金融学、商业银行等基础课程，造成学生金融相关知识结构的短缺。尽管“金融营销”课程中并不涉及这些专业术语，但这些基本金融知识对于学生理解金融市场运行规律，有效地运用整体营销手段向顾客提供金融产品和服务至关重要。

（四）采用传统的教学方法难以培养金融企业所需人才

目前，金融学和市场营销的结合越来越紧密，银行、保险公司、证券机构等金融机构急需大量既懂金融又懂营销的复合型人才。由于金融产品的创新难度极大，成本居高不下，金融机构很难在产品层次展开竞争，当下各大金融机构的竞争主要集中在营销领域。这种环境下，金融机构需要能将设计好的金融产品和服务顺利地推销出去的营销专才。传统的课堂，教师过于重视相关知识点的传授和灌输，过于强调理论知识，忽视了相关能力的培养，容易造成“眼高手低”的局面。因此，在金融营销这门实践性很强的课程上，需要培养学生对于金融产品和服务的销售能力以及相关沟通技巧。

二、解决方案

针对“金融营销”在教学过程中存在的系列问题，本文提出了以下解决方案：

（一）加强金融基础知识的传授

首先，由于一般金融营销教材上并没有详细阐述金融基本知识和概念，授课教师也不一定深刻理解相关知识。因此，教师需要花费额外的时间和精力去学习这些金融知识。教师只有将相关金融知识和理论融会贯通，才能更好地引导学生。

目前，市场营销专业的学生对“金融营销”这门课极其感兴趣，也意识到金融的重要性。部分学生有意向从事金融相关行业，学生学习的热情和积极性较高。授课教师可以充分利用学生的学习热情，每堂课花费一定的时间教授学生金融基本知识点和概念。建议教师每节课分配 20 分钟左右的时间，传授 2~3 个金融基本概念，帮助学生理解相关金融知识。

（二）采用开放性教学模式，促使学生自学相关金融知识

开放式教学模式是把教学系统和社会系统结合，实现理论和实践之间系统融合的现代化教学模式[1]。考虑到我们处于信息和知识大爆炸的时代，学生拥有丰富的网络教学资源，教师在这个过程中，可以鼓励学生利用网络自主学习。目前，学生可以利用大量的线上课程、网课和微课学习相关金融知识。在这个过程中，应该强调学生的主体作用，教师的主要职责为指导学生。但是，以学生为主体，绝不意味着教师不需花费时间和精力在备课上。教师应该根据相关知识点的传授，提前准备好相关的网站、视频、线上课程等资料，要求学生课后自主学习。同时，教师也应该及时沟通和评价学生学习情况。教师在课后作业中要求学生自主学习金融相关知识，通过作业的批阅来评价学生的学习情况。以“个人行为金融”为例，由于这一章涉及行为金融中的动量交易、羊群效应、反向投资策略等，教师可以在上一节课中布置课后作业，让学生去线上课程、网课和微课学习这些基本的金融知识，在下一节课之前提交作业，从而督促学生自主学习。在这种开放性教学模式中，教师需要结合教学内容和教学体系，设置好教学目标，并尽可能地帮助学生获得相关的网络学习资源。

（三）采用情境模拟教学法

“金融营销”这门课程需要学生掌握针对金融产品的销售技能和沟通技巧。为了培养学生的销售技能和沟通技巧，授课教师可以针对一些操作性强的章节设计情景模拟教学法，让学生进行角色扮演，从金融企业、金融销售经理和顾客等不同的视角看待问题。情境模拟教学法是一种常见的教学方法，常用于临床医院、心理咨询、人力资源培训等强调实践性和操作性的课程中。情境模拟教学是通过设计类似真实的情境，模拟或虚拟事件发生的过程，引导学生参与其中，从而让学生掌握相关知识、提高实践能力、增进情感体验[2]。在情景模拟教学法中，给学生分配不同的角色，要求其在模拟的、逼真的情景中处理可能出现的各种问题。通常，情景模拟教学法注重操作性，突出过程性，充分结合理论和实践，增强学生对知识的感悟能力。近年来，情景模拟教学法在管理学领域获得广泛运用。

目前，“金融营销”教材中涉及的内容比较简单，传统的教学方法不能满足培养学生营销能力和金融产品推销技巧的需要。实际上，在银行、保险公司、证券机构等金融机构中需要大量的营销人才去和顾客沟通交流。因此，培养学生的营销能力和金融产品推销技巧十分重要。受限于实际教学环境，在情景模拟教学法的多种角色参与模式中[3]，教师可以采用情景扮演模式培养学生的金融产品推销技巧。具体实施步骤如下[4]：

第一，明确活动目的。让学生真实感受到在推销金融产品过程中，如何做到有效地劝服顾客。针对不同类型的顾客，采用不同推销方法和策略。

第二，确定教学任务。根据金融产品促销与客户经理这一章的教学目标，学生需要掌握以下教学内容：①了解金融业中促销要素的基本含义与促销实施步骤；②了解金融业中广告推销、公共关系推销概念与方法；③掌握金融机构营销推广概念、特点和方法；④掌握金融业中人员推销概念、特点、方法，了解金融客户经理制度。

第三，角色的选择。开学前，教师将班上所有同学两两一组，分为若干组，自由组合。为了增加有趣性、提高学生的创造性，教师应该鼓励学生给自己的组取一个有趣而独特的名字。根据真实产品的实际情况，先后对金融产品或者服务进行推销。

第四，金融产品的选择与了解。教师要求学生选取一款真实金融产品，包括信用卡、银行理财产品、保险等。由于绝大多数学生对金融产品并不熟悉，教师应该提前布置好这项任务，让学生有充足的时间去了解真实的金融产品。此外，除了金融产品本身，教师也应该要求学生学习、了解所选定的金融产品的公司背景、目标顾客以及潜在顾客的特征、同类竞争产品、采用的营销策略等，要求学生提前做 SWOT 分析，并以作业的形式提交。

第五，角色扮演。由同一个组的两名学生扮演金融经理，由其他组的成员扮演顾客。同时这两名学生需要扮演其他组的顾客。学习好金融产品的推销技巧，需要学生同时从金融经理的角度和顾客的角度思考问题，找准顾客的真实需求。因此，调换角色有利于学生换位思考，尤其是从顾客的角度去思考金融产品推销策略和技巧，有利于金融经理采取正确、有效的营销方式。由于事前并不知晓金融产品和顾客，极大地增加了推销的难度和真实性。学生需要在事前非常熟悉金融产品、公司背景和行业背景，对经济和金融的宏观走势有清晰的见解。同时，也需要学生仔细思考顾客类型和相应的推销策略，并需要在现场灵活运用。

时间限制为 8~10 分钟。学生需要在短时间内了解顾客的真实需求，采用有效的推销技巧说服顾客，这一过程具备一定的难度和挑战性。

加分项设置。教师应当鼓励学生使用道具，如金融产品的宣传手册、视频或者 PPT 等，增强真实感。同时，教师也应该鼓励学生使用多种推销方式接近顾客，灵活掌握并运用各种推销手段。学生需要了解到顾客千人千面，其需求也多种多样。学生在具体的推销过程中要做到“在什么山上唱什么歌”。

第六，小组讨论和评价。在每组角色扮演结束之后，将会有三方对其进行点评。由于扮演顾客的同学对金融经理的表现和体会最为真实和深刻，因此首先由该同学对金融经理的表现进行点评，然后由其他同学进行点评和打分，最后由老师就学生的表现进行点评，指出学生的优点以及不足之处。这些评价有利于金融经理改进不足，提升能力。

评分机制为各个小组和老师共同给分，最后根据平均分，评出最佳推销小组前三名以及最佳顾客组，获奖的小组成员将获得精美小礼品一份。

角色扮演法有其独有的优势，能够极大地提高学生的积极性、参与性和学习乐趣。教师空洞的讲述很难引起学生的共鸣和参与感，学生需要与教师一起参与活动，获得体验，增强能力。活动之后的评价和复盘也有利于学生改进不足，提升能力。

（四）走进金融理财活动

根据笔者的观察，深圳大学管理学院本科生对金融产品极为陌生，超过 90% 的本科生没有任何理财经验。很多同学希望通过“金融营销”这门课的学习，帮助自己了解金融世界的运行规律，了解一些基本的金融知识和理财知识，为今后人生的金融理财活动奠定良好的基础。由于教材上并不涉及如何购买金融理财产品，为了让学生更好地了解金融世界的运行规律，熟悉金融产品，教师可以建议学生课后了解金融理财知识，甚至动手开展金融理财实践活动。学生通过实实在在的参与购买金融理财产品，增加对金融基本知识的了解。

三、作业形式和考核方式

（一）作业形式

由于授课时间有限，课后需要学生进一步了解金融学相关知识，并将金融学知识和营销原理融会贯通。因此，笔者认为教师有必要布置课后作业督促学生学习，增强学生解决问题的能力。一般来说，课后作业应以一些重点章节的内容为单位，就本节课所学的内容设置一些问题。考虑到整个课程的重点内容和学习效果，笔者认为整个学期布置 3~4 次作业是比较合适的，其中可以包括个人金融行为分析、金融产品策略、金融产品定价策略等几个重点章节的内容。

（二）考核

由于“金融营销”课程的实践性较强，应采取灵活的考核方式。笔者认为可将期末考核分为平时成绩和期末考评两部分。其中平时成绩占 40%，期末考评占 60%。平时成绩包括课后作业（30%）和考勤（10%）。

四、结束语

“金融营销”课程是提升经管专业学生实践能力的重要课程，尤其在当下金融行业持续热门以及与生活紧密相连的环境下，掌握好金融营销对经管学院的学生尤为重要。建议学校将“金融营销”课程在开课时间上安排得更加科学合理，教师能加强金融基础知识的传授、使用开放性教学模式促使学生自主学习、采用情境模拟教学法提升学生解决实际问题的能力，同时组织金融活动，加强学生对实际金融产品的认知。

参考文献

[1] 武峭山．论高校开放式教学模式的构建［J］．石家庄经济学院学报，2007（3）：133-136+140.

[2] 王艳，尚少梅．情境模拟教学法在护理教育中的研究与实践进展［J］．中华护理教育，2013，10（7）：304-307.

[3] 李玮．情景模拟教学法对管理学教学的启示［J］．教育探索，2008（7）：63-64.

[4] 朱宗乾，闫彤．企业管理情景模拟课程中师生角色参与模式创新探究［J］．实验室研究与探索，2018，37（10）：290-293+314.

校企合作模式驱动下的“社会化媒体营销”课程设计探索

——以深圳大学管理学院市场营销专业为例

刘雁妮　傅浙铭

（深圳大学管理学院市场营销系）

【摘要】 市场营销专业是一门实践性、应用性较强的专业，理论与实践的发展联系紧密。教学过程中需要非常重视理论和实践的结合，以此培养学生对书本理论知识的感性认识，转化为参与实践的能力。本文分析了现有常见的多种实践教学方法，结合当下营销实践的现状，探索对“社会化媒体营销”这门新课程的设计，将课程设计为一个项目。采用校企合作模式让学生结合真实的企业完成课程任务，以提高学生未来在实际工作中的应用能力，并且加深对课程中相关理论的理解。

【关键词】 校企合作；社会化媒体营销；实践教学

“95后”大学生一般都喜欢通过社会化媒体关注社会、经济热点问题，建立满足个人兴趣与需求的信息知识圈。Web2.0环境下校企共建课堂成为市场营销专业探索课程改革的新途径。

一、常见的多种实践教学法

在实际教学中，所采用的实践型教学方法有以下几类：

（一）案例教学法

案例教学法是围绕市场营销学科理论知识点，以案例为对象，在教师的指导下，运用多种方式启发学生独立思考，对案例提供的客观事实和问题进行分析研究，提出见解，作出判断和决策，从而提高学生分析问题和解决问题能力的一种理论联系实际的启发式教学方法。案例能帮助学生提高他们的分析能力，因为在案例讨论过程中，他们必须想出很多的证据来支持自己推荐的方案。在案例讨论过程中，参与者要应对教师和其他参与者的挑战，坚持自己的分析和观点，这就促使学生学会怎样解决问题，从中提高自己认真思考和推理的能力。

在案例教学中，需要学生在课前充分准备，否则，课堂讨论效果难以保证，甚至无法顺利进行。对于教师而言，充分调动课堂氛围也是一大挑战。特别是案例的获取和选择，有些案例学生认为过于简单，讨论起来无法深入，有些案例学生无法了解行业的实际状况，并不能提出有效的解决办法。

（二）营销模拟教学法

营销模拟教学通常有两种形式，即建立营销模拟实验室，或者是购买相应的营销模拟软件，使用专用软件可以使学生对市场营销的全部过程有更为直观的认识，并能有一个实际演练的环境，提高学生实际操作能力。市场营销模拟软件结合虚拟现实技术和互联网络通信技术构造一个有效的营销环境，让参与练习的学生有机会从各个角度进行营销决策，并且通过市场调研报告的形式得到决策的结果，然后做出下一期的决策。通过这种模拟实践的方式，可有效提高学生的学习兴趣、提升教学效果。营销模拟软件提供的真实的挑战是其他传统教学方式所无法给予的，在可能实现的成功或者失败的结果的基础上，对于营销体系方法的不断运用体会，是营销模拟教学的最大优势。

营销模拟实验室的建立，要求配备有营销经验的校外专业人员和指导老师，能够给学生提供完善的业务指导和监督，但是这种实验环节仅限于营销，其他对外联络的环节，如与银行、工商局、海关、劳动局等部门的联系还难以实现模拟。

（三）专业实习教学法

专业实习是根据课程学习进程，将学生安排到相关的企业进行实习，培养了学生对现实问题的分析与解决能力，同时，通过实际的锻炼，促使学生发现自身知识的欠缺之处，为今后的学习工作提供方向。通过组织学生参加企业的相关岗位培训，如促销员、导购员等，让学生了解企业商务活动中的基本程序和流程，了解相关岗位在企业中的地位与作用，以及企业对相关人员的招聘、选拔、使用、激励和业绩评核方面的管理程序及其执行情况。培养学生的营销实务操作和适应能力。组织学生参与企业销售管理部门负责的市场调查与预测工作，熟悉调查与预测的程序、内容与方法，以及企业如何运用市场调查与预测做好经营决策与经营计划工作等，了解企业产品销售渠道模式及其企业物流工作情况，了解渠道终端管理和客户关系的管理。

上述几种实践型教学方法，在培养学生认识营销理论和实践的距离方面起到了相应的作用，都有各自的优势和缺陷。在这些实践性教学中，教师的引导作用非常关键，要尽量挖掘学生潜能，给每个学生提供表现的机会。

（四）校企合作实践教学模式

鉴于上述三种实践型教学方法在实际教学中的作用和局限，深圳大学管理学院市场营销系开展了校企合作的实践教学模式。这种模式中的教学主题来自企业，即企业面临的实际营销难题，全部由学生提供解决方案。在一般的企业案例教学中，学生和教师只是对企业实际问题进行单方面分析，听不到企业的声音，而校企合作方式中，学生和教师对企业实际问题采用双向交流模式。

具体的操作模式是：针对企业面临的实际营销难题，邀请企业的高管人士、市场人员和学生“对话”，让学生了解企业的发展目标和方向以及企业所面临的实际困难和问题，为学生解决实际问题提供方向性的指导；教师对学生进行相应的培训指导，在结合市场营销基本理论知识的基础上，让学生了解实际解决问题的模式和方法，形成一个系统思考的框架，并组织学生实地到企业调研，通过观察、交谈、实地调查，获取珍贵的一手数据；针对最终的解决方案，组织学生和企业相互交流，企业根据学生提供的内容，和学生进一步沟通。当学生解决的方案获得企业的肯定，被采用或者采用取得了成效时，参与学生的成就感和对其他学生的激励作用是非常强烈的。

在这种模式下，学生能够在学习中完整获得有关目标企业真实、系统的案例材料，这种体验是课堂案例材料的分析和讨论所无法提供的。学生们不仅主动学习和综合应用了营销学原理与知识，而且还在完成任务中进行团队合作和分工，获得解决营销问题的感性认识和实践经验以及团队合作精神。

二、“社会化媒体营销”课程的现状

随着 Web2.0 技术的发展，社会化媒体营销成为当下最受企业欢迎、发展最快的一种营销手段。企业花费在社会化媒体上的预算越来越多。与传统营销相比较，社会化媒体营销的优势在哪里，企业如何通过社会化媒体营销来影响消费者的行为和态度，企业如何开展社会化媒体营销，这是企业界和学术界共同关心的话题。深圳大学管理学院市场营销专业开设了一系列切合社会市场经济发展的营销专业课程，“社会化媒体营销”课程也适应时代发展的需要而在近年开设。

目前，国内外适用于“社会化媒体营销”课程的教材类书籍非常少。它要求具有理论框架，并结合实际案例，且不同于以往其他营销专业类教材仍以科特勒《市场营销管理》一书所提供的理论架构为基础（很多只是更改案例而已）。而这一要求，是由社会化媒体营销领域日新月异的发展所决定的。也就是说，现有的营销理论跟不上社会化媒体营销实践的发展。

鉴于此，“社会化媒体营销”课程考虑学生的基础专业知识和认知能力，将课程开设时间放在第六个学期。教学学时为 36 学时（见下页表），采用理论教学与实践教学相结合的方式。理论教学主要采用塔腾和所罗门著的《社会化媒体营销》教材，分三个部分对课程进行讲授：第一部分是基本理论；第二部分是社会化媒体四大区域；第三部分是社会化媒体的作用和影响。实践部分则引入了案例教学模式，同时加入了往届校友经验交流等互动环节。通过学习该课程，帮助市场营销专业的学生更好地理解社会化媒体营销，了解企业如何运用社会化媒体工具在现代商业活动中获得成功。

表 “社会化媒体营销”课程内容设计

项目	周学时	授课内容	讨论内容
理论部分	2	水平式变革	与同学一起讨论你可以创建或承担什么样的社会化媒体探索、研究和实习交流项目，以获得简历的实践项目。哪些活动可以促使你找到具体的职位？你可以写一份理想的简历，并为自己设定实现这些经历的目标。例如，在简历上展示这种经验，以匹配社会化媒体相关的职位
	2	社会化媒体战略计划	安利（中国）的社会化媒体政策。确定公司社会化媒体政策中包含的三个关键组成部分。如何改进政策
	3	社会化消费者	查找正在进行的社会化媒体营销活动。根据活动是否以及在多大程度上提供参与途径，评估活动的组成部分。如何改进该活动，以更好地吸引不同的人参与社会化媒体
	3	数字社群	列出三个社区，你在这些社区中看到了什么共同点？有什么不同？每个所谓的社区真的像是一个有着共同文化的统一群体吗？请解释
	3	社会化社区	讨论：微信朋友圈的朋友和真正的朋友一样吗？微博粉丝是真正的粉丝吗？请解释
	3	社会化发布	研究关键词 • 选择一个你感兴趣并且喜欢写作的主题 • 列出与主题相关的主要关键词和短语 • 通过关键词研究工具运行每个关键词 • 根据工具关键字结果创建新列表。也就是说，该工具推荐哪些关键字短语具有最高的搜索率，或者哪些是最具描述性的，并且被在线搜索者使用 • 你觉得这张清单比你刚开始的那张好吗？与全班讨论
	3	社会化娱乐	选择三个你认识的玩社会化游戏的人。采访他们在网上玩社会化游戏的时间。他们对品牌产品有何反应？写一篇文章，介绍他们在社会化游戏中的品牌体验以及由此产生的品牌认知
	3	社会化商务	在微信上搜索你喜欢的品牌，直到你找到一个有微店（商店标签）的品牌。浏览“商店”选项。页面中是否包含推荐工具？你能将产品添加到购物车中并从页面内导出吗？在你看来，什么能使微店更有效呢
	3	利用社会化媒体研究消费者行为	确定 B 站上的五个视频，其中包括提到一个品牌。这些视频应该至少包含一个公司片段，但其他片段可以由用户生成。观看视频并阅读附带的评论；然后对找到的材料进行内容分析。你能收集到什么见解
	3	社会化媒体测量指标	确定一个学生组织，利用社会化媒体来促进其活动和会员机会。简要回顾组织使用的社会化媒体区域，并为组织使用社会化媒体定义三个 SMART 目标
实践部分	4	案例讨论	韩都衣舍在社会化媒体营销中的游戏
	4	经验分享	运营是件有意思的事儿

三、“社会化媒体营销”课程在教学中存在的问题

在近两年的教学过程中，虽然通过案例教学，采取了贴近学生生活的企业案例，增加了学生们在课程中的参与度与热情，但仍然存在诸多问题有待改进。

（一）实践教学环节与理论知识的结合现象

由于案例教学需要学生掌握相关的基础理论知识，而社会化媒体营销涉及的相关知识与社会学关系更密切，需要学生在课前通读案例，搜集相关资料，设身处地进行分析，无形中增加了课程要求，学生对于课业心有余而力不足，很难完成，导致在课堂讨论中，仍然以教师讲授为主导，无法激发学生深入思考。特别是在现有的考试制度下，平时成绩的占比最多40%，包括了作业、考勤、小组讨论等形式，学生在课外学习理论知识的动力不足。

（二）案例教学与实践管理脱节

社会化媒体营销的案例大多是对一些实践营销活动的复盘，更多的内容是相关数据和描述的效果。而实际的运营工作和流程是非常复杂的，涉及很多环节。而学生们因为没有经历实操环境的体验，在分析问题方面缺乏想象力，课堂气氛不够活跃。部分同学会觉得这些数据枯燥无味，会出现课堂学习不在状态、玩手机等现象。

四、"社会化媒体营销"课程改革思路及设计——引入校企合作模式

课程改革以提高学生参与度，培养课程所需要的分析和解决问题的能力为导向，引入合作企业进课堂的模式，这一模式不同于以往校企合作主要针对企业实际的真实问题做出策划方案，而是要求学生亲自参与，并且通过市场反应的实际效果指标来进行评价。

课程的目标项目贯穿整个36课时，历时三个半月，通过统筹市场营销系学会的宣传组、现场策划组与信息组，引导学生参加企业培训、策划方案撰写，并加入企业培训群，学习实践中的社会化媒体运营技能。

本次课程设计的主要特色与创新在于三个方面：一是创新企业领域，合作企业为面向互联网用户的行业，契合当下互联网高速发展，无网不在的背景，提供市场营销在互联网环境中的实践机会。二是创新了项目主题，以往的校企合作主要是营销策划推广，但缺乏将策划项目应用于实践中的反馈效果，社会化媒体营销的核心就是内容，因此项目实践环节增加了用户生成内容UGC领域的探索。三是提升创新能力，项目对学生制作视频内容的生产能力提出了要求与挑战。这打破了以往基于理论方案层面，而实操机会较少的局限。这一过程激发学生的内容创作能力，使学生学会充分利用各种资源，掌握运营规则，达到最佳实战效果。参与合作的企业在深圳市南山区，离学校比较近，有利于学生在课程结束后与企业进一步接触合作。

考核方式重点在于对整个项目的完成情况，也包括了平时课堂学习效果的考核。其中项目的完成情况也结合了学生运用理论解决实际问题的书面总结能力。比如，其中有的小组项目进展的实际效果非常好，但在撰写报告时出现条理不清晰、逻辑混乱的问题，还需要在文字写作方面进一步提升。

五、小结

课程内容的设计是保证教学质量的一个重要环节，而在教学过程中，往往重视的是教而不是学，但是在实际教学中，学比教更能促进学生的思考与成长。校企合作教学管理学院市场营销专业已经进行了十多年的实践和探索，积累了丰富的经验，但仍然需要根据外部企业经营活动的变化、95 后甚至 00 后学生的学习特点进行不断的改进和完善。该模式以课程特色作为切入点，加强企业与市场营销专业的合作关系，是一项有益的探索，有可能达到多赢的目标。

参考文献

[1] 韦佳．“互联网+”背景下的应用型本科院校校企合作人才培养模式研究［J］．吉林省教育学院学报，2018（1）．

[2] 章熙春．以“双一流”建设为契机加快形成高水平人才培养体系［J］．中国高等教育，2018（11）：15-16．

[3] 特蕾西·塔腾，等．社会化媒体营销［M］．北京：中国人民大学出版社，2014．

“谈判技巧”课程设计初探

——应对线上课程的挑战

李　慧

（深圳大学管理学院人力资源管理系）

【摘要】近年来，线上课程发展如火如荼，为人们带来了全新的学习体验，也对商学院的传统教育模式提出了挑战。对此，传统课堂该如何调整与设计，才能为学习者带来线上课程以外的学习收获与体验？本文以“谈判技巧”课程的设计为例，展现了传统课堂设计的一种可能性：充分利用传统课堂可以为学生提供沟通互动以及交流反馈的特点，来进行课程设计。具体而言，笔者采用了“模拟谈判”的教学模式，详述了课程设计过程、教学实践以及教学效果，并指出其制约因素与待解决问题，以供教学参考。

【关键词】教学模式；传统课堂；谈判技巧；模拟谈判

近年来，在“互联网+”的发展浪潮下，线上课程（Massive Open Online Courses，MOOC）得到了蓬勃发展。线上课程跨越了时间与地域的限制，极大地改变了人们的学习方式，也对商学院的传统教学模式提出了挑战（杜鹏、童玥、刘欣，2016）。

那么，为应对线上课程的挑战，传统课堂应如何进行调整与设计？在我接手“谈判技巧”这门课时，便遇到了这种挑战。经过多方考量，我结合线下课程的特点，采用了“模拟谈判”的教学模式，以期带给学生与线上课程不一样的学习体验与收获。本文完整记录了我的课程设计过程、教学实践以及教学效果，并指出了这一教学模式的制约因素与待解决问题，以供教学参考。

一、课程设计

“谈判技巧”作为一门成熟度很高的课程，线上的中英文教学资源十分丰富。在我向前辈老师请教经验时，他就提到了线上课程的挑战，建议我思考：在谈判技巧的线上课程之外，传统课程能为学生带来什么？并建议我以此问题为指导，设计我的课程。带着这个问题，我开始了课程设计之路。

（一）分析课程特点

首先，我分析了“谈判技巧”课程的特点。第一，像其他技能一样，学习谈判技巧，要掌握基本知识点。第二，作为一项技能，谈判需要实操，能够在实践中成功运用谈判技巧，才算是真正掌握了谈判技巧。否则，就如金庸小说《天龙八部》中的王语嫣，尽管通晓天下武林秘籍，却无法施展武功，打败敌手。

就第一点而言，优秀的线上课程，有着完善的知识框架与详尽的知识点，学生通过参加线上课程即可学到知识，线下课程难以提供额外价值。

而第二点，正是线下课程的价值所在。与线下课程相比，线上课程尽管能够提供知识框架，却难以为学生提供足够的沟通互动与交流反馈，也就很难为学生提供谈判练习的机会，易导致学生如同王语嫣一样，“知其然而难以做到”。线下课程能够将老师与学生从时间与空间上聚集在一起，我正可以利用这一点，让学生进行一对一谈判练习，并提供反馈与讲解，使得学生“知道亦能做到”。由此，我明确了课程设计的大方向——提供谈判练习的机会。

（二）向前辈学习

在明确课程设计的大方向后，我请教了香港中文大学的两位前辈老师。他们建议我借鉴美国西北大学商学院的模式，使用案例分析、模拟谈判等情境教学方式，并给了我几个样例做参考。案例分析，可以让学生感受到谈判氛围，解决具体谈判问题，然而却有纸上谈兵之嫌，实操性略显不足。模拟谈判似是更好的选择。模拟谈判，即老师给出谈判情境、背景资料与谈判任务，学生扮演谈判双方，展开谈判。与案例分析相比，模拟谈判营造的谈判氛围更加真实，学生们可以使用所学技巧，真刀真枪地练习谈判，从而达到掌握谈判技巧的目的。由此，我明确了课程设计的小方向——模拟谈判。

（三）亲身试水

为确保模拟谈判的教学效果，我非常希望能够亲身体验一次模拟谈判。这时恰好重遇旧友，他正在做谈判方面的培训，邀请我去体验他课程里的模拟谈判。亲身试水，我真切地感受到，模拟谈判仿真度很高，很容易让人进入角色，可以将自己谈判相关的真实特点表现得淋漓尽致。并且，谈判过后老师的点评讲解，能够让学员反思模拟谈判中的经验与教训，学到其中的谈判技巧，并且记忆深刻。由此，我亲身确认了“模拟谈判”的教学效果，可以在我的课程中放心运用。

（四）明确课程结构

至此，课程结构在我脑海中逐渐清晰：让学生通过“模拟谈判”学习谈判技巧。首先让学生两两组合，进行“模拟谈判”，使其谈判相关特点得到充分暴露。谈判过后，由我详解模拟谈判中的技巧与误区，向学生传授知识点，让学生对自己的谈判经验进行反思与对照，进而学到谈判技巧。如此，让学生在谈判练习中感悟谈判技巧，从经验与错误中学习，这样才会对谈判技巧记忆深刻。

（五）谈判案例选择

接下来是模拟谈判案例的选择，我主要考虑了本科生的接受能力、课程时间的限制以及知识点三方面因素。首先，本科生的实践经验较少，专业性较强的案例对他们而言理解难度太大，因而要选择背景知识简单的案例。其次，学校的一节课是 40 分钟，模拟谈判时间极为紧张，因而只能选择谈判任务简单、耗时较少的谈判。最后，作为谈判入门课程，首要目标是掌握基础知识点，而非进阶知识点，因此要选择体现基础知识点的谈判案例。基于以上三方面的考量，我选择了相应的模拟谈判案例，并进行了适当改编。

二、课程实践

经过反复思量，我设置了一套模拟谈判教学方案。完整的一次教学，包括分组配对、谈判介绍、谈判准备、正式谈判、讨论分享以及老师讲解等多个环节。

（一）分组配对

模拟谈判需要学生两两组合进行谈判，这就涉及分组配对问题。是学生自行组合还是由老师分配？我最初的设计是让学生自行组合配对，而学生通常会选择与相熟的朋友配对。熟人配对的问题在于，进行模拟谈判的时候碍于情面，放不开手脚，无法展现真实的自我。因此后来我调整为随机分配加微调，确保谈判两人不熟识，可以以最自然的状态进行谈判。

（二）谈判介绍

考虑到本科生社会经验较少的特点，在发放谈判资料之前，我会在大屏幕上对谈判背景及所涉及的专业知识做详细讲解，确保每一个学生都能理解，以免学生因理解上的欠缺而影响发挥。

（三）谈判准备

在谈判介绍之后，我会发放谈判资料，给学生 15 分钟的时间，阅读模拟谈判的背景资料与谈判任务，并进行谈判准备。

（四）正式谈判

在谈判准备环节完成后，学生们进入 20 分钟的谈判时间。我会在大屏幕上设置倒计时闹钟，方便学生们关注时间，把握谈判节奏。谈判时间结束后，学生们将谈判结果写在纸上上交。

（五）讨论分享

在讨论分享环节，首先，我会汇总学生们的谈判结果，呈现在大屏幕上，让学生们了解自己的谈判结果在班级里处于什么位置。其次，我会简单说明谈判的最佳结果，指出谈判成败的关键技巧，并询问学生是否做到了。在这一环节，我鼓励学生们讨论与分享自己的经历。

在“成功”或是“失败”的经历之后，这一环节里学生们的情绪往往是极为高涨的，常常是“交头接耳”，极为活跃。不少同学更是主动与全班同学分享自己的“惨痛经历”或是“成功经验”，时常引起他人的共鸣。在欢声笑语的讨论与分享之中，便展开了谈判技巧的学习。

（六）老师讲解

接下来便是谈判技巧的讲解，这是模拟谈判教学的关键。每场谈判中体现的关键技巧，是当堂课程的重点讲解内容，同时也会复习学过的技巧在当堂案例中的运用。

俗语说，“好脑瓜不如烂笔头”，谈判技巧更是如此，听懂了不代表记得住，因而我要求学生一定要记笔记，并反复温习。此外，一场谈判中，每个人的体验不同，收获自然也不会相同。在这个环节，我要求学生一定要结合我的讲解，反思自己的谈判经历，记录自己的知识盲区以及有效经验，形成自己的“个性化笔记”。为了敦促学生记录“个性化笔记”，我不给学生发课件，并且会不时抽查笔记。学生想要对所学知识有所记录，就只有认真记笔记。

三、教学效果

通过学生反馈以及我的观察，可以发现“模拟谈判”这一教学形式卓有成效。通过多次谈判练习，学生们对谈判的理解不止于纸面，更是进一步有了感性认识。此外，谈判体验帮助学生探索自我，增加了对自我的认识，真正了解自己谈判相关的优劣势。最后，经过一次次实战训练，学生们在教训中感悟，在反思中成长，最终得以掌握一定的谈判技巧。

（一）感性认识谈判

本科生社会经验较少，谈判经历寥寥。“模拟谈判”的形式，为学生提供了体验谈判的机会，让他们对于谈判有了感性认识。有学生感叹，在上这门课之前，认为谈判活动是高高在上的，认为国际谈判或是高端商务谈判，距离自己的生活很遥远。通过模拟谈判中的体验，发现原来自己也可以参与谈判工作，“原来这就是谈判”。

再如，谈判的一项原则是：谈判过程中要控制情绪，不要受到自己与对方情绪的影响。将这一原则告诉学生，学生们会觉得这项原则很简单，自己已掌握。然而，多次模拟谈判的体验中，几乎所有学生都体验到了情绪的“魔力”，被自己或对方情绪干扰，影响自己的思考与表达，进而影响到谈判结果。如此，学生对于谈判中的“情绪控制”，不再流于纸面，而是有了感性认识。

（二）探索自我，认识自我

有很多学生表示，模拟谈判的体验帮助他们探索了自我，增加了自我认知，认识了真实的自己。例如，有同学表示，一直以来都认为自己不善言辞，而在模拟谈判中，不得不带着目标开口谈，一次次谈判下来，自己由羞涩得不知说些什么，变为可以有条理地表达，甚至是据理力争。他感慨道，原来自己并非没有能力，而是一直以来对自我的错误认知，使得自己没有机会表现，所谓“非不能也，实不为也”。

也有同学通过模拟谈判的体验，认识到自己的弱点。谈判是极为考验逻辑性的，需要有条理地陈述与回应。有同学表示，平生第一次意识到，自己说话时没有逻辑，不能有条理地表达自己的观点，遇见伶牙俐齿的对手，就容易被绕进去，在谈判中处于劣势。该同学表示，今后要加强训练，让自己更有逻辑。

（三）通过实战，掌握谈判技巧

在每场“模拟谈判”中，我都会设置几个关键知识点或是技巧，如若没有运用在谈判中，谈判便难以取得成功。由于我将讲解放在学生谈判后而非谈判前，学生谈判时大多不知晓关键谈判技巧，只是凭感觉发挥，进而使得谈判结果不尽如人意。谈判不成功，使得学生有强烈愿望，想要知晓自己错在哪里，因而在谈判后的讲解过程中，学生们听得很认真，讨论也很激烈，在错误中学习，使得印象深刻。

当然，有些时候一次教训不够使学生记忆深刻，那就再来几次教训。课堂上一共有 5 次模拟谈判，在每次的讲解环节，我都会对学过的相关知识技巧进行复习，询问学生是否运用。最初很多学生“捶胸顿足”，感慨“尽管懂得技巧，却忘记使用”。渐渐地，学生们在模拟谈判实践中吃亏次数多了，便通过反思，真正地记住了使用技巧。

以“谈判准备”为例。一次成功的谈判，70%取决于充分的谈判准备，30%取决于谈判技巧的运用。谈判的一大误区，即是看重“谈判过程”，轻视“谈判准备”。首次进行模拟谈判时，如我所料，学生并未充分利用准备时间，看完材料就停在那里，不再进行准备。在讲解环节，我便强调“谈判准备”的重要性，结合当次模拟谈判，讲解具体可以做哪些准备，并指出不做准备的后果。学生们“捶胸顿足”之余，也就记住了“谈判准备”，表现在行为上，便是第二次模拟谈判前，很多学生都在准备谈判计划。而那些再次忘记“谈判准备”的学生，也在之后一次次谈判教训的洗礼中，最终都记得了做“谈判准备”。

四、制约因素与待解决问题

尽管“模拟谈判”这一教学方式灵活性很强，然而也受到官方教学时间设置的制约，使得一堂完整的谈判教学课程被人为割裂，影响教学效果。此外，“模拟谈判”以“进入角色”作为谈判前提。有学生在最初两次谈判中，存在“角色进入困难”的问题。尽管通过前两次的训练，在随后的谈判中学生可以很容易进入角色，然而为了充分利用前两次的谈判机会，应想办法帮助学生尽快进入角色。

（一）教学时间设置的制约

谈判教学连续性很强，谈判介绍、谈判准备、正式谈判、讨论分享以及老师讲解，无论哪一环被中断，都会影响教学效果。例如，若在谈判进行到一半的时候，让学生休息 10 分钟，再继续谈，势必影响谈判效果。再如，若是本周完成正式谈判，下周再进行讨论分享与讲解，待到下周，学生的记忆自然会变得模糊，而这势必会影响讨论学习的效果。因此，理想状况下，一堂谈判课的课程设置应该包括以上所有环节，大概需要 160 分钟，也就是 4 节课的时间。

然而现实中，这种课程安排是不可能实现的。首先，学校要求每周只能排 2 节课，不允许排 4 节课。鉴于此，我只能将一堂完整的谈判教学拆成两部分，排在两周进行，把老师讲解环节放在第二周。如上所说，第二周时，学生们对于谈判细节是有所遗忘的，因而讨论讲解效果会打折扣。补救措施是通过课前回顾来帮助学生回忆谈判过程。

其次，对于每一堂课，学校要求按照“40+10+40”模式上课（即两节 40 分钟的课，中间加 10 分钟的休息），不可以“80+10”（即 80 分钟连续上课，然后提前 10 分钟下课）。鉴于此，我只能选择在谈判准备过后，让学生休息 10 分钟，再开始正式谈判。这一人为割裂，也使得学生的谈判准备效果打了折扣。如若可以连续上课 80 分钟，这一问题便可得到妥善解决。

（二）角色进入的困难

在模拟谈判中，谈判双方各有角色，例如求职者、公司经理。要想让谈判顺利进行，前提条件是学生能够“进入角色”。如若不能进入角色，便容易对谈判内容不敏感，甚至笑场，谈判效果便要打折扣。

尽管在经过两次谈判后，学生们都能够很快进入角色，然而在前两次谈判中，有学生感到“角色进入困难”，造成谈判练习机会的不充分利用。有学生表示，最初跟陌生人谈判很不适应，感觉怪怪的；也有同学表示，最初常常忘记自己的角色。如何帮助学生缩短适应时间，尽快进入角色，是需要思考的问题。

五、小结

近年来，“线上课程”蓬勃发展，人们只要接入互联网，便可以接触到极为丰富的教学资源。这也为传统课堂带来了挑战：传统课堂该做何种改变，才能在线上课程之外，带给学生学习收获？

本文以“谈判技巧”课程为例，展现了传统课堂设计的一种可能性：充分利用传统课堂可以为学生提供沟通互动以及交流反馈的特点，来进行课堂设计。结合“谈判技巧”的课程特点，我采用了“模拟谈判”的教学模式，为学生提供了谈判练习的机会，使得学生能够感性认识谈判，在体验中探索自我认识自我，并在教训与反思中学习成长。当然，这一教学模式也受客观条件的制约以及存在待解决问题，留待今后解决。

参考文献

[1] 杜鹏，童玥，刘欣．MOOC对我国商学院的影响及对策研究［J］．高等教育评论，2016（1）：16-36.

基于案例教学的理论与实践相结合

——以“网络安全与电子商务”课程为例

王　红　欧懿坤　牛　奔　陈戴涵
（深圳大学管理学院管理科学系）

【摘要】理论源于对生活实践的认识和总结，实践是验证理论普适性的过程，只有与实践相结合，理论的知识才能够生动化、活跃化。理论与实践相结合的教学方式非常重要，不仅能够提高学生学习的主动性，还能激发他们应用理论知识解决实际问题的能力。然而，理论与实践相结合的方式却不是那么容易，实施过程中容易出现难以实现或者是本末倒置的现象。本文以“网络安全与电子商务”课程为例，提出采用案例教学的方式，有效实现理论与实践相结合的教学方法，探讨相关的实际实施方案。

【关键词】大学教育；教学方法；理论与实践；课程设计

一、大学课堂教学模式的概述

北大哲学系有位教授曾对北大本科教学较普遍存在的“四多四少”状况深表忧虑[1]，即“学生上课多，自学少；进教室多，进图书馆少；读教材讲义多，读名著原著少；被动接受多，主动钻研少”。国内大学教育大多注重在课堂中直接向学生传授知识，通常表现是：由教师根据自身学识及对课程的理解将书面知识细化梳理，通过多媒体、板书等形式讲授给学生。传统的教学思维和方式虽然能够起到知识传递的作用，却难以提高学生课堂参与度及其对新知识的好奇心，因此不利于培养学生的思维拓展及知识应用能力。

美国教育家苏娜丹戴克曾说：“告诉我，我会忘记，做给我看，我会记住，让我参加，我就会完全理解。”[2]教师在教学中，对学生进行启迪和诱导，让学生通过实践去获得知识，加深他们的印象，以便理解和掌握知识。可见，理论与实践相结合的教学方法，能够在很大程度上带动学生主动学习。在信息不断更新的当今社会，课堂理论与实践结合能够帮助学生更新对所学知识的应用范围及方法的认知，提高学习兴趣，将被动生硬接受的理论转化成可运用于生活实际的工具。

理论教学是学生掌握基础知识的重要手段，实践教学是培养学生理论联系实际的必要措施[3]。然而，并不是所有课程都能实行理论与实践相结合的教学方法。以“泛函分析”为例，这门课程研究无限维抽象空间及其分析，既概括了经典数学分析的重要概念和方法，又渗入量子物理学、现代工程技术和现代力学的内容，虽然这门学科是现代数学的重要研究对象之一，但是内容较为抽象，难度比较大，也无法采用案例的方式进行课程讲解。与这类过于抽象的课程不同，“网络安全与电子商务”课程虽然涉及计算机、数学、管理学等多学科交叉内容，但却具有很强的理论性和实践性[4][5]。此外，在网络环境快速发展的当今时代，电子商务逐步成为推动我国经济实力增强的新助力。在新的背景下，电子商务对计算机网络安全提出了更高的要求，计算机网络安全技术是以计算机技术为核心，涉及网络技术、密码技术、通信技术等多种学科的交叉性学科，对于理论和实践要求都很强，这就要求任课教师既要具备较好的理论知识，又需具备丰富的实践经验[6][7]。培养对网络安全技术有一定了解的专业人才，建立稳定的、安全的网络环境是电子商务发展的重要一环。“网络安全与电子商务”正是能够拓宽学生在该方面的认识与理解的课程，其良好的实践性也有助于推动理论与实践结合的教学方法的实行。

二、课程教学模式分析

在我国的高等教育教学改革实践中，应用型人才的培养改革的重点要求，也是教育发展主流，在教学实践中必须合理地将学科教育与应用型人才切实结合起来，最大程度地完善学生的知识框架[8]。但是，目前中国式大学教育模式主要是计划型的人才培养模式，该模式仍存在的主要问题有：①灌输式的大课教学；②模糊的人才培养目标；③消极的教学评价体系；④盲目追求大而全的办学理念[9]。

首先，计划型的人才培养模式是国内大学本科教育的常态，必修专业课程繁重，学生自主性较差，创新意识薄弱，知识的开拓性有限。其次，在课程设计方面，主要以教师为中心，注重概念理论教学，忽略实际需求，教学内容重复，课程存在重复设置。在教学方式上，主要以教师灌输式的教学方式为主，学生自主性学习能力较差，课堂氛围不够活跃。教师在课堂上占用了大部分的时间，留给学生自主讨论和学习的机会较少。这些造成了大学生毕业后，动手能力和创新能力普遍较差的现象。此外，模糊的人才培养目标和消极的教学评价体系，对学生未来的发展是很不利的。教师缺乏教学主动性和授课热情，学生缺乏批判性思维，更有可能导致的后果是理论与实际的脱节，培养的学生很难适应社会的需要。另外，追求数量而忽视质量的现象，可能导致专业分布不均或者是专业需求过剩，教师负担过重导致教学质量下降，忽视了学生的个性化发展。

目前，高校在“网络安全与电子商务”教学模式中存在的主要问题是：①书本依赖程度高，授课内容枯燥、形式单一；②学生的课堂参与度受到课程难度影响，无法通过概念阅读理解理论的意义，无法较好地通过自主学习吸收课程知识。为了解决以上问题，创造出能让学生主动学习的教学模式是有必要的。通过在理论课程中加入实践任务，可以给学生提供明确的学习目标，引导学生思考网络安全技术是如何应用在电子商务活动的相关领域的，学生之间的分工合作与课堂分享可以加深其对理论知识的理解记忆，提高学生的课堂专注度。通过小组案例分析还可以帮助教师了解学生的学习情况以及对课程的接受度与理解度，以便及时调整学习任务，不断完善教学方式。理论结合实践的课堂中，应尽量减少老师的干预，增加学生的学习与表达展示时间，培养学生的批判性思维，使学生学会描述问题、分析问题、解决问题。

三、"网络安全与电子商务"课程存在的问题

（一）学生对课程知识的吸收程度较差

以往经验表明，数学、计算机相关课程对于电子商务学生来说较有难度和挑战，相较于其他管理类的核心课程，这一类课程的掌握程度相对较差。"网络安全与电子商务"课程中覆盖较多的计算机和数学知识，涉及广泛的理论和技术问题，具有很强的理论性和实践性。教学过程中，如若按照理论、概念进行讲解，较为抽象，电子商务学生可能无法理解这些保密算法怎么用，各种协议如何实现，从而产生抵触情绪，进而很难掌握相关的知识点。教学存在的这些问题，如果配置对应实验课，能够帮助学生深入理解讲授知识。

（二）理论与实践教学的结合度较低

受到过去传统大学授课模式的影响，许多课程的理论与实践的结合程度较低，这是由于过去高校在课程设计及学生培养工作方面忽略了实践教育的重要性。随着互联网的发展与电子商务企业队伍的壮大，网络安全问题极大地影响了电子商务活动的进行，学生在生活中就能接触到网络安全与电子商务的相关信息，因此"网络安全与电子商务"与实际生活是比较贴近的一门课程，在该课程中加入实践教学的可操作性是比较强的，合理安排实践更能提升学生主动学习的兴趣。

（三）学生参与实践课堂积极性问题

大多数学生都喜欢实践，但这并不代表他们都喜欢上实践课。实践课教学任务一般都是根据实践教材进行的，而教材内容大部分理论性较强，导致学生学起来较为困难。[10] 由于电子商务的学生未来就业大多涉及管理相关的方向，而非实际操作，所以学生学习的重点是对管理相关的方向、网上支付的安全和体系结构有较为全面的了解，掌握基本理论在实践中起着重要作用。但是实践课与实践是存在区别的。实践课不同于生活中的实践，它更多地结合了理论的基础，学生学习起来还是会感到困难。生硬地将理论与实践结合，会打击学生对实践课堂的积极性，产生抵触心理，使得大学中的实践课程教育难以展开。

（四）实践教学设备及资金支持问题

电子商务安全涉及面广，实验内容较多，授课过程中配置对应的实践虽然能够很

好地实现理论与实践紧密结合，但却需要学校对实验硬件环境、软件环境以及人员配置提供相关的支持。

四、理论与实践相结合的教学方法改革

从整体上看，“网络安全与电子商务”课程可以分为：计算机网络安全和商务交易安全，属于信息安全范畴。课程介绍的主要内容包括：计算机基础、网络入侵和防范、密码学（包括加密技术和密钥管理技术等）、鉴别和认证技术、第三方支付、电子商务安全协议和安全标准、安全策略等。首先，计算机基础部分涉及的知识点，如 TCP/IP 结构和功能、计算机软件和硬件组成等，学生在大一阶段已经作为必修课程进行修习和掌握。第二部分的网络入侵和防范来源于现实又应用于现实。第三部分密码学章节需要本科生掌握数学基础知识，如矩阵行列式变换。最后几个部分与网上支付息息相关，与核心课程“电子商务”密切联系，本科生通过该课程能够对电子商务安全的概念和体系结构有较为全面的了解，掌握商务安全的基础理论和技术。该课程还能够在实践中起指导作用，使学生掌握主流安全协议的工作原理，提高本科生对电子商务安全技术的理解和应用。

（一）课程理论与企业案例相结合，从实例中消化理论知识

先结合理论知识和最新案例形成以教师主导的课堂教学，该阶段为学生导入基础知识。知识的消化吸收需要一个转换过程，通过实际案例将晦涩难懂的知识记忆点、知识框架具象化，使学生能够比较直观地知道理论的实际应用情况，让学生带着问题来学习网络安全在实践中的运用，边听边思考问题的答案，并鼓励学生发表自己的看法，让其更深刻地理解理论知识。此外，很多人认为专职院校才应该注重职业教育，培养高级技术人员。这是一种常见的误解，大学教育不仅是培养综合性人才，更要培养学生的职业技术。光有案例可能不够，与企业合作让学生深入企业学习也不失为一种加深理论理解的方法。如网络安全技术与电子商务网络安全这样的专业领域，可以与企业合作，通过企业参观、实践、讲座等方式来培养学生对该领域的专业眼光。

（二）课本理论与安全案例结合分析，提高理论实践融合度

将教学知识和安全案例结合起来分析，使得学生把所学的安全技术综合起来，了解电子商务各个环节所采用的安全技术。除了理论需要理解学习外，安全技术的应用也需要了解，在案例分析中加入安全技术应用的例子，有助于学生记忆网络安全技术的应用范围、注意事项及其优缺点。

（三）学生分组学习，提升实践课堂积极性

采用分组模式，形成以学生为主导的案例分析讨论教学，教师负责从旁指导、纠正及对理论进行补充说明。传统填鸭式教学很难调动学生主动思考的积极性，因此采用分组的方法，将学生们划分为若干个学习小组来分析讨论实际案例，有助于培养他

们的主动学习、团队合作、分析问题、解决问题的能力。

学生们主动学习的第一步就是要知道自己需要学什么，因此，教师在让学生们进行自主学习时，首先就要为其指明学习方向，让他们明确自己的学习目标[11]。学生在小组案例分析中可以根据老师指引的学习目标，进行合理的任务分工、收集整理资料，并在课堂上借助多媒体工具分享学习的收获以及如何将课本知识应用到实践中。通过这种方式，使学生在分析过程中将理论变成自身理解的知识，在班级分享案例的表达过程中再一次加深对理论的认识与理解。

（四）校园为实践教学提供设备及资金支持

从第二、第三阶段开始，学生的自主学习程度加深，通过自主案例学习及分析，将理论知识融入案例分析中，潜移默化地吸收理论知识。通过这种方式，学生能够建立一个“网络安全与电子商务”的知识体系，应对可能接触到的安全问题，掌握一般的防御对策。当学生对所学知识能够加以应用并提高生活中办事的效率时，学生对实践课堂的接受度将提升，此时学校更需要大力从设备及资金上支持教师与学生们开展更多理论与实践结合的课程，以提升教学的效率。

五、结束语

为了适应时代的快速发展，提高学生对理论知识的学习速度与吸收领悟能力，进行理论与实践结合的教学方式改革是必要且重要的。在“网络安全与电子商务”这门学科中，改变过去枯燥单调的讲授方式，多与实践结合才能使学生更好地了解网络安全协议、网络安全技术在电子商务活动中的应用及其重要性。只有这样才能提高学生维护网络安全的自觉意识，遇到问题能够及时有效地应对处理。理论是从实践中提炼出来的，要深入理解它的内涵仍应该走回实践中去，把理论铺开来对照实际例子，批判性地理解和学习。

“网络安全与电子商务”的实践性较强，在教学过程中适当增加实践教育是必要的。目前其存在问题包括：①学生对课程知识的吸收程度较差；②理论与实践教学的结合度较低；③学生参与实践课堂积极性问题；④实践教学设备及资金支持的问题。因此，教师在教学安排中可以采取以下方法：①课程理论与企业案例相结合，从实例中消化理论知识；②课本理论与安全案例结合分析，提高理论实践融合度；③学生分组学习，提升实践课堂积极性；④校园为实践教学提供设备及资金支持。

参考文献

[1] 陈浩．不屑于教学方法：大学教改抹不去的痛［J/OL］．决策与信息，2016（3），http：//www. hie. edu. cn/perspective_ 12580/20160322/t20160322_ 993333_ 1. shtml.

[2] 理论与实践结合教学才更有实效［EB/OL］．日照文明网，http://www. wenming. cn/wmpl_

pd/yczl/201511/t20151104_ 2948045. shtml，2015.

[3] 高攀．理论与实践相结合的教学模式——《生产运作管理》课程教学的探索［J］. 教育教学论坛，2018（11）：134-135.

[4] 肖毅．创新性实践教学在《电子商务安全》课程中的应用［J］. 教育教学论坛，2013（35）：39-40.

[5] 梁永生，王淑一．谈实践教学法在《电子商务安全》课程中的应用［J］. 教育与职业，2006（29）：149-150.

[6] 王凯．电子商务网络安全的重要性研究［J］. 河南科技，2018（23）：31-33.

[7] 黄坤．电子商务创业背景下网络安全课程改革与实践［J］. 湖北函授大学学报，2014，27（17）：105-106.

[8] 孙艳．新时期大学课堂经济法学教学实践改革的刍议［J］. 法制博览，2019（24）：289-290.

[9] 王贝贝．中国大学教育模式的反思［J/OL］. 华人时刊（旬刊），2015（4），http：//www. xzbu. com/1/view-6867548. htm.

[10] 熊启皓．高校经济管理类专业实践教学体系建设［J］. 智库时代，2019（38）：124-125.

[11] 刘成．以主动学习教学模式促进物理课堂变革［J］. 中学理科园地，2019，15（4）：45-46.

深圳大学

第四编

探索多样性

与学生一起成长

周天薇
（深圳大学管理学院管理科学与工程系）

【摘要】 作为高等教育中的关键因素，教师能否与学生以及学校融为一体，发挥主动性，给予学生适当的关心和照顾，对学生未来的发展影响颇深。作为青年教师，我们需要与学院共命运，与学生同成长。本文从自身角度出发，对从事教育行业的原因进行探讨，对如何才能准备好一堂课程进行探究，同时着重强调了科研与强身健体对青年教师的关键作用。与学生融为一体，立足深大，放眼全球，描绘一个我所探寻的管理世界。

【关键词】 青年教师；教学科研；强健体魄；放眼全球

青年教师，在高校中需要同时承担教书育人以及科研项目申请等工作。本文回望初心，通过探究为何我们要成为一名老师并回溯当初想成为老师之时对自己的期待，进而对授课及科研过程中存在的问题进行剖析及思考。最终提出我们需要立足深大，放眼全球的号召。

一、换个身份，留在校园

寒来暑往，春华秋实，2019 年夏，我完成了学生时代的最后一场答辩，结束了二十一年的学生生涯。回首漫漫求学路，有欣喜，有快乐，有幸福，却也有遗憾。当我站在就业的十字路口时，面对多样的选择与该选择对应的不同的人生轨迹，看着身边的同学们一拨拨纷纷走向社会，在企事业单位中实现自我价值与成长，抑或选择私企外企拥抱来自全球的竞争角逐，我坚定地选择了教师这份职业。“新竹高于旧竹枝，全凭老干为扶持。”“随风潜入夜，润物细无声。”“师者，所以传道授业解惑也。”从牙牙学语到走出校门，对老师这份职业始终怀有一种深深的敬仰与尊敬。

老师是我们懵懂人生的指路人，也是不断向前突破人力知识范围极限的开拓者。有人说，教师是清闲的，在激烈的市场竞争环境中，教师行业享有的寒暑假待遇是其他行业的从业者无法企及的。有人说，教师是清贫的，在猛烈的市场经济的冲击下，依旧保有初心，充满对教师行业的敬重与热爱是困难的。但是，我看到的是，教师是一份用付出与爱心支撑的事业。教师是有寒暑假的，但寒暑假期间大多数老师的办公室是和平时一样灯火通明的。教师不用固定坐班，也没有加班的硬性任务，但是每天的夜班车里，老师都坐得满满当当的。教师加班是没有补助的，但是多年养成的积极上进的心态促使他们无论在办公室还是在家，都是心系课程、心系学生、心系课题的。长年累月的付出是辛苦的，但是看着学生们一天天成长，一届届毕业，笑容是开心的，辛苦是值得的。教师是一份以热爱为动力的工作，备课时间对于最后学生的学习成果是有着决定性作用的，然而，这又是一个不容易进行衡量的标准。对于用多少时间才可以准备出一门问心无愧的课程，每个老师都有着自己不同的答案。当我还是学生的时候，最喜欢的事情之一就是听老师们讲课。即便是因为种种原因无法选择这门课程，获取相应的学分，我还是要去听。听课，听到的不仅仅是这门课程抑或是这门专业的知识，更是老师丰富的人生经验以及多年阅历的积累之下产生的对于某项事务独到的见解。同样的课程，同样的内容，在不同教师的演绎下会散发出带有个人烙印的独特的醉人香气。每一位优秀的教师，在台上金句频出的背后都是无人知晓的默默查阅资料，认真归纳总结。此外，对于当代研究型大学的教师而言，教学已不是他们全部的任务，产学研相结合，不仅是对当代大学的期盼，更是对当代大学老师的要求。科研的加入极大地增加了教师这个行业未来的发展方向，同样对教师个人有着更高的要求。科研、教书、育人，三者缺一不可。每位教师在严格要求学生的同时也对自身提出了更高的要求，带领学生们向科研的高峰进行攀登。还是学生时，每当望向老师办公室那深夜的灯光，对老师的感激都增进一分。

学生时代有着太多难以忘怀的美好经历，也有着太多的遗憾与不舍。我希望我曾经的美好经历，学生们可以与我共同分享；我曾经的遗憾与不舍，学生们可以在我的指导下有效规避。毕竟人类就是在一代代的不断进步中达成自我的完善与提升。心怀对老师这份职业的敬重和憧憬，我有幸入职深圳大学，进入管理学院，蜕变成为一名教师。从入职到现在已经快三个月了，三个月的所见所思所想，更加坚定了我对当初职业选择的肯定。在大学校园中，作为一名老师，有幸可以和学生们共同成长提高，可以自由地探索自己感兴趣的课题和方向，可以收获来自学生以及同伴们的认同。下面我将从备课、科研与生活三个方面，记录我这三个月的所见所闻所感。

二、教书育人，备课为先

这学期我承担了两门课程的教学任务，一门是金蝶软件的上机课程——人力资源管理信息系统，另一门是管理系学生的专业基础课程——管理信息系统。其中，专业基础课程管理信息系统是上机课程人力资源管理信息系统的前期基础；而人力资源管理信息系统则是管理信息系统的总结与应用。虽然最后由于选课人数不足，人力资源管理信息系统没有开设起来；但是我在准备这门上机课程的过程中收获的经历，使我受益颇丰。

初入深圳大学，并不知道上机课与理论课在教室选择上的区别。为了准备这门上机课程，经过教室调换，与机房老师及前期授课老师的反复沟通，与金蝶软件公司技术人员的切磋，在机房安装上了新版本的金蝶 wise 软件并进行了版本的调试。在此，对这次调课及上课过程中给予我帮助的管理科学与工程系的冯元粤老师、于素敏老师、秦全德老师、范璧老师，人力资源系的丁夏齐老师以及实验室的王辉老师，金蝶前来帮助安装及负责后期沟通的郭洁以及技术人员等表示衷心的感谢。为了让学生们能够在课堂上感觉到自己收获了真正想学习的内容，在课程初期就同学们对这门课的看法进行了深入的调研，掌握了同学们对这门课的看法与期待。毕竟上课绝不仅仅是老师一个人的独角戏，而是一个互动的经历，是老师和同学们共同努力，让知识与经验在一届届学生之间进行流动的过程。调动同学们的积极性，让这门课变得有意义，让同学们从“要我学”转化为“我要学”，这是一个过程。在一定的条件下穿插学生们感兴趣、希望学习的内容，也是一种尝试与探索。为了让学生们在课堂上不感到枯燥，在课间通过播放与课程相关的视频缓解学生们的压力。同时，通过视频中声音影像的诠释，帮助同学们从另一个侧面理解把握所学的知识点，从多个角度对课上抛出的问题进行思考。由于办公室的电脑无法进行软件的安装，需要前往金工坊进行备课，但是金工坊一直满课。感谢实验室王辉老师以及杨翩翩老师，帮我在机房角落的计算机上完成了课程的准备工作。在这个过程中，由于金工坊有课，我正好在备课之余旁听了杨老师讲的 SPSS 课程。杨老师的授课方式给我很大的触动，使我获得了很多值得学习的经验。通过旁听杨老师的讲课，我进一步对我的课程安排进行了调整与修改。虽然最后由于选课结束前的人数锐减，这门课在这学期依旧没有开设。但是这是我在工作以后面对的第一门课程，准备的过程也是我在各方面学习以及提升的过程，这次经历让我受益匪浅。

第二门课是和牛奔老师一起讲的管理信息系统，是一门专业基础课程。牛老师宛如我的导师，在工作生活中都给予了我极大的帮助。这门课第一节是牛老师讲的，我进行了旁听学习。由于当时我刚上完人力资源管理信息系统的第一节课，在旁听牛老师上课的过程中，通过和自己上课时的对比，发现了好多可以向牛老师学习的地方。牛老师上课收放自如，游刃有余，在主线思路极为清晰的过程中穿插一些生动有趣的小例子，不知不觉中两节课已悄悄结束。和学生时代不同，这次听完课后，我从上课的角度，对牛老师的上课方式与我自己之前的上课方式进行了对比反思，发现我之前在上课过程中太紧张，太过于放不开，以至于无法像牛老师那样做到张弛有度，收放自如。第二节课我尝试放松自我，前期收集准备了很多相关案例，上课过程中仿照牛老师的方式，感觉比第一次上课好了很多。这两周的课，我发现如果想当一名称职的老师，认真备课是不可或缺的。此外，还要多向其他优秀的老师学习讲课的经验，学习如何进行课程的设计以及如何带领学生们找到学习的乐趣。需要学习的还有很多，今后我要继续努力。

三、科研探索，永无止境

作为一名大学老师，教学与科研并重，科研也是对岗位能力的一种考量。我是2019 年 7 月入职的深圳大学，很幸运地在当年 9 月就进行了学校青年科研启动基金的申报。由于年底即将进行青年国家自然科学基金的申请，因而在学校青年科研启动基金申报初期，我就打算认真对待这次学校的青年启动基金的申请与报告撰写。虽然时间非常匆忙，但是“时间就像海绵里的水，只要愿挤，总还是有的”。恰好赶上中秋放假，就抓紧时间利用假期以及之前备课的间隙完成了学校的青年教师启动基金的申报。虽然之前也写过类似申报的本子，但是这次申报和以往不同。首先，这是我第一次作为项目负责人，需要对项目的整体以及每个部分的细节全盘把握并且全权负责。这是一种激励，更是一种挑战。其次，这是我第一次撰写飞机调度这个课题。虽然之前做的和这次的课题有所关联，但是也存在一定程度上的不同。因此，从前期的海量资料的查阅，到对查阅到的资料进行归纳总结和梳理，最终形成一个相对系统的框架，进而对每一部分进行展开。点点滴滴，字字句句，以前期工作为基础，对待考虑问题进行深度剖析，凝练了我对该问题的主观感受。这次基金申请报告的撰写，让我深刻地体会到，面对海量的知识，之前所学的内容是多么渺小。沧海桑田，世事变迁，科学探索，永无止境。待解决的问题太多了，而我们能做的，就是利用自己以前的积累，一步步将我们之前所学的知识转化为促使我们不断前行的工具。

除了基金申报，作为一名高校教师，另外一项科研任务便是高水平论文的撰写。从毕业的那天起，博士阶段已经翻篇，未来将从零开始。无论博士期间学术水平达到什么高度，毕业之后，从头再来。工作之后才是人生舞台的正式揭幕，未来发展如何将极大程度依赖于自身的能力和努力。虽然工作之后各种各样的任务排满了人生的整个空间，但是唯一不变的，就是始终保有奋斗的热情。科研的时间不可避免地被压缩，但是其他方面的收获从另一个角度激发了写作的灵感。人生需要开放，知识需要交流，灵感需要交互，而这一切的来源，都需要我们具有强大的学习能力以及自我督促、自我奋进的动力。将师生间身份转化的压力化为科研上的动力，努力发表高质量高水平论文，向着更高的科研水平攀登，是作为一个青年教师应有的使命感与责任感。

四、多彩生活，奋斗永恒

作为一名教师来到深圳大学，展现在我们眼前的，不仅仅是责任与压力，更是青春的活力，多彩的生活。身体是革命的本钱，为了有更加充沛的精力投入科研以及工作中，需要保证身体在关键时刻可以顶得住，从平时做起，逐步强健体魄。作为一名管理学院的教师，我在进入管理学院的短短三个月之内，深刻体会到了努力工作、认真学习、快乐运动三位一体营造出的积极向上的生活节奏。学院有众多教师的俱乐部，我参加了羽毛球以及瑜伽的项目。在学生阶段，我就比较爱运动，在有时间及身体条件允许的情况下，愿意尝试各项运动。来到管理学院之后，在学院其他老师的鼓励下，我在工作科研之余参与了学院组织的羽毛球以及瑜伽的练习。由于博士就读前几年每周都会进行一次羽毛球的练习，虽然近一年时间没有再次触碰，但是也算可以稍稍找回一下之前的球感。打完球出一身汗，找到了久违的畅快淋漓的感觉。

和羽毛球不同，之前我并没有进行过瑜伽的学习。听说学院有瑜伽俱乐部，还有教瑜伽的老师，就果断地进行了第一次瑜伽尝试。第一次瑜伽的感受非常好，地点在楼上的草坪。铺上瑜伽垫，跟着老师和着音乐，让身体摆出特定的姿势，将肌肉与筋脉进行拉伸。平躺在瑜伽垫上，地下是绿油油的草坪，头顶是湛蓝的天空，身体的每个细胞都舒展开来，微风徐徐，身心得到最大程度的放松。第一节课结束便爱上了这项运动。然而，估计是身体紧绷太久的缘故，不到一小时的课程，第二天肌肉和筋脉都酸酸胀胀的痛感。但是从另一个角度而言，也是锻炼起到了应有的作用。希望我今后在工作之余可以将这两项运动坚持下去，维持比较好的身体机能，为今后更高强度的工作学习生活打下坚实的基础。

在运动之余，与学生建立良好的师生关系，也可以更好地贴近他们的生活，引领他们依据自身性格及优势走上适合自己的道路，走向各自理想的生活。我有幸参加了 19 届信管专业新生的见面会。面对一张张稚嫩的面孔，我想到了我刚踏入大学的那段青葱岁月。那年，围绕我的满满都是进入大学的快乐和对未来的憧憬。当年的我并没有想到，多年之后会作为一名深圳大学管理学院的教师，面向新生讲述我的心得与历程。时光荏苒，我已不再年少。经历的种种，使我可以笑对坎坷人生。与新生分享，希望他们能好好利用四年时光。多多尝试，一时的挫败也是人生中的收获。笑对挫折，在磨砺中学会取舍，在选择后坚持到底，总会迎来人生的曙光。年年岁岁，一届届的新生慢慢成为校友；未来可期，一届届的校友慢慢撑起祖国的明天和希望。

五、立足深大，放眼全球

深圳是一个飞速发展的城市。从改革开放至今，短短的几十年，深圳实现了跨越式的飞速发展。和深圳的经济类似，深圳的教育也在突飞猛进地向前发展。在深圳教育大踏步发展的今天，我有幸加入了这个飞速成长的大学。而立足于粤港澳大湾区飞速发展的时代，作为青年教师，我们要与改革同行，为深圳大学的腾飞添砖加瓦。粤港澳大湾区需要国际化，深圳大学更需要国际化。为建设国际化大学，我们青年教师需要有国际化的视野。深圳大学的一个优势便是与香港高水平大学的联合发展。香港的人才需要来深圳进行实习创业，深圳的人才也需要去香港进行学术研讨。当今世界，合作共赢。立足湾区，放眼全球。以地理位置的优势，实现学术上的“引进来，走出去”。与来深圳举办讲座的教授针对感兴趣的领域进行深入的交流，同时也积极参加国际会议，向国际上的同行宣传我们的成果。用自己的努力，在自己的研究领域上实现知识的流动，与世界融为一体，努力做出顶级成果，实现立足深大，放眼全球。

“主体—环境—制度”三元互动视角下的研究生培养质量提升策略

——基于公共管理硕士点发展的三年观察*

耿　旭　韦芷莹

（深圳大学管理学院公共管理系）

【摘要】通过主体、制度、环境三个要素综合考量研究生教育质量影响因素，全面思考研究生教育质量与发挥主体性、优化环境、搭建制度框架之间的关系。以公共管理硕士点为例，探寻当前硕士点发展中的改进空间，包括加强研究生质量文化建设，培育研究生、导师及其他责任主体的责任意识，建立多主体参与机制；营造良好的学术氛围和学术环境；加快学术道德的制度化与规范化建设，鼓励学生以多种方式参加学术活动、开展学术研究；同时建立奖罚分明的科研激励机制，搭建学生从事科学研究的平台；等等。

【关键词】主体；竞争合作；制度规范；学科共存；提升策略

在社会主义先行示范区和粤港澳大湾区发展的新机遇下，深圳发展一度成为全国乃至全球的焦点。在傲人的“深圳速度”下，教育短板也被推上社会的热点话题。深圳大学作为深圳本土发展起来的大学，在迈向国际一流高水平大学行列中，离不开研究生教育的发展。近年来，我国研究生数量持续攀升，考研人数和招生人数均呈现持续增长的态势，然而，研究生教育在增量的同时质量问题堪忧（洪柳，2019）。实证研究指出，56.9%的硕士生导师与47.8%的博士生导师认为研究生教育质量形势严峻（康永刚等，2010）。在研究生教育飞速发展的时代背景之下，如何保障和提升研究生教育质量，是一个亟待思考的问题。

从总体情况来看，研究生培养呈现出“单一化、中心化、不均衡”等问题，以致在质量保障中出现了错位的“中心—边缘”结构。突出表现为：研究生学习的积极性与主动性不高，学习过程以被动参与为主；研究生学习陷入“浮躁”与“功利”的世俗化环境中，学习和研究精神的缺失成为不可否认的事实；而作为行为约束的制度往

---

* 本文是广东省高等教育学会“十三五”规划高校青年教师高等教育学研究课题（编号：19GYB008）、深圳大学2019年度研究生教育改革项目（000027120305）的阶段性成果。

往缺失。实际上，要培养一流的学生，除有一流的师资外，还应有一流的育人氛围，良好的氛围对研究生的成长具有巨大的促进和激励作用。可以看出，主体（一流的师资）、环境氛围和制度约束在研究生培养中至关重要。对此，基于对深圳大学公共管理硕士点三年发展的观察，本文试图从“主体—环境—制度”三方面出发，构建三元互动的质量保障模型，实现发挥“主体核心作用—环境基础作用—制度巩固作用”的目的。

一、研究生培养质量影响因素：构建“主体—环境—制度”三元互动模型

影响研究生培养质量的核心因素是什么？这是提升研究生培养质量首先需要回答的问题。根据现有的研究和实践的观察，本文认为研究生培养质量主要依赖主体、环境和制度三大因素。

（一）主体因素

主体是研究生培养质量中最为核心的要素，主要分为三大类。第一，承担学习作用的角色，即研究生。研究生对研究本身的认同感、对学习和研究工作的投入等影响其研究生阶段的学习质量。大量研究表明，学生在研究生阶段能否具有良好的科学经历和科研训练与研究生教育质量之间有密切关系，应从研究氛围、技能发展、研究设施等方面保障研究生教育质量（陆根书、刘秀英，2019）。第二，承担教导作用的角色，即导师。导师与研究生的师生关系具有特殊的属性，导师可以在硬软件支持、营造氛围、学术规范教导、技能传授与思想点拨、模范榜样、任务布置和监督控制等方面影响学生主体的思想和行为（包水梅、杨冰冰，2019；左崇良，2019）。第三，承担保障和监管作用的角色，即内部的培养单位和外部的政府、社会组织。从外部来看，政府拥有教育政策制定权、检查验收权、激励分配权，掌控着资源分配、激励设计、绩效评价等各项权力（李立国、黄海军，2014）；社会组织是研究生教育治理体系的重要组成部分，在研究生教育治理中扮演着重要角色（乔刚、王战军，2017）。从内部看，学院、研究生院以及学校掌握着研究生培养资源分配的权力，需要在不同学院、学科之间保持平衡。

（二）环境因素

良好的研究环境和学术氛围是激发研究生学习积极性的重要因素。首先，要有良好的学术环境，其中既有硬件环境资源因素，也有软件环境资源因素。正如耿有权所指出的，研究生教育高质量发展存在的矛盾之一即优质资源支撑性不足，包括教学设施、办学资金、仪器设备，特别是高质量课程资源供给不足，也包括研究生导师资源和人才发展需要的学术自由精神资源的供给不足（耿有权，2019）。其次，要有专业化环境，学术研究中围绕特定研究方向形成教研团队，会不断强化研究深度，形成特定的学术共同体，有利于使得学生的研究更加聚焦。最后，要有良性的竞争合作环境。

师生之间的良性竞争能够激发研究动力，同时合作能够强化研究产出，更好地促进研究交叉，以及不同导师之间的联合培养。

（三）制度因素

Jancey 等通过多案例研究的方式分析了制度因素对研究生教育体验之间的关系（Jancey，Burns，2013），发现制度能够通过长期形成和积累的规范、规则等固定下来以引导师生的行为。当前，对研究生培养质量形成影响的制度包括：第一，奖助制度。洪柳通过定量研究提出研究生收费政策对研究生学业投入、发展、质量提升等有着正向影响效应，建议完善研究生教育收费体系，并搭建配套的研究生奖助体系（洪柳，2019）。赵军着重分析了研究生资助制度存在的问题，并提出了相应的改革建议（赵军，2015）。第二，培养质量控制制度。Alam 等着重分析了监督机制对研究生教育质量的影响，发现监督机制能够对培养过程进行控制，及时发现培养中的问题，增强学生自律性（Alam，et al.，2013）。

据此，本文构建了基于“主体—环境—制度”的三元互动模型，如下图所示：

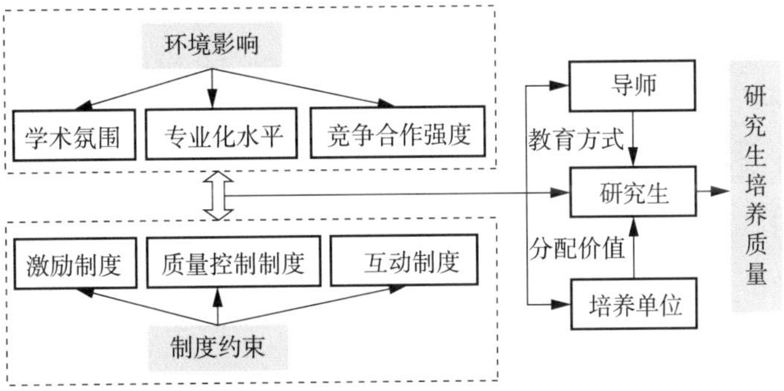

图 “主体—环境—制度”三元互动的研究生培养质量模型图

二、三元互动模型的检验：公共管理硕士点的发展

深圳大学公共管理系历史发展悠久，1987 年学校设立公共行政学系，并聘请著名行政学家夏书章、丘晓为顾问，是国内最早设立该学科的高校之一。同年主编了国内第一套《行政管理学专业系列教材》（共 14 本），1988 年出版了国内一套行政学译丛——“行政学及公务员制度译丛”，开行政管理学科建设之先河。1998 年，行政管理学硕士点获批，现为广东省特色重点学科。在长达三十多年的发展中，公共管理系逐渐形成自身的特色：行政改革研究起步较早，提出行政三分、大区制、三院制等改革思想；对中国香港地区、新加坡研究影响重大；残障政策研究特色鲜明；服务特区的智库功能突出，致力于特区本土研究，为各级政府提供咨政服务，广获好评。在长期成果积累和教师共同努力下，2017 年公共管理成为一级硕士点，基于这一平台，公共管理硕士点从主体、环境和制度建设上采取全方位措施，力求取得更

大的发展。

（一）主体维度的发展措施

在主体维度上，硕士点分别从教师主体和学生主体出发，激发主体的研究热情、积极性，以导师感染学生、学生感染学生逐渐形成一个学术共同体。具体措施包括以下几个方面：

（1）引进高水平青年教师，通过竞争激发研究活力。顺应深圳大学“预聘长聘”制度改革的潮流，公共管理硕士点根据不同研究方向的需要，确定未来三年的人才招聘规划。通过引进优秀的青年教师，充实不同研究方向的队伍，注入新的研究活力，带动学术氛围。同时，青年教师由于学术惯性和学术产出需求，更倾向于与硕士生进行合作研究，增进对硕士生的学术训练。近三年，硕士点青年教师团队获得了 1 项国家社科基金项目、3 项国家自然科学基金项目、1 项省社科规划项目、1 项省教育厅共建项目、2 项深圳市社科规划项目、1 项深圳市教育科学“十三五”规划项目、1 项市政策研究室重大项目。

（2）提倡“产出式”教学，培养学生研究兴趣。硕士点确保每位青年教师承担一门研究生课程，尤其是公共管理研究方法课程，创新性地由所有青年教师以小组团队形式，每年轮流开课。及时将公共管理作为前沿的理论和方法教授学生，让学生能够更好地掌握公共管理学科的内涵和研究方法。同时鼓励产出式教学，鼓励教师学生合作，在课程研讨中产出论文成果，形成专题论文集。产出式教学将学术性与前沿性、理论性与实践性融合起来，使得青年教师以及研究生都能得到训练和成长，提高自身的学术水平。

（3）定期召开学科建设会，增加教师主体的互动性。从 2017 年开始，硕士点每个学期期末召开学位点发展与建设研讨会，主要目的在于：第一，让每位教师了解学位点发展动态。从招生录取情况、财务使用情况、硕士论文答辩情况、人员发展情况等方面总结学期工作。第二，促进学科建设与发展。围绕特定核心议题鼓励每位老师建言献策，至今已经分别围绕“培养方案设置”“学科发展规划”“制度建设”等议题展开讨论，并初步达成共识。第三，为中青年教师提供一个沟通交流平台，促进教师之间相互了解。通过这种方式，让青年教师更加了解学位点发展历史和发展紧迫感，增强使命感。

（二）环境维度的发展措施

在环境维度上，致力于为师生提供良好的专业化环境、合作环境以及理论—实践活动环境，具体措施包括以下几个方面：

（1）改革培养方式，塑造专业化环境。参照国内一流大学一流学科发展模式，重新修订培养方案。首先，根据硕士点师资力量，将研究方向确定为行政管理方向、公共政策方向、非营利组织与城市治理方向，通过方向的划分将师资整合起来，形成一定的学术焦点，打造学术研究专业品牌。其次，基于三个方向确定硕士生专业方向，让学生从入学后就明确研究方向，利于快速进行相关研究领域。最后，基于三个方向开设不同课程，每个方向学生必须修满本方向课程，同时预留 4 个学分鼓励跨方向选课。通过这种方式为学生提供专业性的学术训练和知识积累平台，不断激发学生的学习主动性和学术创造性。

（2）鼓励跨导师指导，打造通力合作环境。采取学术开放理念，以研究问题为导向，鼓励导师与导师之间、导师与学生之间以项目为纽带，加强联系和合作，学生可以跨导师进行学术交流。近两年来，学位点跨导师合作在中文核心期刊上发表了 5 篇文章。

（3）开展系内学术活动，营造良好学术环境。一是持续开展“公共管理与社会治理创新论坛”，邀请国内外专家学者做高水平学术讲座，鼓励学生提问研讨；二是充分利用系内资源，为促进系内青年学者成长，增进师生交流、增强系内师生合作以及达到教研相长目的，每月举办一次系内师生研究成果小型研讨会，由主题发言人报告最新研究成果。

（4）扩展发展平台，提供理论—实践互动环境。鉴于公共管理是实践性非常强的一门学科，需要及时跟踪实践动态，并在实践观察中理解和检验理论。学位点积极为师生扩展实践平台，2019 年 4 月，学位点与南山区粤海街道办申请了广东省联合培养研究生示范基地，遵循“按需设立、互利合作、责权明确、规范有序”的基本原则，指导学位点学生开展实践教学活动，辅助学生完成实践调研和案例研究，为学生提供一个实践交流的平台。

（三）制度建设的发展措施

学位点近年来着力完善相关制度，促进研究生培养管理工作的规范化和标准化，提升研究生发展质量，2017 年，有 1 位硕士生被厦门大学录取攻读博士；2018 年分别有两位学生被吉林大学和厦门大学录取攻读博士；2019 年，硕士点分别有三位毕业生被中山大学、西安交通大学以及中国政法大学录取攻读博士。具体措施包括以下几个方面：

（1）完善学生研究激励制度。依托深圳大学以及管理学院，本学科有健全的学科建设与学生激励机制，制定了《深圳大学管理学院研究生培养工作条例》《深圳大学管理学院行政事务手册》《深圳大学管理学院研究生自主创新研究基金管理办法》《深圳大学管理学院学术型研究生资料费报销标准及流程》《深圳大学管理学院研究生国家奖学金评定工作细则》等规范性文件，设立专项经费，研究生年生均培养经费达 5200 元，为学生生活、学习、社会活动以及科研提供最大限度的保障。同时学院鼓励研究生继续攻读博士，对获得国内外博士入学资格的学生给予评优倾斜及奖励。

（2）落实研究生中期考核制度。考核筛选是加强研究生学习管理，提高研究生培养质量和保证学位质量的重要措施，其目的是结合学校培养高质量人才的要求，激励研究生德智体全面发展。学位点制定《深圳大学公共管理硕士点学术型硕士研究生中期考核筛选规定》，落实科研实践能力考核指标中的“教学或社会实践达 40 个学时”，包括：①参加学校、学院、硕士点、MPA 举办的讲座和其他学术活动（比如内部交流会、硕士点学术研讨会）满 16 次，1 次计为 1 个学时。②根据书单，每个学期完成两篇读书报告，满 8 篇，1 篇计为 2 个学时。③导师根据学生学习期间参与研究课题、研究论文撰写或者研究讨论情况，对学生科研能力进行综合评价，共计 8 学时。

（3）建立硕士论文质量控制制度。硕士学位论文工作是培养硕士研究生的重要环节，是衡量培养质量的重要标志，也是审核研究生毕业和获得学位的重要依据。为此，学位点建立《深圳大学公共管理硕士点学术型硕士研究生学位论文全过程管理制度》，以季度为单位，从开题到正式答辩分为“开题报告—初期汇报—第一次预答辩—第二次预答辩—正式答辩”五个环节，实现对论文质量的控制。

（4）建立研究生学术交流制度。多元化的学术交流是研究生学术训练中的核心要件，直接关系到研究生培养质量，影响研究生未来发展，为鼓励学生主动参与各种类型的学术交流活动和国内外学术会议，扩展学术视野，学位点制定了《深圳大学公共管理硕士点学术型硕士研究生学术交流制度》。

（5）建立师生互选规范制度。为保证选择导师工作的规范高效，按照“师生双向选择、尊重研究生导师与研究生自主意愿、有利于提升研究生指导质量、有利于学科建设和学科方向的均衡发展和有利于年轻硕士导师的成长和发展”的原则，建立了《深圳大学公共管理硕士点学术型硕士研究生选择导师实施办法》，以解决师生比严重失衡下的学科发展问题。

三、总结与反思：公共管理硕士点研究生培养质量提升策略

综上所述，通过“主体—环境—制度”三个维度的建设，硕士点在研究生学术氛围塑造、研究生读博升学率、研究生学术成果产出和参加国内外会议频率等各方面都取得了一定的进步，但是当前学位点发展仍然受到很多外部因素的制约，也需要学位点尝试“走出去”，不断提升学术影响力。可以提升的空间包括：

第一，从主体发展角度看，学位点建设发展仍然需要大力整合现有师资资源。根据现有的师资力量整合学科发展资源，形成不同研究方向的“最优人员组合”。同时，需要畅通学位点师生之间常态化的沟通交流渠道，及时快速更新师生的最新学术研究成果和学术动态，避免突击搜集相关材料，降低工作效率。在学生主体上，仍然需要激发学生学术积极性，鼓励学生参加国内外高水平学术会议，积极融入学术共同体，着力打造一个以学生为主角的学术交流平台。

第二，从外部学术影响力看，学位点建设发展需要增强对外沟通交流力度。一

方面需要加强与国内其他兄弟院校的合作交流力度，增加考察力度，学习学科建设的优秀做法和经验。另一方面需要国内外高校专家的支持，通过邀请专家为学科发展进行把脉和诊断，指出本学科发展中存在的不足和问题，为本学科发展建设建言献策。

第三，从制度完善上看，学位点建设发展仍然需要完善相关管理制度。需要本学位点建立完善的管理制度，包括科研成果管理制度（通过建立系内部科研管理系统，及时统计搜集师生最新成果）、常态化例会制度（通过定期开展学位点会议，研讨学科发展中的相关问题，及时掌握学科发展动态信息）、专家库管理制度（建立学科发展专家库，定期邀请专家为本学科发展建言献策）等。

第四，从外部支持上看，学科建设发展需要院校层面的大力支持。在学院层面上，首先，学院要加深对公共管理学科的认识，重视公共管理学科在管理学中的重要定位和发展意义。其次，要客观认识到公共管理学科和其他学科之间的不同，在成果产出效率、产出形式上的差异化，在相关标准的制定上适度注重“求同存异”；应更加注重不同系以及不同学科之间的平衡发展，在资源分配、师生评奖评优等方面进行更加合理化的配置，给予学科师生更多的发展机遇和平台。在学校层面，力争行政管理重点学科进入全国排名前20%，带动公共管理一级学科的发展与提升，增设政府治理新兴学科领域，高起点建团队。对于公共管理一级学科，应在研究生招生数量上给予一定比例的增加，以支撑三个研究方向的发展；同时应给予一定的学科发展经费支持，为高水平高质量发展提供坚实的保障。

参考文献

[1] Alam F., Alam Q., Rasul M. G. A Pilot Study on Postgraduate Supervision [J]. Procedia Engineering, 2013 (56): 875-881.

[2] Jancey J., Burns S. Institutional Factors and the Postgraduate Student Experience [J]. Quality Assurance in Education, 2013, 21 (3): 311-322.

[3] 包水梅，杨冰冰. 基于内容分析法的研究生导师指导风格概念模型构建 [J]. 学位与研究生教育，2019 (2): 12-18.

[4] 耿有权. 论研究生教育高质量发展诸矛盾 [J]. 研究生教育研究，2019 (1): 14-18+63.

[5] 洪柳. 研究生收费政策与奖助体系对研究生学业影响研究 [J]. 教育学报，2019，15 (1): 89-98.

[6] 康永刚，许玉镇，杨洲. 导师在研究生思想政治教育中的作用及其制度建构 [J]. 思想教育研究，2010 (12): 103-106.

[7] 李立国，黄海军. 政府主导下的我国研究生教育发展特征 [J]. 复旦教育论坛，2014，12 (1): 67-73.

[8] 陆根书，刘秀英. 优化研究生科研经历提高研究生教育质量——基于陕西省高校 2017

年度毕业研究生的调查分析 [J]. 研究生教育研究，2019 (1)：19-26.

[9] 乔刚，王战军．社会组织在研究生教育治理中的角色缺失与回归 [J]. 研究生教育研究，2017 (2)：1-8.

[10] 左崇良．研究生导师责权机制的法理弹性 [J]. 复旦教育论坛，2019，17 (1)：38-44.

[11] 赵军．全面实行收费制背景下研究生资助制度：挑战、问题与对策 [J]. 学位与研究生教育，2015 (3)：63-68.

研究生期间的学术启蒙：一些感想和体会

吴进进

（深圳大学管理学院公共管理系）

【摘要】 本文通过博士就读期间的一次出国访学经历，为即将进入学术之路的研究生提供了一些建议：第一，多读高质量的英文论文。学术可以从模仿开始，学习和模仿是学术的起点。特别是国外顶级期刊的实证论文，无论理论框架、研究方法还是研究思路，都非常成熟、规范和精细，模仿可以帮助初学者找到方向。然后，逐步走出模仿，做自己感兴趣而重要的研究。第二，尽量多参加学术会议，把学术会议作为一个难得的学习交流机会。好的学术会议能使初学者了解最新的研究动态和其他优秀学者的研究思路和方法。第三，如果有机会，出国访学是一个很好的学术助力之旅。选择好的导师，参与到导师的项目中去，和你的导师深入合作和交流，对学术之路有非常大的帮助。

【关键词】 学术启蒙；学术会议；出国访学；感想和体会

对于部分研究生而言，走学术之路，似乎是计划之中，也是意料之外的事。尽管我在 2009 年决定读研的时候似乎决定了以后要走学术之路，去高校当老师做研究，但是随后三年读研时却没有最终决定是否要读博士。因为研究生期间自己完全没有摸到学术的门路和方向，对学术问题的思考方式和写出的课业小论文完全还停留在教科书套路上，对学术仍模糊不清，甚至迷茫糊涂，乃至一度想放弃。还好，命运在 2012 年左右拐了个弯，故事起源于一件很小的事，但是细想起来，这件小事引起了以后一连串的人生境遇，决定了我现在的生活轨迹。这件小事就是 2011 年暑假在家里读的一篇发表在 *Public Administration Review* 上的一篇论文，至今记得这篇论文名是"*Implementing Change in an Urban School District：A Case Study of the Reorganization of the Little Rock School District*"，这篇论文使用美国政策学者马特兰（Richard Matland）提出的"模糊—冲突"框架来分析一项教育政策执行失败的原因。那是我少有地、完整地、用心地一字一句读的一篇英文论文。读完之后感觉收获很大，第一次觉得学术研究可以用一个理论模型，套用一个案例，然后用数据来展开分析。然后，就觉得可以用这个研究套路做一些东西，特别是迫在眉睫的硕士论文也可以使用这一方法。于是，在毕业论文里，我就用这个政策执行框架分析当时试点城市垃圾分类政策执行失败问题。

当时还在厦门发放了200份左右的调查问卷，然后，做了一些很简单的统计分析，写了一篇现在看来有些幼稚粗浅的小论文，但结构上似乎有点像规范的实证研究论文，这也是我生平第一次写这样的学术论文。

一次偶然的机会，学院举办了一个两岸民意调查研讨会。我不自量力地把刚完成的垃圾分类论文投稿参会，可能是由于本院研究生的东道主便利，这篇论文被录用，而且我在大会上做了发言报告。会上我遇到了后来的博士生导师张老师，以及对我影响很大、帮助也很大，合作至今的于老师。张老师看到我的论文，觉得还有点模样，值得培养。于老师是老厦大人，彼时正在新加坡南洋理工大学任教。我早闻于老师之名，因此会议期间厚着脸皮去请教，于老师是河北人，待人极好，热情慷慨，颇有燕赵侠士之风。他直率而又不失勉励地对我说，这篇论文有点样子，但是用一个理论框架套用一个现实问题的研究套路是很老套的做法，以后尽量不要这么写。于老师的话是我得到的第一个学术上的建议，对我影响至今。

因为这次小型会议的机缘，我又去请教了几次张老师，张老师后来给我打电话，问我论文完成情况，并询问我是否愿意读博士，而我最后也十分幸运地进入了张老师门下，开启了学术之路。张老师是个对学术充满热情，对学生学术发展关心备至的老师，他不辞劳苦，几乎手把手地帮助我这个学术门外汉做研究，指导我做定量研究论文。针对我定量和统计研究方法的不足，他出资让我去参加上海财经大学政治学与公共管理定量研究培训班，让我第一次学习了Stata软件，学习统计分析方法。作为新手入门，张老师教导我可以用方便获取的调查数据做入门研究，比如，中国综合社会调查（CGSS）数据、亚洲民主价值观调查（Aisa Barometer）数据等。当时我对腐败问题比较感兴趣，正好在Aisa Barometer的中国大陆数据里有公民对腐败认知的变量，我拿这套数据，在张老师的指导下，写了一篇关于腐败认知与公众政府支出偏好的论文。

已经忘记什么缘由，我看到了新加坡南洋理工大学“连氏中国城市公共服务”国际会议征文，会议有中文Panel，在张老师的鼓励下，我用腐败与公众政府支出偏好的论文投稿，并且幸运地收到了会议邀请函。我申请了学校的研究生出国参会经费，人生第一次出国。在会上，时隔两年再次见到了于老师，于老师说以后也许可以合作，我当时仅当作鼓励之言，没想到回国后的那年春节，于老师发邮件给我，邀请一起合作写一篇新加坡反腐成功经验的论文，这也是我们合作的第一篇论文，至今仍觉受宠若惊。

博士二年级的时候流行博士生联合培养和出国访学，我那时也近乎偏执地要找机会出国访学，当时给做腐败研究和公众政府信任研究的国外学者写邮件碰运气，但全部石沉大海。一次我给于老师写信询问，于老师热情地推荐了当时在南洋理工大学做系主任的何教授。第一次给何老师写信想要去他那里做访问学者，并把自己写的一篇关于腐败与政治信任的Proposal发给何老师，不过几天后何老师就回复同意我去访问。于是，我在2014年六七月间向学校研究生院申请了短期出国访学项目，有幸得到研究生院的资助，尽管只有三个月的资助经费，但是我在南洋理工大学访学了近一年时间。

我在2014年8月10日到达南洋理工大学，于12日见到何教授，并开始了访学工作。在8月到11月的三个月时间里，我主要围绕着最初的研究项目“腐败与政府信任”与何教授进行沟通。何老师对这个研究项目的指导主要表现在理论和文献上。何教授是著名的中国问题学者和国际协商民主大家，他在腐败问题、政治信任理论上给了我很大的指导和建议。何教授虽然久负盛名，但是对学生极为平易近人，关怀备至。在我将这个研究项目写成论文后，何教授对论文进行了很细心的修改。考虑到我只有三个月的资助经费，何老师又主动为我申请了南洋理工大学研究助理的职位，每月提供2000新币的资助，这给了我很大的经济支持。

在12月最初的项目接近完成的时候，何老师邀请我参加他的最新研究项目——中国协商民主的政治功能，何老师擅长质性研究，但他想把这个项目做成一个定量研究，运用统计分析的方法探究中国城市政府协商民主制度与实践的政治经济学。因为我在博士期间主要的研究方法就是定量研究，因此何老师不仅请我参加这个项目，而且分配给我较大比重的研究任务。这是一项难度很大的研究项目，可以说是学界首次尝试运用量化方法分析中国城市政府协商民主制度与实践的决定因素。研究的最大难度在于指标和数据的获取上，以当前中国城市政府组织的最典型的协商民主形式——行政听证为研究对象，获得行政听证会的数据也面临着很大的技术问题，主要原因是城市政府并不系统地对外公布听证会数量。对于数据获取的难题，我们花了很大的力气去寻找办法解决。我们一方面通过各种途径，如联系政府部门、搜索网络资料等寻找听证数据，另一方面使用替代性指标与变量。我和何老师几乎每周都会见面讨论这个课题，每次讨论中何老师都会对研究提出指导意见。前期，何老师在文献上提出了很多的建议，为我提供了大量中国协商民主研究的文献，在阅读了这些文献后，我们开始进行研究设计，设计变量和寻找数据，这时何教授则对我提出的数据与变量进行甄选和辨别，特别是针对因变量——协商民主实践的替代性指标提出了很多意见，我们找到了北大中国法律规章数据库，从中获取了各城市制定的行政听证会法规数量数据，并将这套数据和连氏城市调查数据结合起来进行研究，取得了一些有趣的研究成果。在初稿写作上，何老师也提出了很多很好的意见，他指出了初稿中结构不当的部分，建议把主题一致的内容放在同一部分，要求进一步详细地解释数据、变量和方法，建议我删除文中武断不恰当的表述，只说有根据的话。在何教授的指导下，尽管还只是初稿，但论文质量已经有了很大的提高。

除了从事上述两个项目的研究外，我在访学期间还在南洋理工大学广泛地进行学习和交流。首先是参加讲座和论坛。南洋理工大学人文与社会科学学院为师生们提供了大量高质量的讲座活动，我从访学活动的一开始就积极地选择听讲座。参加这些讲座让我收获了很多，一是英文听力的训练，所有讲座都是英文的，这对我的英文听力水平既是一个很大的考验，也是一种很好的训练。二是学术技能的学习。很多讲座与论坛都是学者们对自己最新研究的陈述，展示了他们研究上的细节。这些研究的主题、研究设计、研究发现，特别是研究方法上有很多独到之处，给了我很大的启发。三是与学者们之间的交流。在参与讲座和论坛过程中，我用不怎么流利的英文与演讲者进行沟通，发言与提问过程不仅使我加深了对讲座内容以及研究的理解，而且也增加了自信，相信自己也可以做出同样优秀的研究。

访学期间，我旁听了一些课程。由于时间有限，我无法选择更多的课程全程参与，我只选了何老师开设的质性研究方法这门课程，在厦大学习期间我主要学习定量研究方法，对质性研究比较欠缺，也一直没有系统地学习和训练，田野调查的研究经历也不多，因此我特意选择了何教授开设的这门课，而我也几乎完整地跟进了这门课程。这门课程的独特之处在于其与毕业论文的设计和写作紧密联系在一起，老师要求学生们思考如何将每次上课的内容运用到自己的毕业论文写作中，这样就保证了这门课程的实用性。在课堂中每个参与者都面临着思考、发言和讨论的任务，游离于课程之外，或是仅做笔记是不可行的。

在南洋理工大学期间，我第三次面对面拜访于老师。于老师对公共管理定量研究颇为精通，发表了很多高质量的英文论文。定量研究也是我的主要研究方法和兴趣，因此我和于老师交流也较多。我几次参加他的学术讲座，也屡次去他办公室聊天，谈论学术研究和论文写作。何教授的协商民主研究项目也请于老师提出了很多的批评意见，他对这个项目的研究进展贡献良多。除了于老师，南洋理工大学公共管理研究生院的研究员马老师对我的帮助也很大。马老师是公共管理学界非常优秀的青年学者，这几年在公共管理国际一流期刊中发表了不少论文，在同龄年轻学者中是佼佼者。我离开南洋理工那年马老师已经入职中国人民大学，现在已经是中国人民大学公共管理学院的教授。马老师尤其善于定量研究，在量化研究方法上对我指导颇多，我在交互效应的模型图问题上请教过马老师，他也十分热心地教我如何操作。马老师经常在媒体上写短评介绍最近国际一流期刊上发表的关于中国政治学与公共管理的论文，受马老师的影响，我也经常阅读这方面的论文，有一次看到一篇发表在 *Comparative Political Studies* 上的中国协商民主功能的研究论文，这篇论文对我和何老师当时的协商民主研究项目有很大的启发。

与其他访问学者的交流也让我得到很多帮助，这种帮助既有学术上的，也有生活上的。华东农业大学的狄老师在质性研究上很有成就，在农村问题上研究很深，在与他讨论农村土地问题时我得到了很多有益观点和信息，他渊博的知识和庞大的阅读量也让我自愧不如，引为榜样。此外，同样来自厦门大学访学的邓老师在我来新加坡不久后就学成回国了，他向我提供了很多的指导和帮助，包括办理签证、租住房子，带领我认识新朋友。

这次出国访学的经历对我帮助很大，几乎可以算是我学术上的启蒙运动。访学期间认识的老师都是我的学术师长、学术前辈和指导者，我也一直把他们视作榜样和学习对象。然而回想起来，这次访学经历，似乎只是我阅读的那篇英文文章，参加的那次小型学术会议的结果。如果说要从我的个人学术启蒙经历中得到什么感悟，并为想要进入学术之路的研究生提供一些建议的话，我想可能有以下几点：

第一，多读英文，学术不妨从模仿开始。追根究底，我的学术启蒙之路就是从学习和模仿那一篇 PAR 上的论文开始的，学习和模仿是学术的起点。特别是国外顶级期刊的实证论文，无论理论框架、研究方法还是研究思路，都非常成熟、规范和精细，模仿它们可以帮助初学者找到方向。然后，逐步走出模仿，做自己感兴趣而重要的研究。

第二，尽量多参加学术会议，把学术会议作为一个难得的学习交流机会。作为初学者，似乎没有资格挑选学术会议质量的好坏，总之多参加总是好的。好的学术会议能使初学者了解最新的研究动态，其他优秀学者的研究思路和方法，同时也是一个极好的向学术前辈和优秀学者学习交流的机会。很多人生境遇也许由此展开，遇到一个合适的人，开展一段学术友谊，实是人生幸事。

第三，如果有机会，出国访学是一个很好的学术助力之旅。选择好的导师，参与到导师的项目中去，和你的导师深入合作和交流，这样的访学必然会收获满满。无论是哪个国家，哪个高校，只要带着任务去访学，忘记这个国家的美景和热闹的街市，在办公室认真地坐下来，忙下去，访学也必然会物超所值。

总之，人生之初难预料，只能把握每次境遇，走一步看一步，直到找到方向。

关于行政行为范畴内硕士研究生培养管理流程的思考

——基于对深圳大学的调研和深圳大学管理学院的管理实践

陈戴涵

（深圳大学管理学院研究生秘书）

【摘要】随着高等教育改革的深化和民主法治进程的推进，高等教育的社会关系发生了一系列的变化。所谓高校的行政行为，指的是高校招生录取、纪律处分、奖助学金发放、学位颁发等这一类主体与相对人围绕行政法展开的地位不平等的行为。近年来，高等教育领域的行政法问题频现，对行政法的理论与实践提出了挑战。本文在行政法学界主流理论的指引下，以深圳大学或深圳大学管理学院为研究对象，在行政行为范畴内对高校大学生培养管理流程中的法律问题进行了思考、反思与研究。

【关键词】行政行为；招生录取；纪律处分；奖助学金发放；学位颁发

一、引言

（一）调研起因和目的

20 世纪 90 年代中后期，学生诉高校的案件在社会上引起了普遍而强烈的关注，把一道道高等教育领域的行政法问题摆在了人们的面前。二十年过去了，由高校对学生的管理过程引发的改革与拓展一直在持续，不断形成了行政法学领域的新亮点。对于高校行政法范畴的研究和讨论，也已经从最初的主体地位的争论深化为更为系统全面的高校内部治理的法律问题研究。深圳大学创立于 1983 年，作为一个年轻的高校，它在高水平大学建设中校园管理方面展现了特区的先进与活力，但也存在经验的缺失。

笔者自 2016 年起成为深圳大学管理学院研究生秘书，经过了三年的不断摸索和熟悉，从第一年的棘手之感变为第二年的尚能应付，又经过第三年的深化认知，如今进入了第四个年头，常能从工作中获得感悟和价值认同，尤其是面临学生录取或是毕业时，也常会有快乐之感。近四年来，笔者见证了院校的研究生管理业务从硕士到博士，再到留学博士、留学硕士、联合培养博士的不断扩张，也见证了管理流程从线下为主到线上建设的不断完善，还常常因为这种扩张和完善获得许多正面或负面的反馈，由此引发了对大学生培养和管理流程进行梳理的欲望。2019 年，笔者的 MBA 学业毕业，结合自己本科法学双学位的背景和硕士课程“行政法学”，以及自己的岗位，梳理了学校与学生之间的行政法律关系，对部分深圳大学学生培养管理流程中的行政行为范畴内的问题进行了调查研究与分析反思。

（二）调研对象、方法及来源

（1）调研对象：深圳大学相关规章制度、深圳大学学生（主要是管理学院学生，包含本科生、硕士生、博士生三个层面）。

（2）调研方法：数据统计法、文献分析法、田野采访。

（3）调研来源：学校公布的官方数据、统计年鉴、官方网站；学院管理内部资料。

（三）调查项目

我国高校的行政行为：包含学生从入校到毕业中的招生录取、纪律处分、奖助学金发放、学位颁发等流程，分析这四类行政行为中校院可能承担的法律风险，并结合自己的岗位进行反思。

二、高等学校行政行为调查研究及分析

公立高等学校和学生之间的关系的准确定位，是科学配置和规范高校管理权力，妥善解决目前频发的高校与学生纠纷的前提。北京大学湛中乐教授在《公立高等学校法律问题研究》一书中总结了学界关于二者法律关系性质的 6 种观点，并对民事法律关系兼行政法律关系说的解释力予以了肯定。在这种观点之下，学校与学生之间的关系不仅限于平等主体之间的关系，还包含行政法律关系，即受行政法律规范调控的因行政活动（权利活动和非权利活动）而形成、产生的各种权利义务关系。在行政法律关系的范畴下，高校是行政主体，学生是行政相对人，高校在实施招生录取、纪律处分、奖助学金发放、学位颁发等行政行为中，始终处于主导地位，但也会因为行使权力不当而沦为被告。研究生秘书是高校二级学院中直接负责研究生教育管理工作的主要人员，是学校与学院、导师与学生之间的纽带，在法制观念愈加强化的今天，管理学院研究生秘书对于学校和学生之间行政法律关系的正确理解和解读，会更好地维护和保护学生的权益，保障学校作为行政主体正确行使权力。为此，对高校招生录取、纪律处分、奖助学金发放、学位颁发等行政行为进行了调研：

（一）针对招生录取和研究生推免录取的调研

招生录取是高等学校与考生形成入学关系的第一步，也是学生受教育权得以实现的第一步。从法律性质上讲，高校招生权是法律法规授予高校的行政权力，招生过程是复杂的，具有明显的公权力性质，因此，招生录取必须符合行政法的基本原则，遵循行政程序的要求。

从实践上看，高校的招生自主权体现在对考生身体健康状况提出合法合理的要求、结合自身条件安排生源计划、调阅档案等方面，但在本科、硕士和博士的录取上有较大差别。就深圳大学管理学院本、硕、博三层次学生的招生流程来看，国内学生方面，

深圳大学在广东省招生委的监督下进行本科招生，学院层面不具备自主权；硕士招生中，学院在学校的文件规范和政策指引下拥有专业课的自主命题权和面试权；博士招生中，学院的自主权比硕士招生更大，学生通过学校平台报考，学院负责具体实施，目前管理学院博士招生实行“申请—考核”制，导师对学生简历进行初筛后，学生进入面试环节，面试通过即可被录取。留学生方面，目前国际交流学院和管理学院在研究生院的指导下，协同招生，其模式类似博士的“申请—考核”制，但本、硕学生的申请不需事先联系导师。此外，校级层面亦执行高校招生领域的一些普遍的特殊制度，如120%~130%的调档权、5%自主选拔录取、定向生、保送生制度，这些体现招生自主权的制度，可成为腐败的根源。招生作为事关学生命运的制度，应当得到有效的制约。而此次调研项目之一，是对研究生“推免”制度进行调研和讨论。

表1　近年来学校招生和管理学院招生对比

年级	学校招生			管理学院招生		
	招生数（人）	推免生数（人）	推免生占比（%）	招生数（人）	推免生数（人）	推免生占比（%）
2013级	1531	71	4.64	75	9	12
2014级	1775	70	3.94	74	9	12.16
2015级	1802	226	12.54	58	25	43.10
2016级	2009	385	19.16	68	40	58.82
2017级	2656	430	16.19	64	46	71.88
2018级	2804	503	17.94	65	46	70.77
2019级	未统计	67	48	71.64	—	—
2020级	未统计	未统计	40	—	—	—

1. 研究生“推免”制度操作实践

“推免”作为一种特殊的研究生招生录取制度，其基本含义是普通高等学校推荐优秀应届本科毕业生免试攻读硕士学位研究生。实践中，国家主要负责给具有推免权的高校下达指标，并没有具体统一的推荐标准，因此，学校在实际操作中空间很大。对于深圳大学这类非985、211的高校，每年7月的暑期班开始，便进入了与其他高校的优质生源抢夺战。学校通过推免预报名系统进行暑期班报名，从中筛选优质毕业生并组织暑期班，向暑期班中表现优秀的学生提供推免优先机会。9月，各个高校推免生确定后，学校在全国研究生推免平台开放前一周便从预报名系统中筛选意向生，往往在平台正式开放前便基本完成面试，而管理学院这类热门学院，往往在平台开放的第一天就能完成推免生的接收录取，并锁定推免生，例如，2019年国家系统于9月28日0：00开放，管理学院到7：00便完成了80%的录取任务，各大高校对于推免生的争夺之激烈可见一斑。

2. 研究生“推免”制度行政法律风险

从深圳大学的推免生招生结果上看，高校“推免”制度最大的行政法律风险在于可能存在的公平、公正缺失导致个别学生受教育权的损害，进而导致纠纷。其一，当前的推免生接收往往讲究“门当户对”，一定程度上造成了“小圈子”。其二，由于推免生的面试不如统考的严格，录取很大程度上是基于接收高校对“推免”制度和推出高校资质的信任，等额复试普遍存在。其三，推免生的录取过程中，学生相对主导，学校处于“被选择”的被动地位，往往一轮面试结束后，拟录取的学生最后并没有选择深大，候补的学生在得知候补后便放弃了机会，最终导致名额空缺，进而可能进行第二、第三轮的补录，而后续的候补因为时间紧、名额少，较难组织大规模的面试。基于上述三种原因，推免程序的公正、透明存在隐患。

3. 立足于岗位的推免生招生流程思考

管理学院推免生招生从 2013 年起至今已经经历了七个年头，从最初的 9 名学生，到近几年 70%以上的学生均为推免生，由于推免权高校不断增加，优质生源被稀释，工作量在不断地增加，招生压力也逐年增加。但是在学位点负责人和招生秘书老师的支持下，学院的推免生招收流程在不断地完善和细化。从实践上看，有两点是需要注意的：一是程序的规范化，应当注意在招生面试环节的材料留存和记录，确保有迹可循、有据可查，不可因为操之过急便省略或简化招生环节。二是沟通的及时性和流畅性，由于系统的操作仅限学院秘书，但招生流程由学位点招生秘书全程跟踪，因此需要保证学院秘书和专业老师的沟通流畅，确保招生进度信息及时同步。

（二）针对学生纪律处分的调研

四川师范大学李华副教授在《法治视野中的高校学生管理权研究》一书中指出，中国高等学校对学生行使的国家行政管理权重要表现之一为高校学生纪律处分权，本文对深圳大学管理学院在校生受到处分的情况进行了调研。

1. 学生纪律处分的操作实践

高等学校学生纪律处分是指，高等学校为维护学校公共秩序，依据法律、法规、规章和校规（纪），对实施破坏学校公共秩序行为的学生，按照合理的标准与恰当的程序给予适当的具有惩罚性的并应接受司法监督的行政处罚措施。根据教育部《普通高等学校学生管理规定》，高等学校对学生的纪律处分分为警告、严重警告、记过、留校察看和开除学籍（见表 2）。

表 2　深圳大学管理学院近五年在校生接受及解除处分情况

学生	年级	给予处分	处分事由	是否予以解除	解除事由
卢某某等 6 人	2018 级	严重警告	悬挂横幅中伤学校	—	—
康某某	2016 级	留校察看	考试夹带作弊	解除	期满，在学表现积极
杜某某	2015 级	留校察看	考试携带使用手机	解除	期满，在学表现积极
罗某某	2014 级	留校察看	考试使用手机作弊	解除	期满，在学表现积极
姚某某	2014 级	留校察看	考试夹带作弊	解除	期满，在学表现积极
郑某某	2014 级	留校察看	考试夹带作弊	解除	期满，在学表现积极
陈某某	2014 级	警告	学生社区违规	—	—
刘某某	2013 级	留校察看	考试夹带作弊	解除	期满，在学表现积极
黄某某	2013 级	留校察看	携带手机进入考场	解除	期满，在学表现积极
周某某	2013 级	留校察看	携带手机进入考场	解除	期满，在学表现积极
郑某某	2013 级	留校察看	考试夹带作弊	解除	期满，在学表现积极
赵某	2013 级	留校察看	考试夹带作弊	解除	期满，在学表现积极

警告、严重警告、记过、留校察看是申诫罚的表现。它对学生的名誉产生影响、对精神产生压力，同时影响了学生的各项奖勤助贷，有些学校甚至将其与学位、学业证书挂钩。而开除则更为严厉，直接剥夺学生的受教育权。因此，高校学生纪律处分权的本质是具有惩罚性的制裁措施。从处分的情况上看，对于在校生行为风险最大的莫过于考场违纪行为。对于考场违纪，所有的学校都有明确的处分办法。

在实践中，有些高校在给予学生留校察看及以下的处分后没有出现新的违纪行为则自动继续享有完成学业的资格，但有的学校则有明确的相关规定。如深圳大学〔2016〕77 号文《深圳大学本科生解除违纪处分的补充规定》中，规定本科生解除违纪处分的流程为“申请社区公共服务—完成社区公共服务—提交解除处分材料—思想政治教育办公室审核后报批—学校下达解除处分文件—学生签收归档”。此处的“社区公共服务”主要是指学生社区夜间作息秩序巡查和宿舍文明卫生检查。至此，学生的纪律处分从认定、实行到解除形成完整闭环，同时在管理过程中加入了学生的社会贡献因素，而不是简单地对学生的学习、生活态度进行评估。

2. 学生纪律处分的行政法律风险

事实上，目前我国高校的学生纪律处分的立法仍较为粗疏，各个学校自行操作的随意性较大，因此，学生惩戒方面是目前高校和学生纠纷频发的主要领域。其一，我国法律对于行政处罚的程序是有明确规定的，对于高校的纪律处分行为，显然不适用简易程序，因此从调查取证、告知、听取陈述申辩、做出处罚决定到最后做出行政处罚决定书，都有严格的要求，因此在操作中需要做到完全，一旦出现疏漏就会造成纠纷；其二，高校可以基于学籍对学生进行学籍民事事务管理，也可基于行政管理对违规、违纪的学生给予纪律处分，但是，目前大部分高校并未对学籍处理行为和违纪处分行为做合理的划分，借助纪律处分权介入学生民事事务管理，是高校与学生之间发生纠纷的重要诱因，也是个别高校滋生腐败的制度根源。

3. 立足于岗位的纪律处分的流程思考

目前，管理学院还未出现研究生受到纪律处分的情况。一方面，研究生考试较多采用课程论文的形式，较大程度避免了纪律处分的重要原因——考试夹带或作弊。另一方面，学院的研究生基数较小，导师负责制使得学生的动态能够及时得到关注，诉求及时得到解决。随着近几年对研究生培养的要求不断提高，学院也提高了对研究生学术论文发表的要求，从《深圳大学学生违纪处分办法》看，对于研究生来说最容易出现的还是学术道德规范问题。在这方面，笔者认为，规避学生违纪处分中的行政风险，最主要的还是要从根源防范学生违纪行为的发生，提升学生遵守纪律的自我约束和自我意识。

（三）针对国家奖、助学金的调研

1. 奖助学金的发放和操作实践

与学生处分相比，奖助学金的发放与学生个人权利的实现关系更为密切，也更为广泛。深圳大学每年在校生的奖助比均在50%以上，覆盖面相对广泛（见表3）。管理学院研究生奖助学金获得的比例则达到100%（见表4）。

表3 深圳大学奖助学金发放情况（2013—2015年）

名称	2015年		2014年		2013年	
	人数	金额（万元）	人数	金额（万元）	人数	金额（万元）
国家奖学金	47	37.6	50	40	50	40
国家励志奖学金	825	412.5	807	435	800	400
国家助学金	3657	1097.1	3578	1073.4	3546	1063.8
新疆少数民族学生专项困难补助款	238	19.578	200	20.81	154	19.58
合计	4767	1566.778	4635	1569.21	4550	1523.38
占在校生比例	56%		53%		55.95%	

表4 管理学院奖助学金发放情况

名称	2017年		2016年		2015年	
	人数	金额（万元）	人数	金额（万元）	人数	金额（万元）
国家奖学金	4	8.0	6	12.0	7	14.0
国家助学金	189	151.2	198	118.8	205	123.4
研究生社会奖学金	4	4.3	3	3.3	5	6.8
合计	197	163.5	210	134.1	217	144.2
占在校生比例	100%		100%		100%	

国家奖学金、国家助学金的认定与发放，是社会保障的范畴，原本是政府的职能，其目的是奖励和资助品学兼优但经济困难的学生，因此，这是典型的行政确认权和行政给付权，其权力的行使必须坚持行政合法性与行政合理性的基本行政法原则，做到公平公正公开。但是在日常实践中，往往会有许多限制。一方面，在去行政化的改革进程中，学校不该体现社会保障职能，也不具备调查学生经济状况的能力；另一方面，长期以来，对于国家奖学金和助学金的发放，并没有特别明确的规定，各个高校具体认定的实体标准和评定程序严重不统一，甚至在同一学校的不同学院之间标准也不尽一致。

2. 奖助学金发放的行政法律风险

可以说，奖助学金发放是与学生切身利益相关的行政行为，但是基于上述操作实践的分析不难看出，国家奖学金评定权和发放权存在着被滥用的风险。而且，由于法律、法规没有明确权力滥用的责任主体，还容易出现无主体承担责任或者主体间相互推诿责任的情况，使合法权益受损害的学生无法实现自己的申诉与主张。

3. 立足于岗位的奖助学金发放的流程思考

管理学院对于硕士研究生奖助学金的发放有着较为规范和严格的流程，对于申报、条件审核、评审，都由《深圳大学管理学院国家奖学金评定工作细则》（下称《工作细则》）规范，且在公示期间，有异议的学生可通过书面申诉渠道进行申诉，学院核查更正后再次公示。几年来，《工作细则》几易其稿，不断地完善和平衡因为学科差异可能导致的获奖学生在专业间分布不均的问题，尽管还有提升的空间，但立足于研究生秘书的岗位，笔者则更多地考虑了如何为学生更好地解读《工作细则》，要充分重视入学教育的重要性。入学教育是学生进入学校接受的第一课，研究生秘书有义务为新生解读甚至是宣读《工作细则》，帮助其更好地实现从本科生向硕士生的意识转变。

（四）针对学位授予的调研

1. 学位授予的操作实践

学位授予权是通过依法授权的高等院校、科学研究机构或其他高等教育机构对学位申请者的学术水平或专业技术水平做出评审，符合法定条件的则颁发相应学位的权力。学位授予权是一种行政授权，其支配的对象是证明学术水平和科研能力的学位（见表5）。

表5 深圳大学近年毕业生授予学位情况

年份	本科生			硕士研究生		
	毕业生数	学位授予数	学位授予率	毕业生数	学位授予数	学位授予率
2015	5798	5781	99.71%	1592	1582	99.37%
2014	5928	5920	99.87%	1510	1510	100%
2013	6255	6254	99.99%	1258	1258	100%

学校的学位授予权依据《中华人民共和国学位授予条例》基于有权机关的授权而取得。作为一种行政行为，学位授予是依申请行政行为。每年3月左右，学生提交学位申请书后学校对其申请资格进行审查，学生进入答辩环节，在学位论文答辩通过后，才可获得学位证书。

2. 学位授予的行政法律风险

案例 阮向辉诉深圳大学行政不作为纠纷案

2004年7月19日，深圳大学1994级本科生阮向辉在毕业六年后向深圳市南山区人民法院提起诉讼，认为他已较好地掌握本门学科的基础理论、专门知识和基本技能，并具有从事科学研究工作或担负专门技术工作的初步能力，应当获得学士学位。但是，被告对授予原告学士学位一直采取不作为的态度，既不授予学位，也不说明不授予学位的理由，完全漠视原告的合法权益，给原告工作和生活带来极大的损害。2004年3月12日，原告书面请求被告授予学士学位，被告于2004年3月18日作出书面答复，以原告在校期间"军事理论、大学英语（1）、大学英语（4）"等三门课程是经重修通过为由，不授予原告学士学位。深圳大学答辩称，1991年，广东省高等教育局下发粤高教科〔1991〕42号文件规定："在校期间，按教学计划要求有3门（含3门）的必修课（包括限选课）经过重修后才合格者"不得授予学士学位。此外，根据国家教委学位办及国务院学位办之教位办〔1992〕1号文件之规范"学士学位一般不予补授，学士学位证书一般也不予补发"。法院审理认为，学校颁发学位证书的行为属于法律授权的组织行使的行政行为：①深圳大学制定的《深圳大学授予学士学位工作条例》不违反有关法律法规，应予以遵守；②根据国家教委学位办及国务院学位办之教位办〔1992〕1号文件，被告不向原告发放学位证书的行为符合有关法律法规规定，并且作出不授予学位证书决定的程序合法，原告以被告行政不作为为由所提诉讼请求没有法律依据。③在原告毕业时，被告没有即时书面告知原告不授予学位的决定，由于相关法律法规对于学校不授予学生学位的告知程序没有明确规定，因此不能认定被告在告知不授予学位的程序上违法。原告起诉被告不作为的理由不能成立。驳回原告的诉讼请求。

本案例发生于十年前，事实上，在同一时间段，另一位深圳大学毕业生傅某也以相近事由对深圳大学提起诉讼。以现在的程序来审视当年的学位授予行为，是存在一定的瑕疵的，这也是由过去立法水平的局限造成的。深圳大学在当年的条例框架内尽到了相关的义务，但也以相关案例为激励，不断修正相关的程序规定，尤其是在学生管理事务的告知义务上，进行了严格的限制。

对于高校来说，不能在学生通过所有科目考试并修满学分的情况下主动授予其学位，而必须等待学生提出申请。故而，学生未被授予学位时，高等院校是否需要承担法律责任，要区分情况对待。如果学生未被授予学位，是由于自身原因未能按时提交申请造成的，高等院校不需要承担不利的法律后果。而如果学生未被授予学位，是因为高等院校的不作为或其他原因导致的，学生就可以依据行政诉讼法或行政复议法的相关规定获得救济。

3. 立足于岗位的学位授予的流程思考

一是要做好档案管理工作。研究生的学位证书具有不可复制性，档案留存和保管工作极为重要且要承担较大风险。因此，研究生秘书需要对学位授予过程中的学位证书做好相应的保管和签令工作。二是要重视不能如期完成学业的学生的告知义务。对于被退学或者结业、肄业等不能顺利完成学业的学生，需要尽一切可能联系并告知，确保流程规范，避免程序违法。

三、对规范高校行政行为的思考

高校作为授权行政主体，在自主权越来越广泛的改革趋势中，其行政行为应当得到规范和限制。根据对高校行政行为的研究和分析，笔者认为应当更全面地推进高校管理的法治化，一方面，能使高校在法律的框架下更好地行使自主权，另一方面，对学生基本权利的维护也是大有益处的。

（一）健全法规制度体系，构建尊重学生权益的规章制度

要使高校管理行为有法可依，必须建立健全相应的法规制度体系。这个体系内部须和谐统一，即高校制定的规章制度必须和国家制定的相应的法律、法规、规章保持一致，不得与国家法律、法规和规章冲突或相抵触。同时，在构建规章制度时，首先在观念上须以尊重学生权益为出发点。

（二）将正当程序原则贯穿于高等教育立法中

正当程序原则是指行政主体在做出影响相对人权益的行政行为时必须遵循正当法律程序，包括事先告知相对人、向相对人说明行为的根据和理由，听取相对人的陈述、申辩，事后为相对人提供相应的救济途径，以保证所做出的行为公开、公正、公平。

（三）建立和完善救济途径，使学生权利的行使真正落到实处

没有救济，法律上的权利就会成为一纸空文。具体而言，即建立和完善对高校行政行为的行政复议和行政诉讼制度，将教育行政复议制度和教育行政行为明确规定在

行政诉讼法中，使高校在做出对相对人影响重大的决定时，既受行政法律基本原则和行政程序的规范，也受上级主管教育行政部门的监督和司法机关的司法审查约束，从而实现高校自主管理权的行使与学生基本权利的保护的平衡。

四、对提升研究生秘书管理研究生培养工作能力的思考

与本科生的大班培养、管理流程分工的模式有所不同，研究生的培养是一对一的导师负责制，而管理工作是从招生到毕业的全过程管理，研究生秘书是学校行政管理行为的直接执行者，因此，随着研究生教育二级管理的推行，提高研究生秘书的整体业务水平，对加强研究生教育管理工作、预防学校在管理中的行政法律风险有着重要的意义。为此，笔者认为研究生秘书可以从三个方面提升研究生培养管理业务水平：

一是提高专业素质及业务能力。要熟悉各项工作的管理流程、规章条例，明确管理要点，能根据学科的不同情况，预判研究生管理的风险，并把其中的精神准确、及时地传达给相关的教师和学生。要锻炼自己的行政事务能力，包括文字写作能力、办公软件操作能力，尤其是在当前研究生秘书和科研管理秘书二岗合一的情况下，更要通过提升行政工作技能和增强档案管理更新意识来提升工作效率。要善于归纳总结，建立与自身特性一致的岗位工作章程规范，善于区分轻重缓急，提升对突发事件的处理和统筹安排能力。

二是增强组织协调和沟通能力。要沟通协调好与校级各职能部门、各兄弟院系的关系，准确及时地做好上情下达和下情上报，吸取兄弟部门的宝贵工作经验，不断改进自身工作。要成为学院分管领导和教师的参谋和助手，全面掌握研究生培养管理实务进度，及时与领导沟通，认真贯彻领导决策，辅助推进各项实务，同时还要积极听取导师们的意见和建议，做好信息反馈。要和研究生保持良好沟通，目前学院研究生包含学术硕士（包含国内与留学生）、专业硕士、学术博士（包含国内与留学生），部分专业由于历史遗留问题隶属于管理学院。管理学院虽然并不参与实际管理，但却承担了一部分培养管理工作任务，涉及的学生结构复杂，年龄跨度大，研究生秘书作为跟研究生接触较多的教育工作人员，应掌握合理的沟通方式，保持与研究生的沟通顺畅，及时了解研究生所思所想，帮助他们顺利完成学业。

三是强化服务意识、创新意识、学习意识。在工作时要保持耐心、爱心和热心，尽力解决师生提出的问题，与导师、学生及时进行良性沟通。要善于复盘事件处理，对日常程序性事务多观察、多思考，多利用现代化科技辅助工具，在原有的工作方式方法中寻求创新、加以改进。要对职业发展做好规划，制定合理的发展目标和路径，加强各方面知识的学习，以求在职业发展中有所进步。

五、结语

高等学校作为国家高级人才培养的基地，其独特的教育属性往往使人们无法将它

与“行政权力”的强力色彩相联系。但从前面所述高等学校管理行为中，单方意志性、强制性及其对学生或教师的拘束力和权利、义务的巨大影响看，其行政权力的性质都是非常明显的。在高校行政行为中之所以如此重视程序，强调程序正义，是为了促使高校在行使权力时谨慎地做出行政行为。而研究生秘书作为高校实施行政管理的重要一环，必须牢记自身的岗位职责和使命，充分发挥自身的主观能动性，沟通协调好各方面关系，学会多维度看待问题，才能提升工作水平，在研究生秘书的岗位上实现突破。

本调研的框架和思路借鉴了一些学界对高校行政行为的考察，并以此作为调研的依据。但是由于时间仓促，对数据的分析也存在不足之处，希望能在未来的研究中加以完善改进。

参考文献

[1] 湛中乐. 公立高等学校法律问题研究 [M]. 北京：法律出版社，2009.

[2] 李华. 法治视野中的高校学生管理权研究 [M]. 北京：人民出版社，2015.

[3] 杨立成，李华. 高等学校学生处分正当性纲论 [J]. 现代教育管理，2012 (7)：96-100.

[4] 李颖. 高校二级学院研究生秘书工作浅析 [J]. 科教导刊，2019 (13)：22-23.

[5] 深圳大学 2013 年年报 [Z].

[6] 深圳大学 2014 年年报 [Z].

[7] 深圳大学 2015 年年报 [Z].

[8] 深圳大学硕士研究生招生质量报告 (2015) [Z].

[9] 深圳大学硕士研究生招生质量报告 (2016) [Z].

[10] 深圳大学硕士研究生招生质量报告 (2017) [Z].

深圳大学学生择业观调查及对用人单位的建议

陈泽康[1] **丁夏齐**[2]

（1. 深圳大学管理学院人力资源管理专业学生；2. 深圳大学管理学院人力资源管理系教师）

【摘要】 本论文从用人单位人才管理的角度出发，通过用人单位访谈，结合对大学生择业观的问卷调查，提出注重“新”的招聘途径、适当“放大”招聘信息内容等5点建议，希望在解决“岗位找不到合适员工，大学生找不到合适工作”的问题上有所帮助。

【关键词】 大学生；择业观；招聘

我国每年大学生毕业人数不断增加，2019年预计近900万。就业模式也从早期“计划招生、统一分配”转变为现在的“双向选择、自主择业”。择业过程中，既要考虑个人需要、兴趣和能力，也要充分结合当前社会的需求。大学生择业观反映出大学生的就业期望，受自身价值观、教育情况、家庭和社会环境等多方面因素影响，并影响着大学生职业选择及未来的职业发展。了解当代大学生的择业观，引导其树立恰当的择业观，对促进大学生就业有积极意义。

国外对于择业观的研究起步较早，经典的如霍兰德的职业类型理论及其职业兴趣量表、帕森斯的特质因素论等。跨地区跨文化背景的研究表明，西方大学生择业时，更关注自身的兴趣和特长，推崇自我价值的实现；包括中国在内的东方社会，大学生择业受家庭和社会因素的影响较大；纵向研究发现，不同时代大学生的择业观有着较为明显的变化。

国内相关研究的话题主要集中在：①明确大学生择业观的概念内涵，如与职业价值观的异同；②探索择业观的前因后果，如择业观影响因素，择业观对职业选择、职业发展的影响等；③调查大学生择业现状；④提出促进大学生就业的对策。

这些研究多针对择业者本身及从社会、高校和家庭方面提出结论和建议，甚少从用人单位人才管理的角度思考问题。但用人单位如果缺乏对大学生择业观的了解，不能在管理上做出相应调整，恐难吸引和留住适合的人才。因而，本文欲通过用人单位访谈，结合对大学生择业观的问卷调查，提出一些用人单位招聘策略方面的建议，希望在解决“岗位找不到合适员工，大学生找不到合适工作”的问题上有所帮助。

为此，本文采访了三家用人单位的人力资源管理负责人，分别是A研究院，B IT

创业企业和 C 新媒体公司。访谈内容涉及用人需求、招聘策略、职业生涯规划管理等。三家单位都以“90 后”大学生为主要人员构成，但由于行业和单位类型不同，在人员需求、招聘方式和招聘策略上存在一定差异。A 研究院和 B IT 创业企业对工作经验的要求比较高，都是需要具有多年从业经验的人才。其中，A 研究院因为属于政府机关，薪酬福利较为完善，且未来发展空间大，所以在招聘策略上并不像一般用人单位那样主动发布信息去寻找人才，更多的是求职者主动联系投递简历。所有新进员工都需经历实习期，通过考核后才能成为正式员工。是以 A 研究院无须针对大学生择业现状制定招聘策略。C 新媒体公司只需要有相关的实习经验即可，以校园招聘为主，虽清楚校招与社招的区别、大学生求职者与有经验人士的不同，但也没有梳理和确立针对性的招聘策略。在员工职业生涯规划管理方面，A 研究院遵照执行政府机关人员级别评定和晋升制度，B IT 创业企业和 C 新媒体公司则因成立时间短，这方面的管理较为薄弱。但所有单位都没有从职业生涯规划的概念出发去系统地思考员工成长的问题。

在此基础上，本文又借鉴改编邱程（2013）在《“90 后”大学生择业观现状、影响因素及教育对策研究》一文中编制的问卷，通过网络发布方式对深圳大学学生进行了调查。问卷涉及的内容包括：①择业认知，反映被试的择业态度、择业观念以及择业规划，具体如毕业后的选择、对目前就业前景的态度、择业与就业关系、职业规划等问题；②择业影响因素，分为内部和外部因素，前者如实践经验、语言表达能力、学习成绩等，后者如国家政策、择业方向、工作地域等；③择业预期，包括对未来工作单位的性质、工作地点和薪资等的预期；④择业途径，指大学生获取就业信息的渠道和方式。最后收回 258 份问卷，其中有效问卷 217 份，有效率为 84.1%。数据分析结果表明，大多数大学生已经意识到甚至已经面临着就业困难的现实问题，近半数的学生对自己的职业发展做了规划，超过 1/3 的人选择先就业后择业。有职业规划的学生对目前就业前景的态度相对更为乐观。专业方向是影响大学生择业时的主要外部影响因素，其次是父母意见和工作地域。实践经验是大学生择业时主要的内部影响因素，其次是语言表达能力和所获证书。工作氛围、薪酬福利、职业发展是大学生择业的主要依据。中外合作企业和国家机关单位是大学生心目中最理想的工作单位，工作地点优先考虑沿海经济发达城市，愿意在乡镇基层工作的人最少。超过半数的大学生预期毕业薪酬在 5000 元以上。互联网、校招和亲友推荐是大学生获取就业信息的主要渠道。

通过用人单位访谈内容和大学生调查数据的对照，本文就提高用人单位招聘效率效果提出了以下几点建议：

（1）注重“新”的招聘途径。用人单位在招聘的过程中，应当注意到大学生主要职业信息获取途径的变化。除了使用传统的校园招聘会和校园宣讲会的方式外，还可以拓宽信息发布渠道至互联网，如前程无忧等招聘网站、微信公众号、短视频等社交和新兴流媒体平台上。比如腾讯公司会把一些用人单位内部不同部门的工作内容拍成短视频，让择业者可以快速、直观、全面地了解用人单位和工作内容，提高择业者的兴趣，增加宣传效果。

此外，可以借助校友的力量，邀请已经毕业的优秀校友回校进行宣讲，通过校友的现身说法，拉近学生与用人单位之间的距离，使大学生能在短时间内对用人单位有更多的了解，并树立对用人单位的信心。

（2）适当“放大”招聘信息内容。传统的招聘广告，不外乎对用人单位与工作的简单文字性介绍和对任职资格的要求。如果能增加一些大学生关心的信息，如工作氛围、员工福利、假期和未来职业发展规划等，同时在设计上，适当加入一些具有号召性的标语，配以新颖鲜活的版面设计或视频，可以极大增加对大学生的吸引力。在面试的过程中，也要尽可能把职位的工作内容描述清楚，同时要突出竞争优势和未来的发展。

（3）丰富与高校的合作内容。一些用人单位只在招聘季进入校园，短短的宣讲会不足以让大学生了解用人单位、了解工作进而产生求职应聘的兴趣。如果能在学生学习期间提供实习的机会、与学校合作举办主题活动、邀请学生参观访问（如同校园开放日）等，可以提高用人单位在大学生中的知名度、美誉度，促进用人单位、学生间的相互了解，更早建立起更为稳定的用人单位—学生间关系，这无疑有助于提升双向选择的成功率和效果。

（4）加大人才储备，扩大录用比例，为员工做好职业发展规划。先就业后择业的做法有助于解决大学生毕业时的就业问题，但也使得离职率大大提高。相当多的毕业大学生会在就业第一年离职，而且很多时候不考虑个人的离职成本，更不考虑对用人单位的影响。这是很多用人单位对大学毕业生形成负面刻板印象的一个原因。所以用人单位在进行招聘时，应加大人才储备，扩大录用比例，以应对随时可能出现的离职现象。虽然这样做会增加一些成本，但是考虑到短期离职率，这种人才储备策略还是有必要的。此外，用人单位应主动做好对员工的职业发展规划，提供更好的职业发展路径和空间，从根本上解决毕业大学生离职率高的问题。

（5）丰富“90后”大学生实习期的内容。很多用人单位在大学生还处于实习期未转正前，不会让其接触比较核心的业务，只做一些简单重复的事务性工作，离职率自然就高。建议用人单位可以增加一些课程和培训，一方面可以让实习大学生更加了解工作的内容，另一方面用人单位可以将考核的结果作为实习生未来是否可以转正的一个参考依据。

总之，用人单位应该改变传统招人用人留人的思维和方式，主动了解大学生择业的特点，在管理上有所转变，解决大学生在求职、工作中遇到的问题，激发大学生对工作的信心和热情，使他们既能得到生活保障，又能看到未来的前景，从而维持一种良好的工作心态，并从心底认同用人单位。

参考文献

[1] 麦可思研究院. 王伯庆，马妍. 2018 年中国大学生就业报告（就业蓝皮书）[M]. 北京：社会科学文献出版社，2018.

[2] Robert Hogan，Rex Blake. John Holland's Vocational Typology and Personality Theory [J]. Journal of Vocational Behavior，1999，55（1）.

[3] Lawrence K. Jones. Frank Parsons'，Contribution to Career Counseling [J]. Journal of Career Development，1994，20（4）：287-294.

[4] Wai Wong，Mantak Yuen. Work Values of University Students in Chinese Mainland，Taiwan and Hong Kong [J]. International Journal for the Advancement of Counseling，2012（4）：127-129.

[5] Zahide Karakitapoglu，Aygun Manhmut Arslan，Salih Guneyze. Work Values of Turkish and American Students [J]. Journal of Businsess Ethics，2008（80）：205-223.

[6] 包艳华，姜迪. 硕士研究生家庭文化资本对择业观的影响研究——以北京航空航天大学为例 [J]. 高等教育研究学报，2018，41（2）.

[7] 马晓芳. "90" 后大学生择业观现状及教育对策 [J]. 辽宁工程技术大学学报（社会科学版），2014，16（5）：555-557.

[8] 林立涛，倪邦辉，侯士兵. 高校毕业生就业心态分析及对策——基于 2017 年上海高校毕业生就业形势的调研 [J]. 思想理论教育，2017（8）.

[9] 张正凯. 基于职业锚理论的本科生择业问题及对策研究 [D]. 广西师范大学，2017.

[10] 邱程. "90 后" 大学生择业观现状、影响因素及教育对策研究 [D]. 浙江工业大学，2013.

深圳大学应届毕业生期望工资影响因素实证研究

郑喜真　李　彤

（深圳大学管理学院工商管理系）

【摘要】我国教育制度一直在不断改革和发展，随之而来的是我国应届毕业生的就业压力在持续增大，而我国应届毕业生就业难的一个原因在于期望工资过高。为了进一步了解现如今应届毕业生期望工资的情况以及具体的形成原因，本文以深圳大学的应届毕业生为调查对象，通过发放网上问卷调查他们的期望工资。本文基于调查得来的数据，通过研究分析得到了相应的预测模型。结果显示，深圳大学应届毕业生的期望工资普遍较高；学历水平、性别、大学月均生活费、学科类别是影响应届毕业生期望工资的主要因素，而意向就业地区、意向就业单位、家庭年收入及父母期望工资的影响比较小。男生期望工资相对要高于女生；家庭收入越高，学生的期望工资就越低。由于期望工资是受个人的专业知识能力及专业技能、意向就业方向等多方面因素影响的，从而本文研究所得到的 Logistic 预测模型能为深圳大学应届毕业生确定合理的薪酬期望，对促进良性就业有一定的意义。

【关键词】应届毕业生；期望工资；影响因素

一、引言

（一）研究的背景

我国应届毕业生的就业形势在近几年一直处于下行趋势。持续滑坡的就业率，伴随而来的不是毕业生降低自身就业期望的结果，而是他们的起薪工资在不断增长，与社会平均工资增长率几乎不成比例。大学毕业生的就业难问题给社会带来了许多负面影响：一方面，我国能够接受高等教育的人口比例要比发达国家低得多，如果大量毕业生一直处于失业或待就业状态，就意味着严重的人才浪费；另一方面，大学生本人、家庭以及社会各方面都对大学生的教育进行了大量投资，如果这些投资没有及时得到相应的回报，也将会严重影响高等教育投资的回收循环周期。

首先，从我国就业率来看。根据《2004 年中国教育经济学学术年会》的数据，我国从 1996 年开始对就业率进行统计，在当年，我国高校毕业生就业率数据是 93.7%；而接下来六年的就业率数据分别是 97.1%、76.8%、79.3%、82.0%、90.0%、80.0%，由此可以看出，自从大学生自主就业政策实施后，短短六年间，毕业生的就业率就降了接近 13%，其中最大的一次降幅发生在 1998 年，达到了 20%，当年高校毕业生就业难缘于亚洲金融危机爆发的影响。

其次，从我国就业人数来看。2001 年，我国高校毕业生的人数仅为 114 万，但在经过近 20 年之后，该数据已呈指数增长到了 2019 年的 834 万（见图 1）。根据 2013 年《中国大学生就业报告》，近年来，每年有 10%~15%的学生无法就业。[1] 按此比例计算，目前将有接近 200 万毕业生仍处于找不到工作的状态，每年社会能提供的工作岗位数量有限，毕业生的数量越多，学生及其家庭、各所国内高校、政府的压力就越大。目前我国毕业生就业市场供过于求，就业形势非常严峻，未来高校毕业生的就业难度将越来越大。

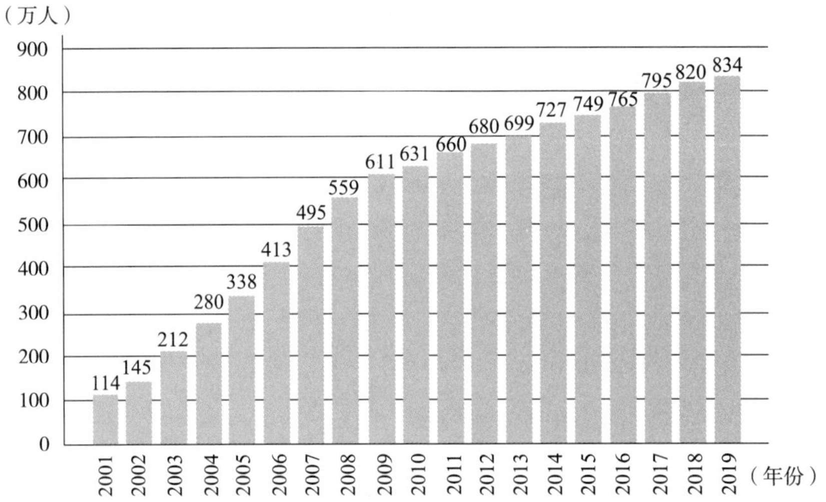

图 1　我国 2001—2019 年应届毕业生人数

（二）问题的提出

近年来，国内外大量学者研究了毕业生就业难的课题，并且取得了一定的结论。在这些结论当中，英国学者 Blaug 认为大学生预期工资过高是毕业生就业难的一个重要原因，Betts 对在校生收入预期的研究和欧盟十国对高校生预期收入的联合调查研究都验证了一个结论：毕业生往往会过高估计自己的未来收入，这也导致了他们很难在短时间之内就业。

国内学者也针对保留工资对高校毕业生就业的影响进行了大量研究，明确指出了保留工资是高校毕业生就业的关键影响因素。李锋亮等学者采用单对数多元回归模型进行分析，认为合理地保留工资可以显著提高毕业生的就业成功率，并指出保留工资可以较好地衡量毕业生的就业期望。[2]

保留工资，即高校毕业生结合自身素质、知识文化水平以及通过各种渠道收集到的劳动市场工资率分布情况信息，对未来可接受工作设定的最低工资标准。[3] 换句话说，如果求职者找工作时，用人单位提供的工资≤最低工资标准，求职者将不会放弃继续寻找工作的行为；而一旦有用人单位提供的工资≥最低工资标准时，求职者将会接受这份工作，停止继续寻找工作。因此，学者们认为，如果求职者足够理性，他们的保留工资在一定程度上能够很好地反映出他们在就业市场中的实际竞争力。[4]

在现实中，我国高校毕业生的保留工资水平普遍偏高。比如 2015 年人人网毕业季发布的最新就业调查统计结果就显示，有超过 40%的高校毕业生的保留工资达到了 8000~10000 元，而选择 1000~2000 元的人数仅为 3.9%。根据大数据对 2014 年全国各省（直辖市、自治区）月平均工资的调查统计结果，一线城市如北京和上海的平均月薪也才分别达到5826 元和5380 元。因此，高校毕业生对月薪期待过高，导致有50.9%的大学生未成功收到用人单位的就业通知。过高的保留工资会严重影响到高校毕业生的顺利就业。

过低的保留工资虽然能够在很大程度上保证高校毕业生的就业成功率，但无法体现一个人在就业市场中的竞争力，无法满足长久的需求；反过来，过高的保留工资又会严重影响到高校毕业生的顺利就业。[3]

本文主要研究深圳大学应届毕业生期望工资①的影响因素，这些因素可能是应届毕业生本身自有的特性，也可能是由劳动力市场决定的。本文从个人基本情况、家庭基本情况、个人能力情况、意向就业情况四个角度分析了影响深圳大学应届毕业生期望工资的因素，得出究竟哪些因素影响到期望工资及其重要性排序，并得到有效的预测模型，为引导深圳大学应届毕业生设置合理的期望工资提供相应的建议，从而更好地促进深圳大学应届毕业生的顺利就业。

（三）研究意义

1. 理论意义

大学生就业难是知识失业理论一个必不可少的组成部分。与其他发达国家相比，我国应届毕业生就业难的问题具有特殊性。截至目前，在研究知识性失业的领域，很大一部分国内外学者还是集中在研究应届毕业生就业难这一个点上。从 18 世纪 80 年代开始，西方国家的学者就开始研究知识失业理论，而知识失业理论在我国出现的时间只有短短几年，因此我国学者对这一领域的研究还处于发展阶段。本文将通过实证分析方法研究深圳大学应届毕业生的期望工资水平，结合众多影响因素，对深圳大学应届毕业生期望工资是否高于劳动力市场工资的情况进行分析，从而引导深圳大学高校毕业生设定合理的期望工资水平，希望研究得到的成果能为以深圳大学为代表的群体的就业难问题提供一些理论支持。

---

① Prasad（2000）的研究发现，人们报告的期望工资与其实际的保留工资的差距为 0。进而可以说明，利用期望工资来替代保留工资是可行的。

2. 现实意义

近年来，我国高校不断扩招，带来的是高校毕业生数量的大幅上升和就业率的持续下降，由此带来了很多负面影响。第一，我国高校毕业生就业难给社会造成了一种假象，就是即使接受了高等教育也未必能找到好工作，在社会上产生了新的“读书无用论”。第二，高校毕业生初次就业的工资往往会低于自身及家庭的期望，使得个人、家庭和社会各方面投入的教育投资无法得到相应的回报，这狠狠挫败了高等教育投资者的信心。第三，与其他发达国家相比，我国受过高等教育的人口比例较低，高校毕业生的失业意味着严重的人才浪费，因此我国必须尽快解决高校毕业生就业难的问题。[5]

本文的研究成果将可以帮助正确评估影响深圳大学应届生期望工资的因素以及他们设定自身期望工资水平的标准，减少过低的企业实际支付薪酬与过高的高校毕业生期望工资之间的矛盾，有利于用人单位针对在深圳大学进行招聘时制定出合适的工资标准，这在一定程度上可以缓解当今存在的高校毕业生就业难压力，能够促进高校毕业生尽快实现顺利就业。[6]

二、文献综述

（一）国外研究现状

国外学者从多角度分析了毕业生就业难的问题，他们认为毕业生就业难的原因是学历高低、性别、地域差别以及劳动力市场等因素在起作用。而 Jean Jaeques 的研究也表明：发展速度过快的高等教育、僵化死板的高等教育体系、设置不合理的课程结构、大学生对自身初次就业工资的过高期望，[7]导致了劳动力市场上毕业生供大于求[8]和大学生毕业后无法很好地适应市场的需求。很大一部分企业为了节省成本，会逐渐减少对大学生的雇佣，反而愿意选择雇佣较为有经验的社会工作群体。[9]

国际上还有关于在校大学生收入预期的实地研究。法国、意大利、比利时、荷兰、奥地利、瑞士、德国、卢森堡等组成的十个欧盟国家从 1999 年开始，在接下去的十二年间对所属国的高校学生的就业预期开展了联合调查研究；贝茨在 1995 年研究了加利福尼亚大学近 1300 名学生的收入预期；Dominitz 和 Maneki 在 1996 年研究了威斯康星州近 100 名高中生和大学生的收入预期。这些学者的研究虽然不尽相同，各自有重点研究的方向，但他们得到的结论都较为一致：高校毕业生往往会高估自己的预期收入；性别、学校、专业、成绩、家庭背景等因素都会影响他们对自身预期收入的判断。

（二）国内研究现状

国内学者针对保留工资对高校毕业生就业的影响进行了大量研究，明确指出了保留工资是高校毕业生就业的关键影响因素。李锋亮等学者采用单对数多元回归模型分析，认为合理地保留工资可以显著提高毕业生的就业概率，并指出保留工资可以较好地衡量毕业生就业期望。[10]

关于我国高校毕业生就业问题越来越严重的现象，孔德娟、汤文菊等学者认为其中一个重要原因就是高校毕业生的就业预期不切实际，往往会偏高，其中工资预期偏高又占了最主要的部分。[11]吴克明、赖德胜等学者则基于二元劳动力市场理论基础，结合职业搜寻理论和保留工资理论，从三个角度进行分析，认为如今高校毕业生的失业是一种自愿性失业，自愿性失业的原因在于高校毕业生的期望工资高于市场实际的均衡工资，这其实是一种理性选择。他们同时还认为，大学生就业期望偏高是有据可循的。因为家庭及社会已经付出了昂贵的学费成本，刚出校园的高校毕业生设置偏高的预期工资，一是有可能是为了回报为自己付出的人，二是出于对未来生活的不确定性考虑，提前做好准备，避免紧急需要花钱的时候到来时，自己只能束手无措。自愿性失业可以说是高校毕业生企图实现预期收益最大化而做出的一种理性选择。[12]

基于保留工资的重要影响和运行机理，国内研究者进一步探讨了影响保留工资的因素。张建武、崔惠斌等学者将可能影响大学生期望工资的因素如性别、户籍、生活费纳入假设模型进行分析，实证研究发现对期望工资产生显著影响的因素有性别、户籍和月生活费等，其中女性大学生的期望工资比男性大学生低，高考生源地为城镇的期望工资比高考生源地为农村的高，如果月生活费用越高，则毕业生的期望工资就越低。[4]黄俊对甘肃省内 16 所高校大学毕业生求职和就业进行抽样问卷调查分析，发现大学毕业生的期望工资与拥有的社会资本、大学期间总花费息息相关，一一对应，呈现正相关性。[13]另一学者赵恩红在 2013 年，针对河北省大学生进行分析，通过 Person 相关系数检验并建立回归模型，也得出一些结论：学历和专业对期望工资影响显著，而社会经验和毕业去向则对保留工资影响不大。[14]

综观国内外文献研究，可知影响高校毕业生顺利就业的一个关键影响因素是保留工资，并且影响保留工资的因素不是单一的。目前已经有很多学者把期望薪酬作为影响大学生职业期望的因素来研究，也有很多学者探寻了保留工资的影响因素。

但在学者对保留工资或是期望工资的研究中，他们的研究对象一般是中国内陆不同高校的在校生，如安徽、河南、成都等城市的高校在校生；很少有学者重点研究中国沿海城市高校在校生期望薪酬的影响因素。在以往学者的研究中，也未曾将父母对孩子初次就业的工资期望纳入考虑。本文将通过向深圳大学应届毕业生发放网上调查问卷的形式来收集本次研究所要的分析数据，分析影响深圳大学这所高校应届毕业生期望工资的主要影响因素，引导学生设立更为理智实际的期望工资水平，以实现尽快就业；并为深圳众多招聘单位提供能够较为准确预测深圳大学毕业生意向信息的模型。

三、研究内容与研究方法

（一）研究内容

本论文首先简单介绍了我国目前毕业生就业的情况，然后在之前学者的研究基础上，针对影响期望工资的因素分别进行交叉表分析、最优尺度回归分析、有序 Logistic 分析，通过实证研究分析影响深圳大学高校毕业生期望工资的因素，分析毕业生期望工资过高的原因，并得出了一些相应的初步结论。最后，综合本文中各种分析方法得到的初步结论，得到深圳大学应届毕业生期望工资的影响因素的重要性排序以及优化的有序 Logistic 预测模型，并对此提出一些建议。

（二）研究方法

以下为本文所采用的研究方法及思路：

（1）交叉表分析。通过分析单一影响因素对期望工资的影响，初步得到影响程度较大的影响因素，为下一步的最优尺度回归分析模型奠定基础。

（2）最优尺度回归分析。在交叉表分析的基础上，建立期望工资的最优尺度回归模型，通过实证分析再次检验影响高校毕业生期望工资的各项因素，并根据重要程度对通过二次筛选的影响因素进行排序，以及得到期望工资的计算方程。

（3）有序 Logistic 回归分析。首先将全部影响因素放进模型中进行分析筛选，得到初步的有序 Logistic 模型；结合前面两种分析方法，排除最不相关的影响因素，对期望工资模型进行修正，得到一个有效的预测模型。

本次研究分析流程图如图 2 所示：

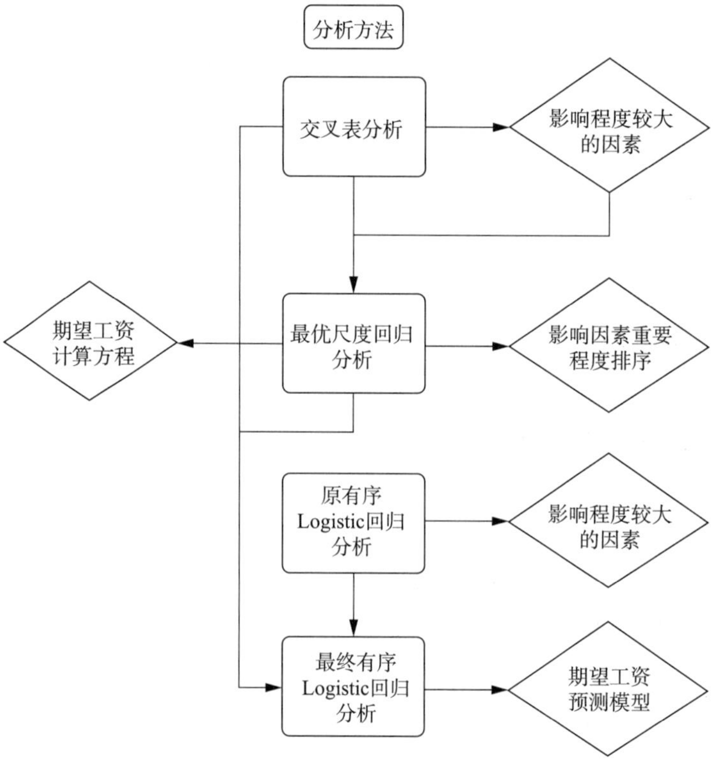

图 2　研究方法分析流程

四、调查情况分析

由于调查数据的可得性和相对集中性，本次研究中所用的数据是面向深圳大学应届毕业生发放问卷所得的调查数据。

（一）期望工资问卷设计

基于国内外学者对影响高校毕业生保留工资的因素方面的文献，本次问卷设计选择代表性较强的影响因素，经过预调查，设计出最终问卷，包括以下内容：一是被调查者的基本情况，包括性别、高考生源所在地、学历水平等。二是被调查者的家庭基本情况，主要包括父母的职业、家庭年收入等。三是被调查者的个人能力情况，包括是否为学生干部、获得专业技能证书数量等。四是被调查者的意向就业信息，包括意向就业地区、意向就业单位等（见图3）。

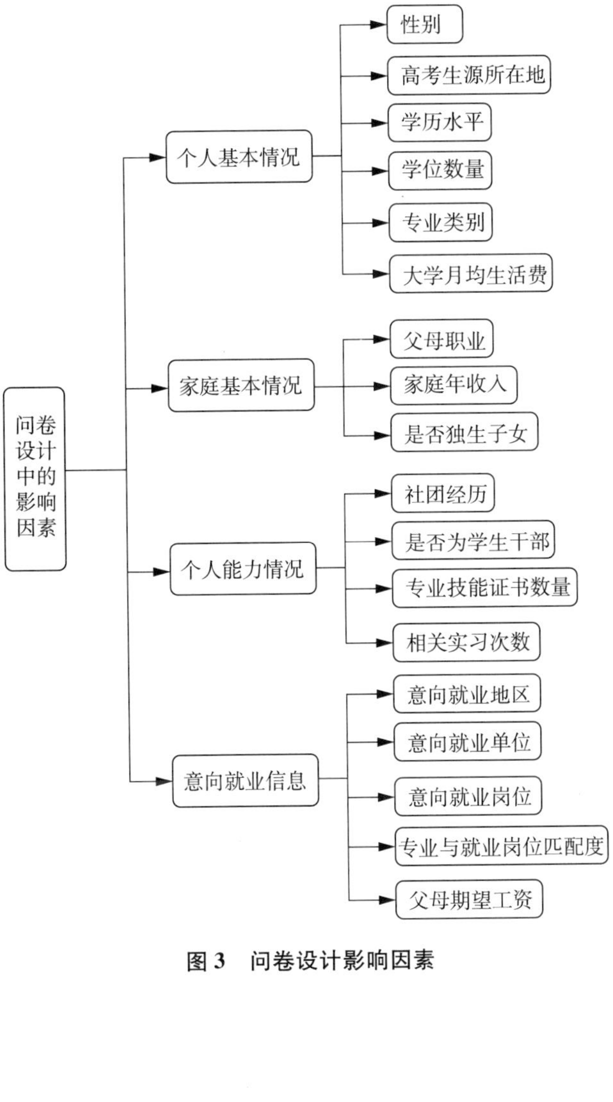

图3 问卷设计影响因素

（二）调查对象的就业现状

深圳大学自 2011 年起，就与麦可思公司合作，对本科毕业生在毕业半年后（毕业年度次年 2 月）开展“毕业生社会需求与培养质量追踪调研”项目，打造了一年一度的本科毕业生就业质量报告，经整理得到了以下近六年深圳大学本科毕业生的就业相关信息（见表 1、图 4）：

表 1　深圳大学 2013 届至 2018 届本科毕业生就业相关信息

年份	本科毕业生人数	国内升学人数	出国（境）留学人数	待就业人数	已就业人数	就业（含考研、留学）人数	初次就业率	平均月薪	在深就业平均月薪
2013	6188	105	124	959	4622	5810	93.89%	4515	N/A
2014	5871	716	176	364	4615	5507	93.80%	4860	N/A
2015	5707	284	620	532	4271	5175	90.68%	4567	4572
2016	5931	298	709	403	4521	5528	93.21%	4977	5014
2017	6222	404	675	500	4143	5722	91.96%	5379	5405
2018	6361	483	742	457	4679	5904	92.82%	5939	5971

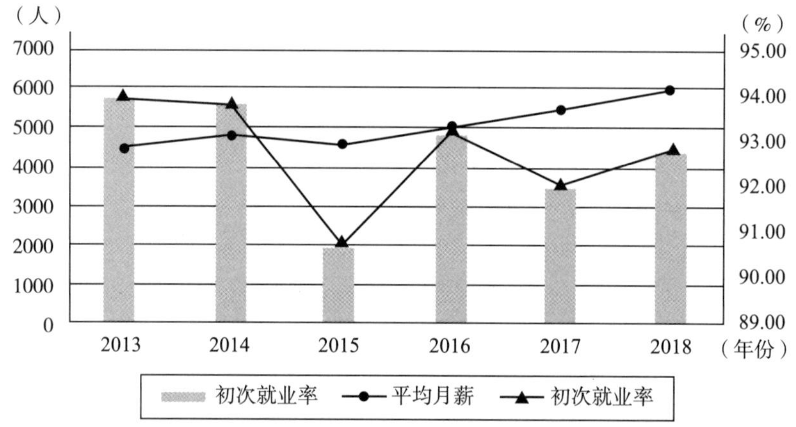

图 4　深圳大学 2013 届至 2018 届本科毕业生初次就业率及薪资情况

由表 1 及图 4 可知：近五年来，深圳大学本科应届毕业生的初次就业率有所下降，最大一次降幅是在 2015 年，降到了 90.68%，这很大一部分原因归咎于 2014 年我国整体经济形势处于下行的趋势；而从图 4 也可看出，深圳大学本科应届毕业生的平均月薪呈现逐渐增长的趋势，除了在 2015 年有过一次微小的跌幅。

（三）样本基本情况

需要综合考虑学历、专业等多种因素，以及结合合理的配额设计来确定问卷样本量，才能确保抽取的样本最大程度体现深圳大学校应届毕业生的真实情况。计算方式如式（1）如示：

$$n=\frac{Nt^2p(1-p)}{\Delta_p^2N+t^2p(1-p)} \tag{1}$$

截至2018年深圳大学应届毕业生人数为6361人，取$p=0.5$，由于$1-\alpha=0.95$，故$t=1.96$，即所应抽取样本量见式（2）：

$$n=\frac{Nt^2p(1-p)}{\Delta_p^2N+t^2p(1-p)}=\frac{6361\times1.96^2\times0.5\times(1-0.5)}{0.05^2\times6361+1.96^2\times0.5\times(1-0.5)}=362 \tag{2}$$

根据简单随机抽样的公式，本次研究需要近362个样本。受时间、成本等因素的影响，本次调查主要采用线上问卷的形式，结合调查的精度和成本的要求，我们最终发放了424份问卷，回收384份有效问卷，有效问卷比例为90.56%。其中男女占比各为45.8%和54.2%，差不多持平；本科学历占比90.6%，硕士及以上占比9.4%；单个学士学位占比75.3%，双学位占比19.5%；文学学科占比10.9%，理学学科占比13.5%，工学学科占比28.9%，法学学科占比2.1%，管理学学科占比35.4%，教育学学科占比2.1%，经济学学科占比7%，基本吻合深圳大学在校生的专业人数分布。

五、期望工资影响因素实证分析

（一）期望工资影响因素的交叉表分析

交叉表分析的原理是同时将被解释变量期望工资与解释变量影响期望工资的因素按照一定的顺序交叉排列在一张统计表内，继而从中观察数值的变化规律，分析变量之间的关系，最后得出一定的结论。下文将基于交叉列联表分析所得的数据，对变量之间的相关性进行分析，并得到影响程度较大的因素，为下一步最优尺度回归分析奠定变量基础。

1. 性别与期望工资交叉表分析

表2的数据显示，被调查者中男性占45.8%，女性占54.2%，男女比例适中，女性略多于男性。男性期望工资整体水平较女性高，男性高校毕业生的期望工资水平在6000元以上的两个档次（6000~9000元、9000元以上）中人数所占比例均比女性的高，并且选择9000元以上的男性人数共占男性被调查者总人数的52.3%，而女性则只有25.0%，男性比女性高27.3%；但是在6000元以下，女性的期望工资人数占比高于男性，合计占到了女性总人数的1/4，比男性的多11.4%。

表 2 “性别×自身期望工资”交叉制表

			自身期望工资			合计
			低期望工资（4000~6000 元）	中等期望工资（6000~9000 元）	高期望工资（9000 元以上）	
性别	男	计数	24	60	92	176
		期望的计数	34. 8	75. 2	66. 0	176. 0
		性别中的占比	13. 6%	34. 1%	52. 3%	100. 0%
		自身期望工资中的占比	31. 6%	36. 6%	63. 9%	45. 8%
		总数的占比	6. 3%	15. 6%	24. 0%	45. 8%
	女	计数	52	104	52	208
		期望的计数	41. 2	88. 8	78. 0	208. 0
		性别中的占比	25. 0%	50. 0%	25. 0%	100. 0%
		自身期望工资中的占比	68. 4%	63. 4%	36. 1%	54. 2%
		总数的占比	13. 5%	27. 1%	13. 5%	54. 2%
合计		计数	76	164	144	384
		期望的计数	76. 0	164. 0	144. 0	384. 0
		性别中的占比	19. 8%	42. 7%	37. 5%	100. 0%
		自身期望工资中的占比	100. 0%	100. 0%	100. 0%	100. 0%
		总数的占比	19. 8%	42. 7%	37. 5%	100. 0%

该结果表明，性别不同，期望工资的档次选择也不同，男性选择高档次段的人数比例要高于女性（52. 3%>25%），而女性选择低档次段的人数比例要超过男性（25%>13. 6%）。

因此，女性对于高薪的期望要略低于男性，这可能源自现实中劳动力市场上隐形存在的性别歧视现象，也可能是因为男性需要更多地承担家庭责任和社会责任，故他们的期望工资较高。

2. 学历水平与期望工资交叉表分析

从表 3 可以发现，学历为硕士及以上的被调查者选择 9000 元以上的比例（77. 8%）明显高于本科学历的被调查者（33. 3%），前者约为后者的 2 倍；本科生中近 2/3 都选择低于 9000 元的期望工资档次。

表 3 “学历×自身期望工资”交叉制表

			自身期望工资			合计
			低期望工资（4000～6000 元）	中等期望工资（6000～9000 元）	高期望工资（9000 元以上）	
学历	本科	计数	72	160	116	348
		期望的计数	68.9	148.6	130.5	348.0
		学历中的占比	20.7%	46.0%	33.3%	100.0%
		自身期望工资中的占比	94.7%	97.6%	80.6%	90.6%
		总数的占比	18.8%	41.7%	30.2%	90.6%
	硕士及以上	计数	4	4	28	36
		期望的计数	7.1	15.4	13.5	36.0
		学历中的占比	11.1%	11.1%	77.8%	100.0%
		自身期望工资中的占比	5.3%	2.4%	19.4%	9.4%
		总数的占比	1.0%	1.0%	7.3%	9.4%
合计		计数	76	164	144	384
		期望的计数	76.0	164.0	144.0	384.0
		学历中的占比	19.8%	42.7%	37.5%	100.0%
		自身期望工资中的占比	100.0%	100.0%	100.0%	100.0%
		总数的占比	19.8%	42.7%	37.5%	100.0%

分析以上结果，可以看出：随着学历的提升，被调查者选择高档次期望工资的比例在增加。这可能是由于被调查者为了获取高学历付出了更多时间成本和资金成本，从而更看重自身的价值，继而期望初次就业能拿到较高工资。

3. 大学月均生活费与期望工资交叉表分析

表 4 的数据显示，如果被调查者中在大学期间拥有较高的消费水平，则他们会期望自己能获得高工资，可看出该部分调查者选择 9000 元以上的比例（60%）较低生活费水平（33.9%）及中等生活费水平（31.6%）的都高，而大学期间处于低生活费水平跟中等生活费水平的同学则有约半数选择了中等期望工资的档次。

表 4 “大学月均生活费×自身期望工资”交叉制表

			自身期望工资			合计
			低期望工资（4000~6000 元）	中等期望工资（6000~9000 元）	高期望工资（9000 元以上）	
大学月均生活费	低生活费水平	计数	56	108	84	248
		期望的计数	49.1	105.9	93.0	248.0
		大学月均生活费中的占比	22.6%	43.5%	33.9%	100.0%
		自身期望工资中的占比	73.7%	65.9%	58.3%	64.6%
		总数的占比	14.6%	28.1%	21.9%	64.6%
	中等生活费水平	计数	8	44	24	76
		期望的计数	15.0	32.5	28.5	76.0
		大学月均生活费中的占比	10.5%	57.9%	31.6%	100.0%
		自身期望工资中的占比	10.5%	26.8%	16.7%	19.8%
		总数的占比	2.1%	11.5%	6.3%	19.8%
	高等生活费水平	计数	12	12	36	60
		期望的计数	11.9	25.6	22.5	60.0
		大学月均生活费中的占比	20.0%	20.0%	60.0%	100.0%
		自身期望工资中的占比	15.8%	7.3%	25.0%	15.6%
		总数的占比	3.1%	3.1%	9.4%	15.6%
合计		计数	76	164	144	384
		期望的计数	76.0	164.0	144.0	384.0
		大学月均生活费中的占比	19.8%	42.7%	37.5%	100.0%
		自身期望工资中的占比	100.0%	100.0%	100.0%	100.0%
		总数的占比	19.8%	42.7%	37.5%	100.0%

分析结果显示，如果应届毕业生在校期间有着较为优越的消费基础，则他们会习惯性保持着高消费，因此会有较高的工资期望，以维持自己毕业之后的生活消费。

4. 意向就业单位、意向就业地区与期望工资交叉表分析

根据意向就业地区×自身期望工资×意向就业单位表格的数据，选择一线城市为意向就业地区的应届毕业生中，选择中等期望工资档次占比为 43%，选择高等期望工资档次的有 40.7%，合计共 83.7%；而意向就业地区非一线城市的应届毕业生中仅有 10%选择高期望工资档次，剩余 90%的人选择低期望工资档次（50%）或中等期望工资（40%）。

分析表格结果可知，一线城市的消费水平较高，人们的生活成本相应也会变高。对于刚毕业的应届生来说，如果没有来自家庭的经济支持或者是在一线城市的亲朋好友提供帮助，仅是解决住宿问题就能花掉工资的近一半，除此之外饮食等消费也会比较高，因此选择一线城市作为未来工作地区的应届毕业生会比较期望能拿到高工资，

以缓解自己的经济压力。

5. 交叉表分析得出的结论

上文虽然对影响期望工资的几个重要因素作了交叉表分析，但只是得到了直观的数据结论，为更进一步理清各影响因素与期望工资的逻辑关系，还需观察交叉表分析中通过卡方检验得出的各概率 P 值以及 Pearson 数值（见表 5）。

表 5　系数

变量名称	变量定义	Pearson 相关性	显著性（双侧）
期望工资	1=低期望工资（4000~6000 元），2=中等期望工资（6000~9000 元），3=高等期望工资（9000 元以上）	—	—
性别	1=男，2=女	-0.262	0.000
高考生源地	1=农村，2=城镇	-0.016	0.273
学历水平	1=本科，2=硕士及以上	0.214	0.000
学位数量	1=单个学士学位，2=双学位，3=硕士及以上	-0.002	0.082
学科类别	1=文学学科，2=理学学科，3=工学学科，4=法学学科，5=管理学学科，6=教育学学科，7=经济学学科	0.030	0.000
大学月均生活费	1=低生活费水平，2=中等生活费水平，3=高生活费水平	0.138	0.000
父母职业	1=其他分类工作人员，2=个体工商户，3=农业劳动者，4=城乡无业、失业、半失业人员	-0.007	0.182
独生子女	1=是，2=否	-0.091	0.200
社团经历	1=没参加过，2=社团普通成员 3=社团负责人	0.031	0.752
学生干部	1=是，2=否	-0.029	0.562
专业与就业匹配度	1=强，2=弱	-0.124	0.047
专业技能证书	1=无，2=1 个及以上	0.032	0.754
实习经历	1=无，2=1 次及以上	0.089	0.220
意向就业地区	1=一线城市，2=非一线城市	-0.267	0.000
意向就业单位	1=国企等相关单位，2=民营企业，3=外资企业	0.011	0.000
意向就业岗位	1=国家机关相关工作人员，2=商业、服务人员，3=不便分类的其他人员	-0.157	0.003
父母的期望	1=无期望，2=有期望	0.043	0.047
家庭年收入	数值型解释变量	-0.048	0.000

从表5中可以看出，列举的解释变量中，性别、学历水平、学位数量、学科类别、大学月均生活费、家庭年收入、专业与就业匹配度、意向就业地区、意向就业单位、意向就业岗位、父母的期望的显著性水平（双侧概率）皆小于0.10，因此这些影响因素与期望工资之间存在相关性，而且相关程度较为显著。

除此之外，还可以发现与期望工资有显著相关性的各解释变量中，性别、家庭年收入、专业与就业匹配度、意向就业地区、意向就业岗位与自身期望工资呈现负相关关系；学历水平、学科类别、大学月均生活费、意向就业单位、父母的期望与自身期望工资则呈正相关关系。即男性的期望工资高于女性；选择非一线城市工作的期望工资比选择在一线城市工作的低；文化程度越高、大学月均生活费越高、专业与就业匹配度越强，则应届毕业生的期望工资越高。该结论进一步验证了前面交叉分析结果的准确性。

（二）期望工资影响因素的最优尺度回归分析

最优尺度回归分析能够在统计建模时量化分类变量，借助SPSS软件的帮助，得到拟合的模型框架，进而分析影响期望工资的因素对期望工资影响的强弱程度。在各变量之间的联系变换后仍为线性的前提下，采用反复迭代的手段进行一定的非线性替换，直到找到初始分类变量所设定的类别对应的最佳量化评分，随后在相应的模型中使用量化评分代替初始变量进行后续分析，进而发现模型中的显著影响变量。

通过前面的交叉表分析，我们发现在影响期望工资水平的11个因素中，作用方向不一，有起正向作用的，也有起负向作用的。基于此前提，下文将通过最优尺度回归分析法对这些影响因素的作用程度进行回归分析。

1. 模型的统计学意义

通过利用SPSS19.0软件对变量进行最优尺度回归分析。模型检测结果如下：调整R^2是0.336，表明方程的解释力较强；方差分析的模型显著性小于0.05，证明模型整体上具有统计学意义（见表6）。

表6　模型汇总

多R	R^2	调整R^2	明显预测误差
0.608	0.369	0.336	0.631

因变量：自身期望工资
预测变量：性别、学历、学位、数量、学科类别、大学月均生活费、家庭年收入、专业与就业匹配度、意向就业地区、意向就业单位、意向就业岗位、父母期望工资

表 7 ANOVA

	平方和	df		均方	F	Sig.
回归	141.811	19		7.464	11.218	0.000
残差	242.189	364		0.665		

总计 384.000 383

因变量：自身期望工资

预测变量：性别、学历、学位、数量、学科类别、大学月均生活费、家庭年收入、专业与就业匹配度、意向就业地区、意向就业单位、意向就业岗位、父母期望工资

2. 影响因素的显著性分析

依据表 8 最后一列的数据，可看出：性别、学历、学科类别、学位数量、大学月均生活费、家庭年收入、意向就业地区、意向就业单位、意向就业岗位、父母期望工资各个影响因素的概率皆小于 0.05，证明这些解释变量与被解释变量之间的显著性较强；其中专业与就业匹配度由于概率值 0.147 大于 0.05，故它与被解释变量应届生期望工资之间的相关性不强。

表 8 系数

	标准系数		df	F	Sig.
	Beta	标准误差的 Bootstrap（1000）估计			
性别	-0.185	0.052	1.000	12.814	0.000
学历	0.135	0.051	1.000	7.111	0.008
学位数量	0.156	0.068	1.000	5.305	0.022
学科类别	0.361	0.046	6.000	61.910	0.000
大学月均生活费	0.167	0.058	2.000	8.358	0.000
家庭年收入	-0.190	0.051	1.000	13.831	0.000
专业与就业匹配度	0.056	0.039	1.000	2.111	0.147
意向就业地区	-0.094	0.034	1.000	7.667	0.006
意向就业单位	0.147	0.047	2.000	9.698	0.000
意向就业岗位	0.177	0.037	2.000	23.515	0.000
父母期望工资	0.091	0.046	1.000	3.848	0.046

因变量：自身期望工资

3. 影响因素与期望工资的相关性

方差膨胀系数可以衡量多元线性回归模型多重共线性的严重程度。方差膨胀系数与容忍度互为倒数，VIF 越大，表示解释变量的容忍度越小，越有共线性问题。

表 9 中的容差即变量的容忍度，能够阐释对应的影响因素对期望工资的影响中不

能被其他影响因素所解释的比例。容忍度的值一般大于 0，小于 1，当容忍度值较小时，表示变量之间存在共线性。

由表 9 可以观察到，各解释变量转换前跟转换后的容差数值都很大，即 VIF 很小，因此该模型的多重共线性问题不明显。

表 9　相关性和容差

	相关性			容差		
	零阶	偏	部分	重要性	转换后	转换前
性别	-0. 281	-0. 212	-0. 173	0. 141	0. 869	0. 825
学历	0. 268	0. 131	0. 105	0. 098	0. 601	0. 690
学位数量	0. 047	0. 140	0. 113	0. 020	0. 521	0. 545
学科类别	0. 352	0. 349	0. 296	0. 343	0. 672	0. 722
大学月均生活费	0. 199	0. 192	0. 155	0. 090	0. 865	0. 871
家庭年收入	-0. 084	-0. 221	-0. 180	0. 043	0. 904	0. 866
专业与就业匹配度	0. 119	0. 064	0. 051	0. 018	0. 820	0. 910
意向就业地区	-0. 194	-0. 113	-0. 090	0. 049	0. 914	0. 918
意向就业单位	0. 200	0. 163	0. 132	0. 079	0. 805	0. 807
意向就业岗位	0. 198	0. 213	0. 173	0. 095	0. 957	0. 853
父母期望工资	0. 096	0. 110	0. 088	0. 024	0. 944	0. 948
因变量：自身期望工资						

4. 最优尺度回归分析得出的结论

结合表 8 和表 9 中的数据，将通过显著性检验的影响因素根据重要性高低重新进行排序，得到表 10：

表 10　重要性和系数

影响因素	重要性	Beta 系数
学科类别	0. 343	0. 361
性别	0. 141	-0. 185
学历水平	0. 098	0. 135
意向就业岗位	0. 095	0. 177
大学月均生活费	0. 09	0. 167
意向就业单位	0. 079	0. 147
意向就业地区	0. 049	-0. 094
家庭年收入	0. 043	-0. 19
父母期望工资	0. 024	0. 091
学位数量	0. 02	0. 156

根据表 10，可以得到如下结论：

结论一：各影响因素对期望工资影响程度的高低依次为：学科类别（重要性＝34.3%）>性别（重要性＝14.1%）>学历水平（重要性＝9.8%）>意向就业岗位（重要性＝9.5%）>大学月均生活费（重要性＝9.0%）>意向就业单位（重要性＝7.9%）>意向就业地区（重要性＝4.9%）>家庭年收入（重要性＝4.3%）>父母期望工资（重要性＝2.4%）>学位数量（重要性＝2.0%）。

结论二：根据上述重要性对变量进行排序，并依据表 10 中 Beta 的数据，可以确定期望工资回归方程为：

期望工资＝0.361×学科类别－0.185×性别＋0.135×学历水平＋0.177×意向就业岗位＋0.167×大学月均生活费＋0.147×意向就业单位－0.094×意向就业地区－0.190×家庭年收入＋0.091×父母期望工资＋0.156×学位数量。

结论三：由上述的期望工资回归方程可知，学历水平每上升 1 个等级，高校毕业生的期望工资平均提高 13.5%；大学月均生活费每上升 1 个等级，期望工资平均提高 16.7%；家庭年收入每增加 1 个单位，期望工资平均降低 1.9%；男性应届毕业生的期望工资比女性的期望工资平均高 1.85%。

（三）期望工资水平的有序 Logistic 回归分析

普通的回归分析探索解释变量与被解释变量之间的相关性时，有一个基本要求是被解释变量需为数值型变量；而在本次研究中，我们的被解释变量（自身期望工资）为一个有序的分类型变量，故下文将选择有序 Logistic 对解释变量进行分析。

本次研究首先将全部解释变量都放入 Logistic 模型中进行分析，采用的检验方法为模型的统计检验，看建立的模型是否通过平行性检验，以及其统计拟合优度是否具有有效性，初步得出跟被解释变量（自身期望工资）具有相关性的解释变量；再结合前面交叉表分析及最优尺度分析得出的初步结论，将三种分析方法中集中出现的不相关解释变量剔除，再次建立优化后的 Logistic 模型，进一步进行分析，得出最终结论。

1. 原有序 Logistic 回归分析模型

（1）模型检验。

平行性检验即检验各解释变量对被解释变量的影响在各个回归方程中是否一样，进行似然比检验。若其显著性大于 0.05，说明各回归方程互相平行，该模型是合适的。

深大应届毕业生期望工资预测 Logistic 模型的平行线检验结果见表 11。从表 11 可以看出，其显著性为 0.125（零假设的 $\alpha=0.05$），通过模型的平行性检验，即所有 Logistic 函数都成立，该预测 Logistic 回归模型是合适的。

表 11 平行线检验[c]

模型	-2 对数似然值	卡方	df	显著性
零假设	624.501			
广义	589.671[a]	34.830[b]	30	0.125

零假设规定位置参数（斜率系数）在各响应类别中都是相同的

a. 在达到最大步骤对分次数后，无法进一步增加对数似然值
b. 卡方统计量的计算基于广义模型最后一次迭代得到的对数似然值。检验的有效性是不确定的
c. 联接函数：Logit

（2）拟合优度检验。

从表 12 可看出，由于 P 值小于 0，本次应拒绝回归方程显著性检验的零假设，即全体解释变量与 Logit（P）之间的线性关系显著，模型是正确的。其中伪 R^2 模型中描述拟合优度的统计量，侧面验证该模型的整体拟合精度较理想。

表 12 模型拟合信息×伪 R^2

模型	-2 对数似然值	卡方	df	显著性	伪 R^2	
仅截距	807.760				Cox 和 Snell	0.380
最终	624.501	183.259	30	0.000	Nagelkerke	0.432
					McFadden	0.227

联接函数：Logit

（3）初步结论。

有序 Logistic 回归分析得到参数估计值表格（见附录 1），初步结果显示：高考生源所在地（P=0.270）、独生子女（P=0.177）、社团经历（P=0.977）、专业能力（P=0.375）、专业技能证书数量（P=0.201）的概率均大于 0.05，这五个影响因素与自身期望工资的关系不够显著。其余影响因素对深大应届毕业生期望工资的影响程度较大。

2. 影响因素在三种分析方法的显著性检验比较

结合前面对深大应届毕业生期望工资的交叉表分析、最优尺度分析、有序 Logistic 分析，我们可从表 13 看出，独生子女、高考生源所在地、社团经历、专业与就业匹配度、专业技能证书数量这五个影响因素影响深圳大学应届毕业生期望工资水平的显著性检验皆没有通过，因此我们剔除这五个影响因素，建立新的有序 Logistic 模型及函数。

表 13　影响因素的显著性检验

影响因素	交叉表分析	最优尺度分析	有序 Logistic 分析
性别	√	√	√
高考生源所在地	N/A	—	N/A
学历水平	√	√	√
学位数量	√	—	√
学科类别	√	√	√
大学月均生活费	√	√	√
父母职业	N/A	—	√
家庭年收入	√	√	√
独生子女	N/A	—	N/A
社团经历	N/A	—	N/A
学生干部	N/A	—	√
专业与就业匹配度	√	N/A	N/A
专业技能证书数量	N/A	—	N/A
实习经历	N/A	—	√
意向就业地区	√	√	√
意向就业单位	√	√	√
意向就业岗位	√	√	√
父母期望工资	√	√	√

a. 标记“√”表示解释变量在对应的分析方法中通过显著性检验
b. 标记“N/A”表示解释变量在对应的分析方法中未通过显著性检验
c. 标记“—”表示解释变量在对应的分析方法中没有进入

3. 新的有序 Logistic 回归模型

（1）平行线检验。

新模型中的解释变量包括：性别、学历水平、学位数量、学科类别、大学月均生活费、父母职业、家庭年收入、学生干部、实习经历、意向就业地区、意向就业单位、意向就业岗位、父母期望工资；新模型的平行线检验数值为 0.087，大于 0.05，证明该预测 Logistic 回归模型是合适的（见表 14）。

表 14　平行线检验[c]

模型	-2 对数似然值	卡方	df	显著性
零假设	628.480			
广义	589.532[a]	38.948[b]	24	0.087

零假设规定位置参数（斜率系数）在各响应类别中都是相同的
a. 在达到最大步骤对分次数后，无法进一步增加对数似然值
b. 卡方统计量的计算基于广义模型最后一次迭代得到的对数似然值。检验的有效性是不确定的
c. 联接函数：Logit

（2）拟合度检验。

拟合度以及伪 R^2 的数值同样理想，也验证模型是合适的（见表 15）。

表 15 模型拟合信息×伪 R^2

模型	-2 对数似然值	卡方	df	显著性	伪 R^2	
仅截距	799.263				Cox 和 Snell	0.359
最终	628.480	170.782	24	0.000	Nagelkerke	0.409
					McFadden	0.221
联接函数：Logit						

通过新的 Logistic 模型得到新的参数估计值表（见附录 2），因此可得出相应的方程：

$\ln\frac{\gamma_1}{1-\gamma_1}=-0.952-2.767\times10^{-7}$家庭年收入+0.918 性别（1）-18.641 学历（1）+16.943 学位数量（1）+17.172 学位数量（2）-1.096 学科类别（1）+0.217 学科类别（2）+0.632 学科类别（3）-0.066 学科类别（4）-0.030 学科类别（5）+19.817 学科类别（6）-1.223 大学月均生活费（1）-0.867 大学月均生活费（2）+0.154 父母职业（1）+0.890 父母职业（2）+0.458 父母职业（3）+0.695 学生干部（1）-0.962 学习经历（1）+1.452 意向就业地区（1）-0.314 意向就业单位（1）+0.551 意向就业单位（2）+1.269 意向就业岗位（1）+1.115 意向就业岗位（2）+0.067 父母期望工资（1）

$\ln\frac{\gamma_2}{1-\gamma_2}=1.685-2.767\times10^{-7}$家庭年收入+0.918 性别（1）-18.641 学历（1）+16.943 学位数量（1）+17.172 学位数量（2）-1.096 学科类别（1）+0.217 学科类别（2）+0.632 学科类别（3）-0.066 学科类别（4）-0.030 科学类别（5）+19.817 学科类别（6）-1.223 大学月均生活费（1）-0.867 大学月均生活费（2）+0.154 父母职业（1）+0.890 父母职业（2）+0.458 父母职业（3）+0.695 学生干部（1）-0.962 实习经历（1）+1.452 意向就业地区（1）-0.314 意向就业单位（1）+0.551 意向就业单位（2）+1.269 意向就业岗位（1）+1.115 意向就业岗位（2）+0.067 父母期望工资（1）

由上述两个方程可看出，两者只有常数项是有差别的。在其他解释变量均相同的情况下：

（1）期望工资在 4000~6000 元的可能性的 Logit 为-0.952，$\gamma_1=0.2785$；

（2）期望工资在 4000~6000 元和 6000~9000 元的可能性之和的 Logit 为 1.685，$\gamma_1+\gamma_2=0.8436$，$\gamma_2=0.8436-0.2785=0.5651$；

（3）期望工资 9000 元以上的可能性 $\gamma_2=1-0.2785-0.5651=0.1564$。

经整理得到表 16：各个影响因素基于标准，自身期望工资提高一个等级的可能性，由此我们可以得出相应的结论。

表 16 各影响因素的可能性概率

	变量定义	可能性概率（%）
[自身期望工资=1.00]	低期望工资（4000~6000 元）	27.85
[自身期望工资=2.00]	中等期望工资（6000~9000 元）	56.51
[性别=1.00]	男	71.46
[性别=2.00]	女	0.00
[学历=1.00]	本科	10.00
[学历=2.00]	硕士及以上	0.00
[学位数量=1.00]	单个学士学位	10.00
[学位数量=2.00]	双学位	20.00
[学位数量=3.00]	硕士及以上	0.00
[学科类别=1.00]	文学学科	25.05
[学科类别=2.00]	理学学科	55.40
[学科类别=3.00]	工学学科	65.29
[学科类别=4.00]	法学学科	48.35
[学科类别=5.00]	管理学学科	49.25
[学科类别=6.00]	教育学学科	75.25
[学科类别=7.00]	经济学学科	0.00
[大学月均生活费=1.00]	低生活费水平（1500 元以下）	22.74
[大学月均生活费=2.00]	中等生活费水平（1500~2000 元）	29.59
[大学月均生活费=3.00]	高生活费水平（2000 元以上）	0.00
[父母职业=1.00]	其他分类工作人员	53.84
[父母职业=2.00]	个体工商户	70.89
[父母职业=3.00]	农业劳动者	61.25
[父母职业=4.00]	城乡无业、失业、半失业人员	0.00
[学生干部=1.00]	是	66.71
[学生干部=2.00]	否	0.00
[实习经历=1.00]	无	27.65
[实习经历=2.00]	有	0.00
[意向就业地区=1.00]	一线城市	81.03
[意向就业地区=2.00]	非一线城市	0.00
[意向就业单位=1.00]	国企等相关单位	42.21
[意向就业单位=2.00]	民营企业	63.44
[意向就业单位=3.00]	外资企业	0.00
[意向就业岗位=1.00]	国家机关相关工作人员	78.06
[意向就业岗位=2.00]	商业、服务人员	75.31
[意向就业岗位=3.00]	不便分类的其他人员	0.00
[父母期望工资=1.00]	无期望	51.67
[父母期望工资=2.00]	有期望	0.00

结论一：由有序 Logistic 回归分析得到的方程，可得知深大应届毕业生的期望工资

预测落在“6000~9000 元”的可能性最高（56.51%），然后是“4000~6000 元”（27.85%），最后是“9000 元以上”（15.64%）。

结论二：自身期望工资的档次选择与家庭年收入成反比，即被调查者的家庭年收入越高，则被调查者的期望工资会越低。

结论三：在其他变量相同的条件下，男性相比于女性，期望工资至少高一个等级的可能性是 71.46%；在其他变量相同的条件下，在校当过学生干部的学生相比于没当过学生干部的学生，期望工资至少高一个等级的可能性是 66.71%；在其他变量相同的条件下，有过实习经历的学生相比于没有实习经历的学生，期望工资至少高一个等级的可能性是 27.65%；在其他变量相同的条件下，在一线城市工作的毕业生相比于在非一线城市工作的应届生，期望工资至少高一个等级的可能性是 81.03%。

六、讨论与结论

结论一：从整体来说，深圳大学应届毕业生的期望工资还是偏高的。《2018 届深圳大学毕业生就业质量》报告显示，本科生平均就业薪资是每个月 5939 元，其中在深圳就业的平均薪资则是每个月 5971 元。而有序 Logistic 分析得到的预测结果：有近 70% 的被调查者期望工资高于 6000 元，高于上年应届毕业生的平均月薪。另据 58 同城《第十六届中国大学生最佳雇主调研综合报告》，国内高校应届生的平均期望工资是每个月 8431 元，而实际上企业每个月愿意支付给高校毕业生的平均工资是 7915 元。其中国内应届生如果选择在深圳工作，他们期望能够拿到的平均工资是每个月 9754 元，但每个月企业愿意支付的仅为 8602 元，证明高校毕业生的期望工资远远高于企业愿意支付的工资。而同样根据有序 Logistic 分析得到的预测数值，有 15%左右的深大应届生所期望工资高于企业支付薪资。因此，学生自身、家庭、学校等应该从多方面入手了解市场的就业薪资行情，搭建一个有效的沟通分享平台，为应届毕业生设定一个较为合理的期望工资水平提供指导和建议，以能让深圳大学应届毕业生实现尽快就业，避免在找寻工作中浪费更多的资金和时间。

结论二：从影响因素来说，在众多影响因素中，学科类别、学历水平、性别、大学月均生活费、家庭年收入是影响应届毕业生期望工资的主要因素；而高考生源所在地、父母职业、独生子女等因素的影响比较小。大学月均生活费与学生的期望工资呈正相关。经济学家杜森贝里认为人的消费存在棘轮效应，正如一句老话所说的“由俭入奢易，由奢入俭难”，人的消费习惯是很难往下调整的。如果应届毕业生在校读书期间就已经形成了较高水平的消费习惯，那他们初次就业时，就会期望能够拿到更高的工资，否则无法维持他们的消费。所以大学生在校期间应该养成正确的消费观。家庭年收入越高，毕业生自身期望工资越低，家庭收入高意味着学生背后来自家庭的经济压力越小，故应届毕业生在寻找工作时，如果遇到符合自身兴趣但工资不高的工作时，有很大的概率能够接受。父母期望工资高，高校应届毕业生的期望工资会更高。因此学生在找寻工作时，应该积极与父母沟通，避免由于父母对市场行情的错误评估，设置过高的工资带来过大的压力，延长了学生找工作的时间，消耗过多的精力。

本研究还存在着很多不足之处：第一，本次研究只能找到深圳大学本科应届毕业生近几年的就业率、就业薪资等信息，无法找到硕士毕业生的就业信息；第二，由于数据的集中性和可得性，本研究取样范围存在一定的局限性，所选取的被调查者仅为深圳大学应届毕业生，无法研究名校光环对学生自身期望工资的影响；第三，本次问卷搜集得来的数据当中，经济学院专业同学填写的比重仅为7.0%，单一因素的样本量存在一定的瑕疵。

参考文献

[1] 徐伦．当前经济形势对大学生就业的影响及对策［J］．全国商情（理论研究），2014（6）：69-70.

[2] 李锋亮，陈晓宇，陈鑫磊．高校毕业生保留工资影响因素的实证分析［J］．北京大学教育评论，2010，8（3）：134-149+191.

[3] 雷佑新，王俊文，孙晋然．高校毕业生保留工资影响因素分析［J］．经济问题，2016（3）：118-122.

[4] 张建武，崔惠斌．大学生就业保留工资影响因素的实证分析［J］．中国人口科学，2007（6）：68-74+96.

[5] 闵联佳．期望工资水平与我国大学生就业难现象原因与对策思考［D］．西南财经大学，2008.

[6] 郝振华．硕士研究生保留工资影响因素实证研究［D］．燕山大学，2017.

[7] Schomburg，H. Higher Education and Graduate Employment in Germany［J］. European Journal of Education，2000，35（2）：189.

[8] Paul J. -J.，J. Murdoch. Higher Education and Graduate Employment in France［J］. European Journal of Education，2000，35（2）：179.

[9] Lewin D. The Utilization of Educated Manpower in Industry：A Preliminary Report（Book Review）［J］. ILR Review，1970，23（2）：277-279.

[10] 李锋亮，陈晓宇，陈鑫磊．高校毕业生保留工资影响因素的实证分析［J］．北京大学教育评论，2010，8（3）：134-149+191.

[11] 汤文菊，孔德娟．大学生期望工资分析［J］．科技信息，2008（36）：167+192.

[12] 吴克明，赖德胜．大学生自愿性失业的经济学分析［J］．高等教育研究，2004（2）：38-41.

[13] 黄俊．影响大学生期望工资因素实证研究［J］．北京劳动保障职业学院学报，2011，5（1）：29-30+49.

[14] 赵恩红．大学生期望工资影响因素实证研究［J］．新经济，2014（26）：15.

[15] 刘丹阳．大学生就业影响因素的统计分析［J］．中国市场，2019（5）：184-187.

附　录

附录 1

		估计	显著性
阈值	[自身期望工资=1.00]	-0.404	0.708
	[自身期望工资=2.00]	2.285	0.036
位置	家庭年收入	0.000	0.047
	[性别=1.00]	0.906	0.004
	[性别=2.00]	0	—
	[学历=1.00]	-18.564	0.000
	[学历=2.00]	0	—
	[大学月均生活费=1.00]	-1.237	0.003
	[大学月均生活费=2.00]	-0.811	0.113
	[大学月均生活费=3.00]	0	—
	[父母职业=1.00]	0.366	0.423
	[父母职业=2.00]	1.088	0.024
	[父母职业=3.00]	0.455	0.345
	[父母职业=4.00]	0	—
	[学生干部=1.00]	0.795	0.006
	[学生干部=2.00]	0	—
	[意向就业地区=1.00]	1.731	0.000
	[意向就业地区=2.00]	0	—
	[意向就业单位=1.00]	-0.211	0.514
	[意向就业单位=2.00]	0.649	0.048
	[意向就业单位=3.00]	0	—
	[意向就业岗位=1.00]	1.274	0.000
	[意向就业岗位=2.00]	1.275	0.002
	[意向就业岗位=3.00]	0	—
	[学科类别=1.00]	-0.966	0.153
	[学科类别=2.00]	0.359	0.490
	[学科类别=3.00]	1.076	0.033
	[学科类别=4.00]	0.727	0.459
	[学科类别=5.00]	0.305	0.553
	[学科类别=6.00]	20.148	0.996
	[学科类别=7.00]	0	—

续表

		估计	显著性
位置	[高考生源所在地=1.00]	0.330	0.270
	[高考生源所在地=2.00]	0	—
	[学位数量=1.00]	16.549	0.000
	[学位数量=2.00]	16.514	—
	[学位数量=3.00]	0	—
	[独生子女=1.00]	-0.504	0.177
	[独生子女=2.00]	0	—
	[社团经历=1.00]	0.012	0.977
	[社团经历=2.00]	0.523	0.097
	[社团经历=3.00]	0	—
	[专业能力=1.00]	-0.236	0.375
	[专业能力=2.00]	0	—
	[专业技能证书数量=1.00]	-0.331	0.201
	[专业技能证书数量=2.00]	0	—
	[实习经历=1.00]	-0.940	0.003
	[实习经历=2.00]	0	—
	[父母期望工资=1.00]	-0.129	0.053
	[父母期望工资=2.00]	0	—

附录 2

		估计	显著性
阈值	[自身期望工资=1.00]	-0.952	0.333
	[自身期望工资=2.00]	1.685	0.088
位置	家庭年收入	0.000	0.041
	[性别=1.00]	0.918	0.002
	[性别=2.00]	0	—
	[学历=1.00]	-18.641	0.000
	[学历=2.00]	0	—
	[学位数量=1.00]	16.943	0.000
	[学位数量=2.00]	17.172	—
	[学位数量=3.00]	0	—
	[学科类别=1.00]	-1.096	0.092
	[学科类别=2.00]	0.217	0.067
	[学科类别=3.00]	0.632	0.018
	[学科类别=4.00]	-0.066	0.094
	[学科类别=5.00]	-0.030	0.950
	[学科类别=6.00]	19.817	0.996
	[学科类别=7.00]	0	—
	[大学月均生活费=1.00]	-1.223	0.002
	[大学月均生活费=2.00]	-0.867	0.055
	[大学月均生活费=3.00]	0	—
	[父母职业=1.00]	0.154	0.722
	[父母职业=2.00]	0.890	0.044
	[父母职业=3.00]	0.458	0.332
	[父母职业=4.00]	0	—
	[学生干部=1.00]	0.695	0.006
	[学生干部=2.00]	0	—
	[实习经历=1.00]	-0.962	0.001
	[实习经历=2.00]	0	—
	[意向就业地区=1.00]	1.452	0.000
	[意向就业地区=2.00]	0	—
	[意向就业单位=1.00]	-0.314	0.290

续表

		估计	显著性
位置	[意向就业单位=2.00]	0.551	0.043
	[意向就业单位=3.00]	0	—
	[意向就业岗位=1.00]	1.269	
	[意向就业岗位=2.00]	1.115	0.004
	[意向就业岗位=3.00]	0	—
	[父母期望工资=1.00]	0.067	0.042
	[父母期望工资=2.00]	0	—

附录3

问卷——深圳大学应届毕业生工资情况调查

第 1 题　您的性别是？［单选题］

A. 男　　B. 女

第 2 题　您的高考生源所在地属于？［单选题］

A. 农村　　B. 城镇

第 3 题　您的最高学历是？［单选题］

A. 本科　　B. 硕士及以上

第 4 题　您取得的学位是？［单选题］

A. 单个学士学位　　B. 辅修

C. 双专业　　D. 双学位

E. 硕士及以上

第 5 题　您所学专业所属的学科是（标准请参照“申请学位类别”）？［多选题］

A. 文学学科　　B. 理学学科　　C. 工学学科　　D. 法学学科

E. 管理学学科　　F. 教育学学科　　G. 经济学学科

第 6 题　您的大学生活费月均是？［单选题］

A. 1000 元以下　　B. 1000~1500 元　　C. 1500~2000 元　　D. 2000 元以上

第 7 题　您父母的职业属于？［单选题］

A. 国家与社会管理人员　　B. 经理人员

C. 私营企业主　　D. 专业技术人员

E. 办事人员　　F. 个体工商户

G. 商业服务业员工　　H. 产业工人

I. 农业劳动者　　J. 城乡无业、失业、半失业人员

第 8 题　您的家庭年收入大概是________？（指扣除五险一金及缴纳个人所得税之后）［填空题］

第 9 题　您是否是独生子女？［单选题］

A. 是　　B. 否

第 10 题　您是否参加过学校社团？若有，具体是以下哪种情况？［单选题］

A. 没有参加过　　B. 社团普通成员

C. 社团负责人

第 11 题　您是否担任过学生干部？[单选题]

A. 是　　B. 否

第 12 题　您意向就业方向与目前所学专业是否对口？[单选题]

A. 是　　B. 否

第 13 题　您拥有能影响自身期望工资的专业技能证书数量是（如一级建造师、二级人力资源管理师、证券从业资格证等）？[单选题]

A. 0 个　　B. 1 个　　C. 2 个　　D. 3 个

E. 3 个以上

第 14 题　毕业之前，您的实习经历次数是（与意向就业方向相关）？[单选题]

A. 0 次　　B. 1 次　　C. 2 次　　D. 3 次

E. 3 次以上

第 15 题　您的意向就业地区是？[单选题]

A. 第一级城市（北京、上海、广州、深圳等）

B. 新一线城市（成都、武汉、杭州等）

C. 第二级城市（厦门、佛山、惠州等）

D. 第三级城市（珠海、汕头、海口等）

E. 第四级城市（梅州、清远、茂名等）

F. 第五级城市（云浮市、荆门市等）

第 16 题　您的意向就业单位是？[单选题]

A. 政府机关　　B. 事业单位　　C. 教学科研单位　　D. 国有企业

E. 民营企业　　F. 外资企业

第 17 题　您的意向职业是？[单选题]

A. 国家机关、党群组织、企业、事业单位负责人

B. 专业技术人员

C. 办事人员和有关人员

D. 商业、服务业人员

E. 农林牧渔水利生产人员

F. 生产、运输设备操作人员及有关人员

G. 军人

第 18 题　您的父母对您初次就业的月薪有所期望吗？如果有，是多少？[单选题]

A. 没有期望　　B. 具体期望________

第 19 题　您初次就业的期望月薪是（指扣除五险一金及缴纳个人所得税之前）？[单选题]

A. 4000~6000 元　　B. 6000~9000 元　　C. 9000 元以上